本书是“中德技术合作——集中连片特殊困难地区（武陵山区）减贫战略研究项目”成果。该项目在国务院扶贫办指导下，由中国国际扶贫中心组织完成。

项目指导组：

组长：

王国良（国务院扶贫办副主任）

副组长：

蒋晓华（国务院扶贫办规划财务司司长）

海　波（国务院扶贫办开发指导司司长）

项目负责人：

黄承伟（中国国际扶贫中心副主任、研究员）

Thomas Bonschab（德国发展机构项目经理）

国际专家：

Graham Meadows（欧盟特别顾问、政策总司原司长）

Mick Dunford（英国苏塞克斯大学教授）

国内专家：

张　琦（北京师范大学经济与资源研究院教授）

向德平（华中师范大学社会学院院长、教授）

栾胜基（北京师范大学研究生院深圳分院副院长、教授）

刘　源（中央民族大学中国少数民族研究中心研究员）

胡　勇（国家发改委宏观研究院区域规划研究所研究员）

邓大才（中国农村研究院执行院长、研究员）

项目助理：

陈　琦（中国国际扶贫中心博士后、华中师范大学社会学院副教授）

连片特困地区扶贫战略研究丛书

连片特困地区扶贫战略研究

——以武陵山片区为例

黄承伟　张琦　等著

经济日报出版社

开展连片特困地区扶贫战略系列研究的几点思考

（代序言）

开展连片特困地区扶贫战略研究是扶贫新实践的需要

改革开放以来，在高速经济增长和大规模扶贫开发的共同作用下，我国的减贫事业取得了举世瞩目的成就，贫困人口规模大幅减少，贫困群体的人均收入水平显著提高，贫困区域的基础设施建设和公共服务体系得到明显改善。但是，我国是世界上最大发展中国家，发展的不平衡性还没有得到根本好转，贫困面广、贫困程度深、贫困问题解决难度大的局面仍然没有得到根本改变。贫困地区发展和贫困人口脱贫致富成为全面建成小康社会的短板。2011 年年底，中共中央、国务院颁布《中国农村扶贫开发纲要（2011—2020 年）》，明确把连片特困地区作为未来扶贫攻坚的主战场，强调通过特殊手段、特殊政策实施连片特困地区扶贫攻坚，确保新十年扶贫开发目标如期实现。新扶贫纲要确定的连片特困地区包括西藏、四省（青海、甘肃、云南和四川省）藏区和南疆三地州（喀什地区、和田地区和克孜勒苏柯尔克孜自治州）、六盘山、秦巴山、武陵山、乌蒙山、滇黔桂石漠化片区、滇西边境、大兴安岭南麓、燕山—太行山、吕梁山、大别山、罗霄山等连片特困地区。

由此，连片特困地区扶贫攻坚是未来国家层面的区域发展与扶贫开发战略。连片特困地区扶贫攻坚的基本宗旨是“区域发展带动扶贫攻坚，扶贫攻坚促进区域发展”。从全国而言，这种战略关系着中国区域协调平衡发展，关系到全面建成小康社会目标的实现，关系到中国特色社会主义事业的顺利推进，关系到“中国梦”的实现。于贫困地区而言，这种战略事关贫困区域的城乡统筹发展，事关边疆地区、少数民族地区的和谐稳定和贫困人群生活质量的提高。

作为一种新的扶贫理念指导下的减贫战略，连片特困地区扶贫攻坚是一种有别于传统扶贫方式的综合性扶贫方案。该方案的实施需要政府自上而下的统一部署，需要各相关部门的统筹协调。另一方面，14 个连片特困地区的致贫机理和减贫条件各不相同，政府主导的减贫战略需要根据各片区的实际需求进行灵活调整。因此，如何更好地制定规划、执行战略，如何更好地整合资源、调整社会政策等方面的时间问题亟需理论指导。这就需要各有关方面根据片区的实际情况，加大连片特困地区扶贫攻坚的研究力度，以便形成共识性的扶贫理念，用于指导扶贫实践，以提高减贫工作的科学性。

开展连片特困地区扶贫战略研究需要坚持的原则

“连片特困地区扶贫战略系列研究”由背景研究、基线调查研究、战略研究、规划研究、片区扶贫相关问题研究、不同片区扶贫战略研究等内容组成，这些内容相互关联、互为一体。

本系列研究需要体现出以下五个方面的特点：

1. 整体性。以连片特困地区扶贫战略规划为主题，首先，从贫困特征、减贫需求调查开始；以此为基础，从不同视角，开展片区扶贫战略研究。其次，以基线调查、战略研究成果为指导，开展县、村级扶贫规划编制研究。第三，以一个片区县为例，就片区扶贫攻坚相关问题开展研究。第四，选择高原地区、石漠化地区这两个连片特困地区的扶贫战略规划及实践进行研究。这六个分项研究，相互独立，但又相互形成一个整体。

2. 综合性。贫困是多维的，贫困的成因也是多元的，由此决定连片特困地区的减贫战略必然是综合性的。因此，本系列研究按照区域发展带动扶贫开发，扶贫开发带动区域发展的思路，组织经济学、社会学、环境生态学、发展学、人类学等多学科、跨领域的专家组，从多个视角开展研究。其成果更充分反映了连片特困地区扶贫开发的根本规律，提高了研究成果指导实践的针对性。

3. 理论性。本系列研究着力于对已有实践的总结。但是由于连片特困地区区域发展与扶贫攻坚是国家今年才提出的战略概念，急需理论指导。因此，本系列研究既注重对相关理论的梳理，更重视从实践中总结、提炼相关理论及方法，以其用于指导新的实践。

4. 应用性。本系列研究是在国家扶贫主管部门——国务院扶贫办的指导下开展的，其中一项是国家民委的民族问题研究项目的年度课题、一项是应广西自治区扶贫办提出的研究需求。这就决定了研究必须与实际紧密结合，也决定了其成果必须应用于指导实践。

5. 国际性。由于连片特困地区扶贫攻坚是国家新的扶贫战略，缺乏现成的经验，因此，本系列研究注重国际经验的研究、借鉴。为此，其中的4个专题研究邀请了国际专家的参与。国际专家从国际经验的角度，提供了很好的研究报告，丰富了研究内容，提高了成果的先进性和实用性。

开展连片特困地区扶贫战略研究具有多重意义

总体上看，该系列研究的价值及其重要性主要体现在以下三个层面：

第一，在实践层面。该系列研究基于几个片区扶贫攻坚实践的实地调研而展开，这种研究对于指导片区扶贫攻坚战略的具体执行、落实扶贫规划、评估扶贫成效具有极大的实践意义。本系列研究分别基于青海玉树州的灾后重建实践讨论高原地区的扶贫攻坚战略规划、基于武陵山片区的贫困调查讨论该片区的贫困特征、贫困需求及扶贫战略规划、基于广西基础设施大规模建设讨论大扶贫战略。这些研究对于扶贫系统及相关政府部门了解新阶段扶贫攻坚的背景和基础，认识不同片区扶贫攻坚的重点难点，落实新阶段的扶贫攻坚战略及其规划具有重要的指导意义。同时，该系列研究对于有关方面根据当地的实际基础和需求评估新阶段的扶贫攻坚成效也具有不可或缺的参考价值。

第二，在社会政策层面。该系列研究的实践指向性将促使政府有针对性地调整相关的社会政策，创新社会政策设置，从而确保连片特困地区扶贫攻坚具有长期稳定的减贫效益。连片特困地区扶贫攻坚既需要切合实际需求的实施计划和方案，也需要确保扶贫攻坚益贫性的社会政策。前者主要作用于战略执行期间，后者是确保战略减贫效应的长期性和稳定性。本系列研究由于具有强烈的实践导向，因此，在研究过程中，研究人员将始终保持与减贫相关的社会政策的敏感性，关注现有社会政策对贫困人群的包容性，并尝试进行理论结合实际的政策整合与政策创新。从这个意义上说，该项目具有极大的社会政策价值。

第三，在减贫理论层面。本系列研究以连片特困地区为调查单位、以扶贫战略为着眼点、理论结合实际的研究方法将有助于形成关于中国贫困研究的中层理论，丰富和拓展现有贫困研究的研究视野。“连片特困地区扶贫攻坚”是最近几年兴起的减贫概念，以此为主题的研究尚处于建构之中。近几年围绕此主题的研究正在从理论、概念层面走向实践、政策层面。本系列研究作为以此为主题的研究课题之一，以连片特困地区为调查单位，坚持理论联系实际的研究方法，研究成果很好回应了当前阶段减贫实践的实际需要，对于丰富中国减贫研究的中层理论、拓展贫困研究的视野具有十分重要的意义。

开展连片特困地区扶贫战略研究预期产生的社会影响

本系列研究以连片特困地区为研究对象，通过对有代表性的连片特困地区的实地调查研究，分别从贫困特征、减贫需求、战略构建、规划编制、政策建议等方面对连片特困地区减贫问题进行研究，是对连片特困地区扶贫战略的经验总结、政策研究与学术思考。本系列研究的成果形成了以下著作：《连片特困地区贫困特征与减贫需求分析——基于武陵山片区8县149个村的调查》，《连片特困地区扶贫战略研究——以武陵山片区为例》，《连片特困地区区域发展与扶贫攻坚县/村级实施规划的编制方法》，《连片特困地区区域发展与扶贫攻坚若干问题——基于建始县的调查与思考》，《高原地区减贫战略规划研究——青海省玉树州的灾后重建与可持续发展》，《石漠化地区大扶贫攻坚——广西特困地区基础设施建设大会战的实践》。

上述研究成果的预期社会效益将体现在以下三个方面：

一是构建连片特困地区扶贫理论与方法体系，帮助贫困领域的研究者和实践者深化对连片特困地区扶贫攻坚的科学、理性认识，为进一步深入研究打下基础。

二是研究成果将直接推动相应片区的扶贫攻坚战略规划的实施，推进片区扶贫开发科学性、规范性、有效性的不断提高。具体而言，系列研究产出的武陵山片区的贫困特征与减贫需求研究、武陵山片区扶贫战略研究、武陵山片区县村级扶贫规划编制方法研究、武陵山片区区域发展和扶贫攻坚相关问题研究、高原地区减贫战略规划研究、广西特困地区基础设施建设大会战研究等六个方面的研究成果，对于全国扶贫系统、参与片区区域发展和扶贫攻坚的有关部门、社会组织等理解、执行片区的扶贫攻坚战略具有重要参考价值。同时，本系列研究对于全国的区域扶贫开发研究将发挥积极促进作用，并为其他相关研究提供富有价值的对比性研究成果，进而推动中国的贫困研究。

三是在个专题研究的基础上，尝试形成从整体上理解和分析连片特困地区扶贫攻坚的一般性研究框架，构建中国连片特困地区区域发展和扶贫攻坚理论、战略、规划体系，支持中国扶贫经验的国际交流与分享。

基于上述考虑和共识，从2010年开始，历时数年时间，在国务院扶贫办的支持、指导下，中国国际扶贫中心和德国发展机构等国际组织合作，根据不同主题，邀请国内、国际知名专家，组成相关专家队伍，围绕“连片特困地区扶贫战略”这一主题开展了一系列研究，取得了系列研究成果。这些成果集中体现在“连片特困地区扶贫战略研究丛书”的6本著作中。相信本套丛书的出版发行，在推进我国区域减贫理论战略规划研究、提高连片特困地区扶贫攻坚战略规划的编制与实施效果、开展国际减贫相关交流等方面都会做出积极贡献。

2015.7

目　录

武陵山片区扶贫战略研究总报告

黄承伟　陈　琦

一、研究框架

（一）研究背景

1. 集中连片特殊困难地区的扶贫开发是国家发展的战略需要

我国经过30多年的扶贫开发，贫困人口大幅降低，我国减贫事业取得的成绩得到了世界的普遍关注和认可。但是我国发展中不平衡、不协调、不可持续问题依然突出，部分地区的贫困问题仍然突出。国家统计局《中华人民共和国2010年国民经济和社会发展统计公报》指出：按2010年农村贫困标准1274元测算，中国农村仍然有贫困人口2688万人。中国目前的贫困人口主要分布在集中连片特殊困难地区。“十二五”时期是我国全面建设小康社会的关键时期，“十二五”期间扶贫开发能否取得更大突破，关系着2020年全国全面建设小康社会目标能否顺利实现，关系着未来10年国家发展战略能否顺利实现。

2. 集中连片特殊困难地区是新十年扶贫开发的重点

集中连片特殊困难地区是中国贫困程度最深、贫困范围最广、扶贫难度最大的地区。国家新十年扶贫开发纲要强调把集中连片特殊困难地区的扶贫开发作为未来十年扶贫开发的重点，要求逐步加大连片开发扶贫战略的工作力度，确定将革命老区、民族地区、边疆地区等集中连片特殊困难地区作为扶贫开发的优先地带，要求明显改善集中连片特殊困难地区的发展环境和条件。集中连片特殊困难地区的扶贫开发已经明确提上了议事日程，未来的扶贫开发工作将围绕这个重点展开。

3. 集中连片特殊困难地区的扶贫开发需要理论战略及政策规划等方面的新突破

《中国农村扶贫开发纲要（2001～2010年）》实施近10年来，贫困地区的基础设施和发展环境得到明显改善，贫困人口大幅减少。然而，由于各种条件的限制，集中连片特殊困难地区仍然面临着贫困范围广、程度深、减贫工作难度大的现实问题，扶贫工作推进相对较慢。这既与集中连片特殊困难地区的地理环境险恶、山区贫困连片、少数民族集聚、民俗文化多样、经济基础薄弱、基础设施短缺等有着密切的关系，同时也与国家对这些地区扶贫开发的认识不深、经验不够、投入不足等因素有着密切联系。集中连片特殊困难地区是扶贫工作任务最艰巨的地方，必须寻求扶贫理念、战略、政策、规划等方面的突破，采取更加有效的措施，才有可能进一步加强和改善扶贫开发工作。

（二）研究目标

本研究重点梳理集中连片特殊困难地区扶贫开发的理论，构建集中连片特殊困难地区扶贫开发的战略框架，总结集中连片特殊困难地区扶贫开发的模式和经验，为集中连片特殊困难地区的扶贫开发规划提供指导。

具体来看，本研究的目标主要集中体现在三个方面：

1. 理论目标。构建集中连片特殊困难地区发展的理论体系与框架；探索集中连片特殊困难地区发展战略研究的方法；提炼集中连片特殊困难地区发展战略的机制及模式；

2. 实践目标。构建具有较强可操作性的集中连片特殊困难地区划分框架；提供有针对性的集中连片特殊困难地区总体发展战略构想；形成集中连片特殊困难地区减贫战略的政策建议；

3. 学科目标。推动相应交叉学科的发展融合和知识体系的构建；丰富我国贫困地区整体发展战略的内涵；推动集中连片特殊困难地区发展理论战略研究的学科建设。

（三）研究意义

1. 为集中连片特殊困难地区（武陵山区）贯彻落实西部大开发战略提供参考

西部大开发在我国区域协调发展总体战略中居于优先地位，只有认真贯彻落实好中央制定的各项政策措施，立足现实问题，才能深入推进西部大开发。集中连片特殊困难地区扶贫开发效果直接关系到西部大开发整体战略的实现程度。对集中连片特殊困难地区（武陵山区）的扶贫开发进行深入研究，可以为武陵山区贯彻落实西部大开发战略，并探索出加快扶贫开发进程的有效路径提供参考。

2. 为集中连片特殊困难地区落实新十年扶贫开发纲要的具体政策体系设计提供依据

在 2011 ~ 2020 年《中国农村扶贫开发纲要》颁布之际，如何才能认清形势、把握重点、找准方向，领会新十年扶贫开发纲要精神，围绕新十年扶贫开发纲要并操作实施，是各地必须关注的问题。武陵山区等集中连片困难地区作为扶贫开发的重点，更应该未雨绸缪，提前做好准备。本研究正是适应了这一形势的需要，它可以为集中连片特殊困难地区，贯彻落实新十年扶贫开发纲要的具体政策措施体系设计提供依据。

3. 为集中连片特殊困难地区创新扶贫开发模式、提高扶贫开发效果提供经验借鉴

本研究不仅要总结集中连片特殊困难地区（武陵山区）已有扶贫开发模式的经验教训，还要选点进行规划指导和实施跟踪，从中总结归纳试点的成功经验和运行模式，以向该地区其他地方推介。因此，本研究可以为集中连片特殊困难地区创新扶贫开发模式、提高扶贫开发效果提供经验借鉴。

4. 为集中连片特殊困难地区扶贫开发的理论研究及实践总结做出贡献

集中连片特殊困难地区扶贫开发不仅是一个实践问题，也是一个理论问题，扶贫开发新阶段要重点突破这一难点领域，需要深入的理论研究和实践总结。对武陵山区扶贫开发进行深入研究，是对集中连片特殊困难地区扶贫开发事业的有

益尝试，本项目将通过文献回顾、基线调查、战略研究、规划指导等多方面的研究和实践，探寻集中连片特殊困难地区（武陵山区）扶贫开发的有效理论架构和可行操作模式，为集中连片特殊困难地区扶贫开发的理论研究及实践总结做出贡献。

5. 为搭建多学科研究平台、探索跨领域研究机制、推动交叉学科在减贫领域研究的融合奠定基础

扶贫开发问题是一个要素众多、结构复杂的系统工程，需要多学科、多领域的主体广泛参与。在实际操作过程中，既需要科研机构，又需要实践基地；既需要背靠政府，又需要面向基层；既需要单项作业，又需要团体攻关。鉴于集中连片特殊困难地区扶贫开发工作的重要性和艰巨性，本研究将整合若干不同学科的团队和资源，将理论和实践紧密结合，立足现实，面向未来，集体攻关。搭建多学科研究平台，探索跨领域研究机制，推动交叉学科在减贫领域研究的融合。

（四）研究产出

自2010年11月本研究启动以来，已经先后完成了研究综述、基线调查、战略研究等子课题，并取得了阶段性成果。

本研究产出主要包括以下几个方面：

1. 系列研究回顾报告

包括：《集中连片特殊困难地区减贫的理论回顾报告》《集中连片特殊困难地区减贫的政策分析》《集中连片特殊困难地区减贫的实践总结报告》。

2. 基线调研相关报告

包括：《集中连片特殊困难地区（武陵山区）扶贫开发研究背景报告》《集中连片特殊困难地区（武陵山区）扶贫开发研究基线调查总报告》《集中连片特殊困难地区（武陵山区）扶贫开发研究基线调查分省报告》《少数民族社区避灾农业发展现状调查及政策建议研究报告》。

3. 战略研究相关报告

包括：《集中连片特殊困难地区（武陵山区）减贫理论与战略研究总报告》

《集中连片特殊困难地区（武陵山区）经济社会发展与扶贫开发现状（需求及实践）（背景报告）》《集中连片特殊困难地区（武陵山区）减贫理论与战略研究各专题报告》。

4. 扶贫开发指导及实施报告

包括：《集中连片特殊困难地区扶贫开发咨询报告》《集中连片特殊困难地区扶贫开发规划建议及技术指导》《集中连片特殊困难地区扶贫开发规划实施情况报告》《集中连片特殊困难地区扶贫开发实施进展个案报告》《集中连片特殊困难地区扶贫开发监测评估指标体系》。

（五）研究内容

1. 研究综述

第一，理论研究综述。系统梳理国内外贫困与扶贫开发研究的既有理论，总结既有研究的基本成果，探索和完善特殊类型困难地区贫困与扶贫开发的基本理论框架。

第二，政策演变综述。对中央和地方推动特殊类型困难地区扶贫开发的各项宏观政策、部门/行业政策、专项扶贫政策、社会扶贫政策进行全面梳理。第三，实践经验综述。对特殊类型贫困地区扶贫开发的经验和模式进行归纳总结，尤其侧重于特殊类型困难地区扶贫工作的典型案例研究。

2. 基线调查

第一，了解集中连片特殊困难地区的贫困状况和基本情况。

第二，了解集中连片特殊困难地区的减贫需求与供给状况。

第三，总结集中连片特殊困难地区扶贫开发的经验和教训。

3. 战略研究

通过对集中连片特殊困难地区的研究综述和基线调查，提出新十年特殊类型困难地区扶贫开发的战略框架。第一，集中连片特殊困难地区扶贫开发的战略思想和指导原则。第二，集中连片特殊困难地区扶贫开发的主要内容和工作重点。第三，集中连片特殊困难地区扶贫开发的主要政策和保障体系。

4. 规划指导

第一，根据前期研究的成果，开发集中连片特殊困难地区减贫规划指南，协助当地政府部门制定扶贫开发规划。

第二，参与扶贫开发规划实施。对试点地区的扶贫开发规划实施过程进行跟踪观察，开展行动研究。

第三，评估规划实施的效果。对试点地区扶贫开发规划实施的效果进行评估，进一步探索集中连片特殊困难地区扶贫开发的有效途径。

（六）技术路线

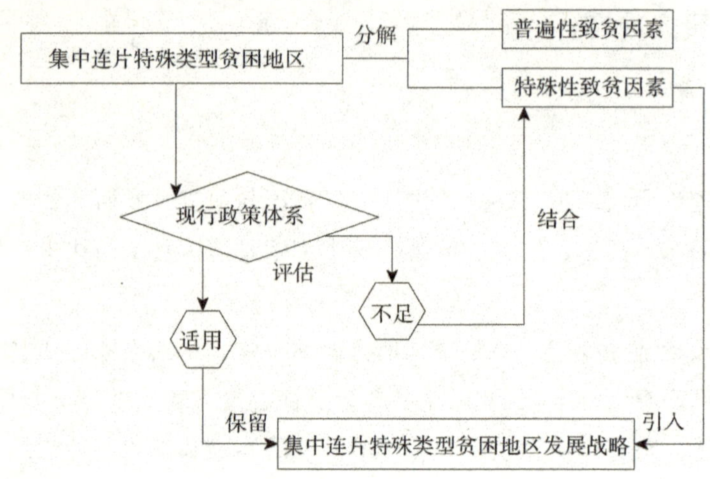

（七）研究方法

1. 文献分析

在前期准备阶段和实地调研工作过程中，注重收集、整理、分析与本研究有关的国家法律、法规和政策、规范性文件、相关统计资料和档案文献，以及国内外相关研究成果。

2. 问卷调查

根据研究需要和研究条件，设计结构式问卷，运用随机抽样方法抽取一定数量的农户，分别进行入户问卷调查，获取系统全面的定量资料并开展描述性分析和相关性分析。

3. 深度访谈

以各级党委、政府及发改委、扶贫办、财政、规划、国土资源、民政、交通、水利、农业、林业等部门以及村民为座谈对象，在省、市、县、乡镇、村不同层次中组织座谈会，听取相关人员的工作汇报，了解集中连片特殊困难地区扶贫开发的基本情况，发掘集中连片特殊困难地区扶贫开发的成功经验及相关问题和教训，获取定性资料。

4. 参与观察

选取多个不同类型的具有代表性的村庄，派研究人员进驻村庄长期参与，跟踪观察，剖析扶贫开发的实施过程、主要问题、影响因素、执行情况、过程评估、修正过失等，检验扶贫规划的可行性和实用性。

5. 典型试验

在不同层面和不同类型地区或村庄选点进行改革试验，检验方案的实用度，对设计的方案进行不断修正，总结经验，并在面上推广，在此过程中进行监测评估，并完善不同层面、不同类型的监测评估体系。

二、武陵山区的贫困表现和贫困特征

1. 贫困的总体表现

（1）贫困发生率高。根据抽样调查数据并结合调查中所获武陵山区资料统计推算，根据国家2009年的扶贫标准，武陵山区的贫困发生率在20.0%左右。抽样调查显示，样本各县的贫困发生率均较高，其中，湖北省咸丰县的贫困发生率高达52.4%，其余各县的贫困发生率也都在15.0%以上，分别为：湖北省宣恩县的贫困发生率为35.0%、湖南省泸溪县的贫困发生率为30.1%、湖南省凤凰县的贫困发生率为28.4%、贵州省印江县的贫困发生率为24.3%、贵州省思南县的贫困发生率为16.8%、重庆市秀山县的贫困发生率为16.0%、重庆市酉阳县的贫困发生率为16.0%，而2009年底全国的贫困发生率为3.8%（图0-1）。

（2）贫困人口多。根据推算，武陵山区的贫困发生率在20%左右，若将该地区的总人口以2000万人计算，武陵山区则有贫困人口400万人左右；而截至

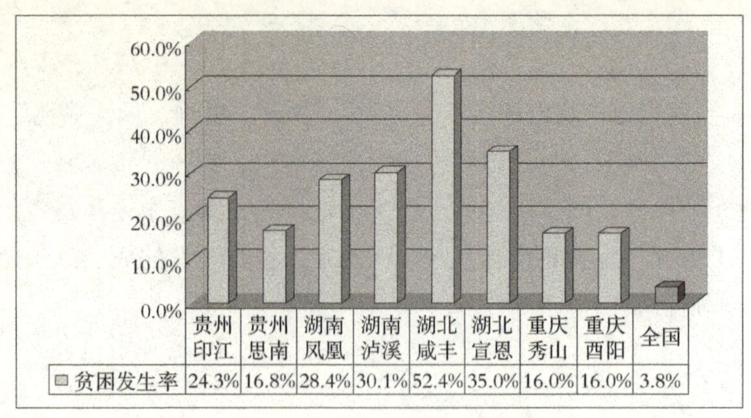

图0－1　武陵山区部分县区贫困发生率情况

2010年底，我国有农村贫困人口2688万人，表明武陵山区贫困人口的绝对数量很大。从目前获取的数据来看，各调查县的贫困人口数量分别为：湖北省咸丰县17.59万、湖北省宣恩县12.19万、重庆市酉阳县11.97万、贵州省思南县11.25万、湖南省凤凰县9.77万、重庆市秀山县9.06万、湖南省泸溪县8.91万、贵州省印江县8.88万，而全国平均每个县只有2.07万贫困人口（图0－2）。

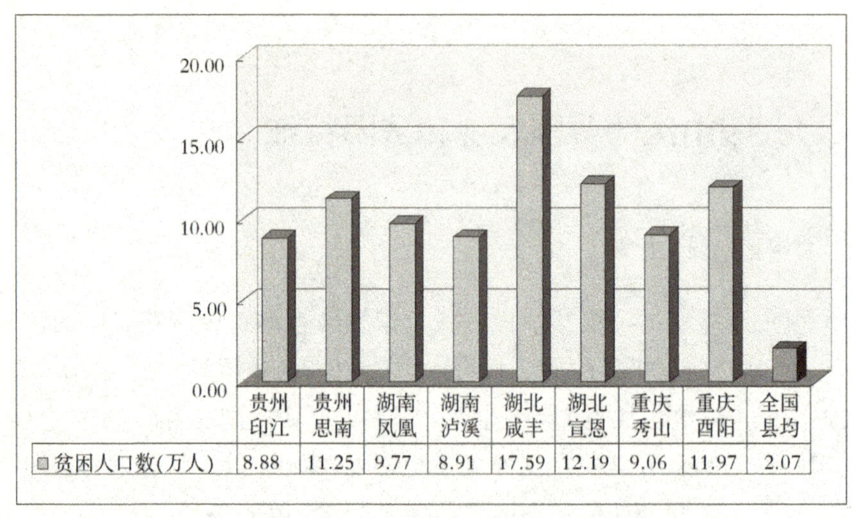

图0－2　武陵山区部分县区的贫困人口数（单位：万人）

（3）贫困程度深。该地区村民住房不仅面积偏小，而且年代久远、构造简单；农户家庭养殖圈舍总体狭小；农户拥有家电种类和数量均偏少，而且普遍陈旧（图0－3）；农业机械作业缺乏，户均农机拥有量很少（图0－4）；交通工具缺乏，村民出行以步行为主（图0－5）。调查显示，武陵山区农村“三间土坯房，一锅包谷粥”的现象较为普遍存在。例如，调研组实地看到，多数房屋的建造时间在几十年以上，部分房屋的建造年代超过100年，大部分房屋都是土木和石木结构，屋内四面露风，人群走过房屋还摇摇晃晃，室内摆设非常简陋，除了必需的生活用品外，基本没有高档商品，老式电视机和电灯成为农户最主要的电器，很多农户的厨房和卧室都是连在一起的。

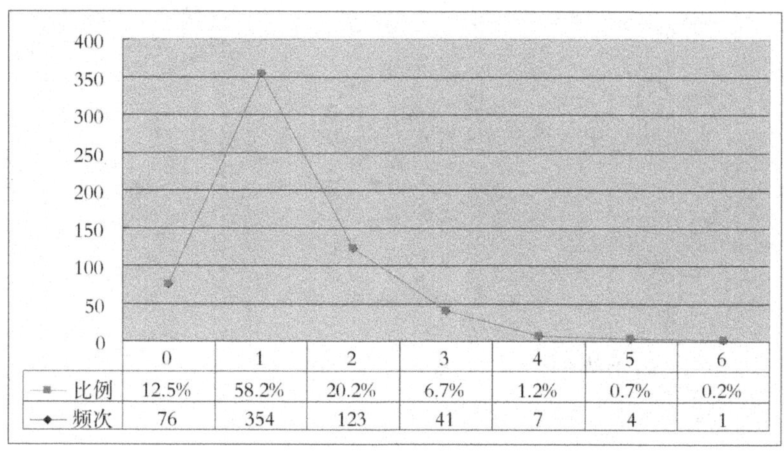

	0	1	2	3	4	5	6
比例	12.5%	58.2%	20.2%	6.7%	1.2%	0.7%	0.2%
频次	76	354	123	41	7	4	1

图0-3　大宗家电拥有状况（单位：件）

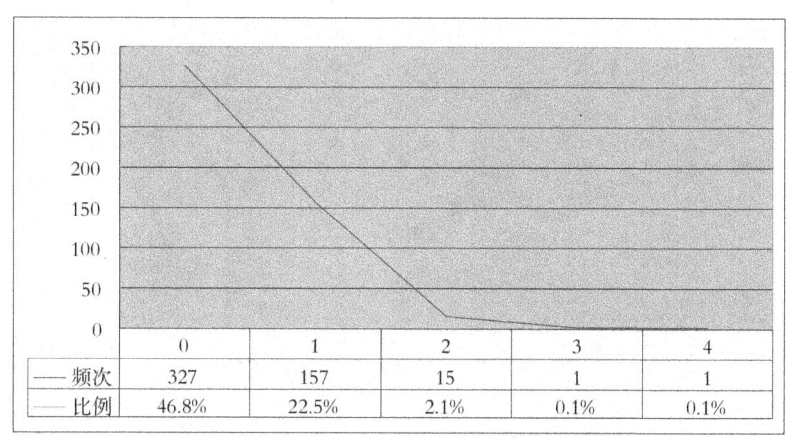

	0	1	2	3	4
频次	327	157	15	1	1
比例	46.8%	22.5%	2.1%	0.1%	0.1%

图0-4　农机机械拥有状况（单位：件）

（4）贫困认同度高。统计表明，有93.3%的村民认为本家庭在当地经济档位中处于平均水平，有60.2%的村民认为本家庭在当地经济档位中处于平均水平以下，有28.6%的村民认为本家庭在当地经济档位中远低于平均水平，另外还有31.6%的村民认为本家庭在当地经济档位中低于平均水平，只有5.3%的农户认

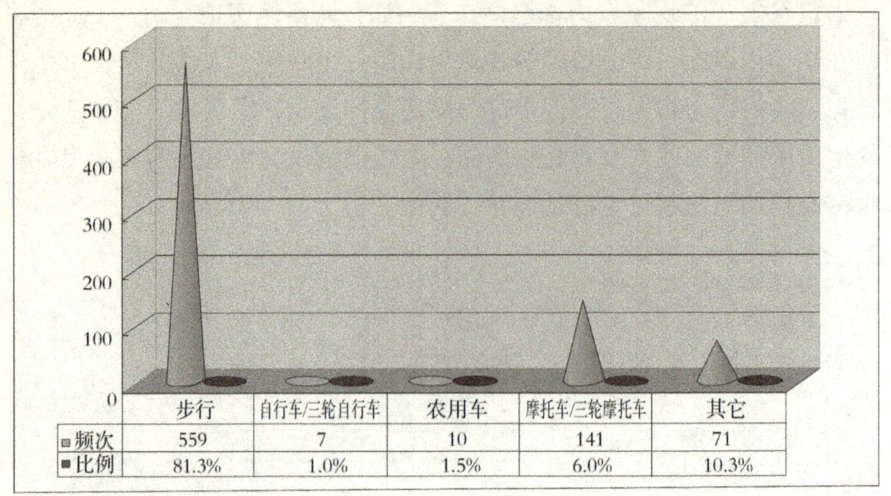

	步行	自行车/三轮自行车	农用车	摩托车/三轮摩托车	其它
频次	559	7	10	141	71
比例	81.3%	1.0%	1.5%	6.0%	10.3%

图0－5　经常使用的交通工具

为本家庭经济状况高于当地的平均水平，认为远高于平均水平的仅1.4%，大多数人认为本家庭处于贫困状态（图0－6）。

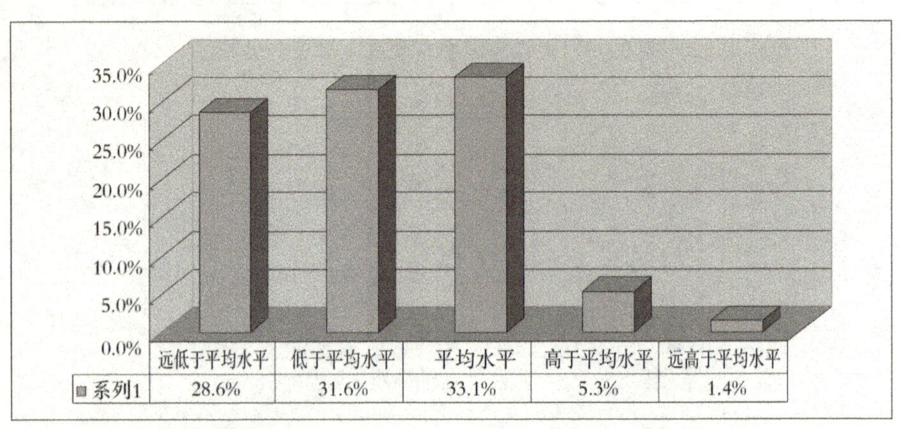

	远低于平均水平	低于平均水平	平均水平	高于平均水平	远高于平均水平
系列1	28.6%	31.6%	33.1%	5.3%	1.4%

图0－6　农户对自身经济条件的判断

（5）脱贫难度大。武陵山区呈现出的贫困发生率高、贫困人口绝对数多、贫困程度深、贫困的自我认同度高等都决定了该地区的脱贫难度大。同时，武陵山区致贫因素的特殊性和复杂性也决定了扶贫开发的难度。武陵山区的整体脱贫将会是一个长期和艰难的过程。

2. 贫困的具体表现

（1）自然生态脆弱与社区禀赋较差。一是生存环境恶劣，多为偏远深山和高寒地带。武陵山区内山地、丘陵面积占95%以上，大片的耕地少，分散的15°以上坡耕地、梯田多，且土层浅薄，产量较低，导致耕地生产能力较低，土地承载力较弱。据抽样调查显示，样本村庄主要位于深山或二半山中，这类地理特征的村庄占到了89.3%。二是地理生态脆弱，自然灾害类型多、频率高。调查显示，近5年来平均每个村庄遭受了3次水灾、2.3次病虫灾、2.3次风灾、2.3次旱灾、1.4次山洪灾、1次冰雹灾、0.9次霜冻灾和0.5次山林火灾（图0-7）。

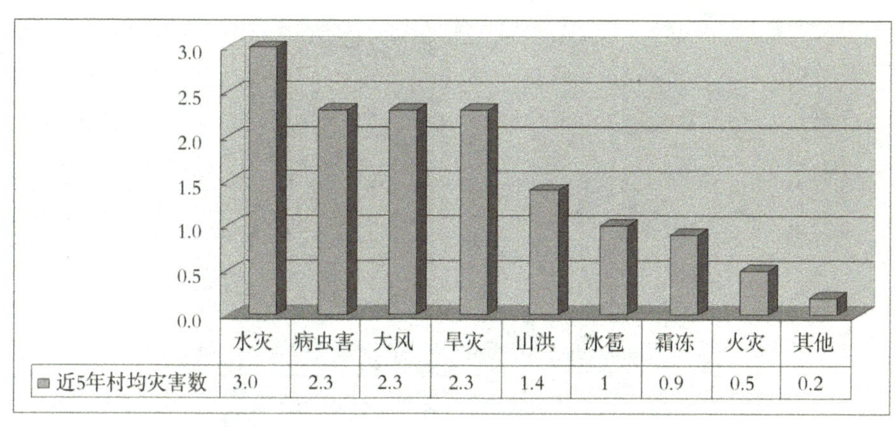

图0-7 近5年平均每个样本村灾害发生情况（单位：次）

（2）村民素质偏低与可行能力不足。一是文化素质普遍偏低。调查显示：武陵山区接受教育的程度整体很低，92.2%的被访者只接受过初中及以下的教育。其中，大专及以上的只有7人，仅占总人数的1.0%，高中及以上的仅有47人，只占总人数的6.8%，初中有197人，占到总人数的四分之一强，为28.6%，小学及以下的有328人，占到总人数的近一半，为47.5%，另外还有118人未受过教育，占到总人数的近五分之一，为17.2%（图0-8）。二是思想观念整体落后。例如，很多人不愿意上学，小学毕业就开始务农或外出打工的情况较为普遍，不愿意接受新生农业产业，发放的救助资金往往没有用到着力点上，等等。三是社区参与总体不足。调查显示，参加村民代表大会的农户不到一半，只有42.0%；只有42.6%的农户参加了村里的建设项目；参加过本村规划制定的也只有44.1%的农户；知道村委会干部的人数也只占87.3%（图0-9）。另外，民族文化消逝严重，社会交往圈较狭窄也体现得很充分。

（3）经济发展滞后与收入水平不高。一是经济总量不足，例如，即使是人均GDP相对较高的秀山县也只有12523元，与全国47000元的平均水平相差甚远（图0-10）。二是经济结构单一，例如，水稻和玉米的种植面积约占种植总面积的

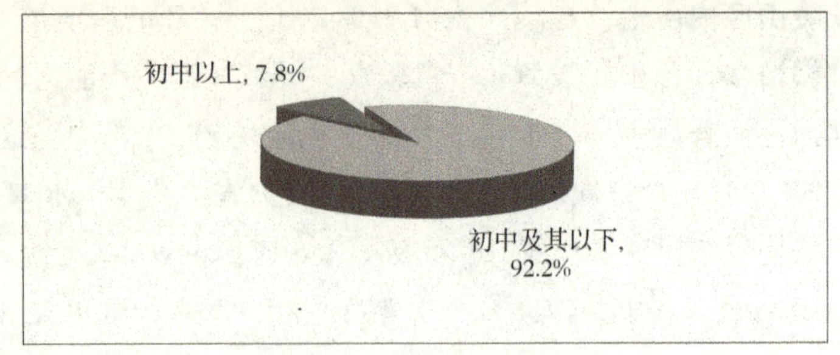

图 0－8　村民的文化程度

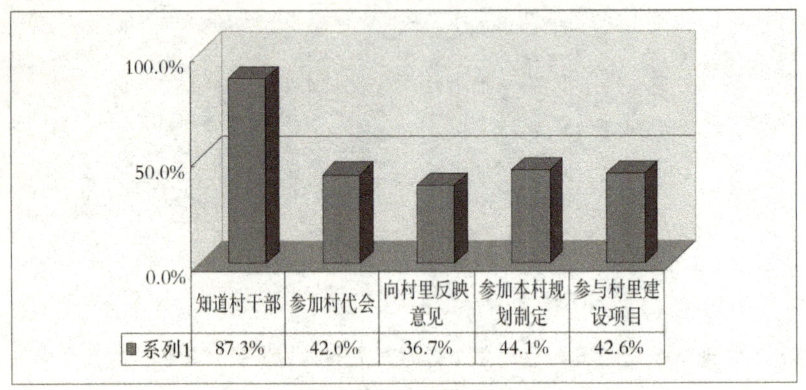

图 0－9　村民的社区参与情况

88.8%（图 0－11）。三是收入水平偏低，例如，2009 年贵州省印江县人均纯收入仅 2610 元，稍高的重庆市秀山县也只有 3447 元，与全国 5153 元的水平相差甚远（图 0－12）。四是支出负担过重，例如，农户除了常规开支外，仅有 2770.7 元的结余，但这对于需要维持平均近五个人生计的家庭来讲，显得非常艰难。

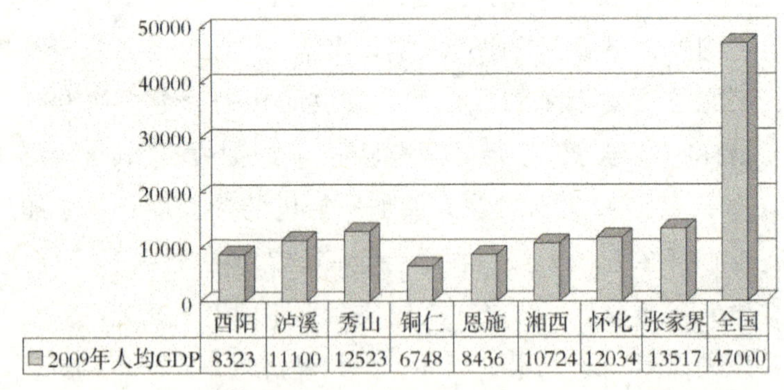

图 0－10　武陵山区部分地区的人均 GDP 情况（单位：元）

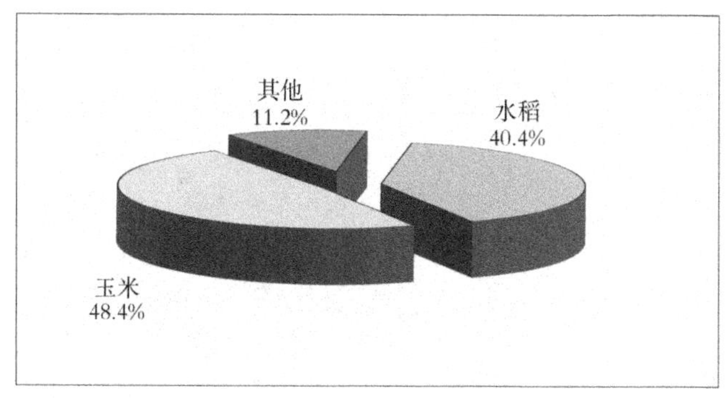

图 0－11　春季作物类型及其种植比例

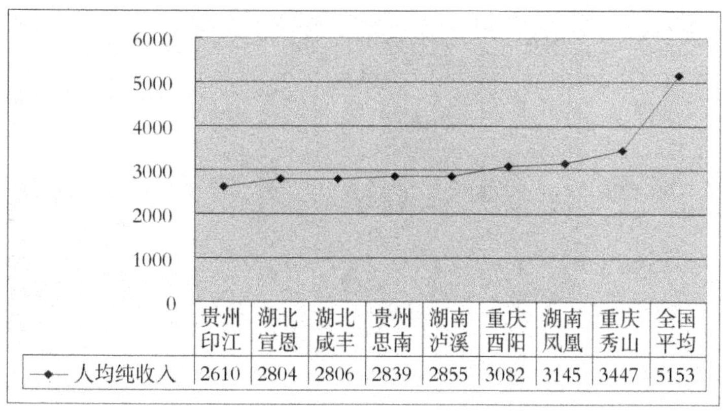

图 0－12　武陵山区人均纯收入与全国人均纯收入状况（单位：元）

（4）公共服务与社会事业发展滞后。道路等交通设施通达度和通畅度不足；通电、通讯等生活服务设施建设水平较低；饮水通达和安全饮水工程建设滞后；村民看病难，医疗卫生的保障力度仍然不够（图 0－13）；孩子上学难，教育福利惠及的村民偏少（图 0－14）。

3. 贫困特征

（1）贫困范围的规模性。主要表现为：一是贫困发生率高；二是贫困人口绝对数多；三是集中连片的贫困；四是特别困难群体多；五是贫困的少数民族人口多。

（2）贫困程度的纵深性。武陵山区的贫困不是轻度的表面贫困，而是重度的深层贫困。生态环境恶劣、自然地理脆弱、各种灾害频发、基础设施落后、教育医疗资源不足、政策惠及偏少等在武陵山区表现较为明显。除此之外，武陵山

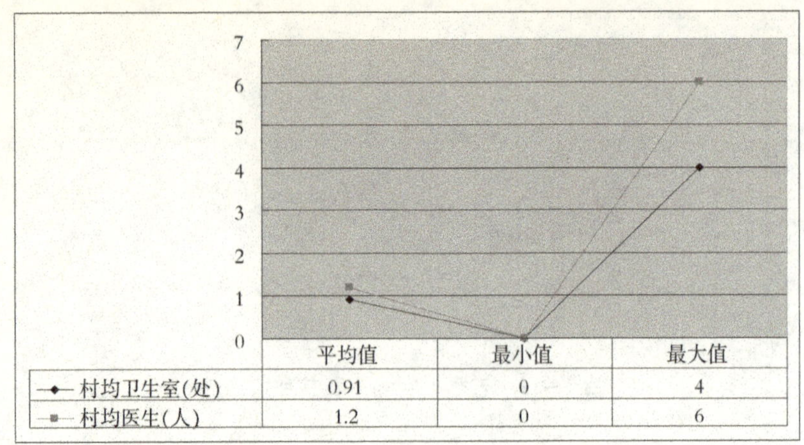

图 0－13　村庄卫生室和医生拥有情况

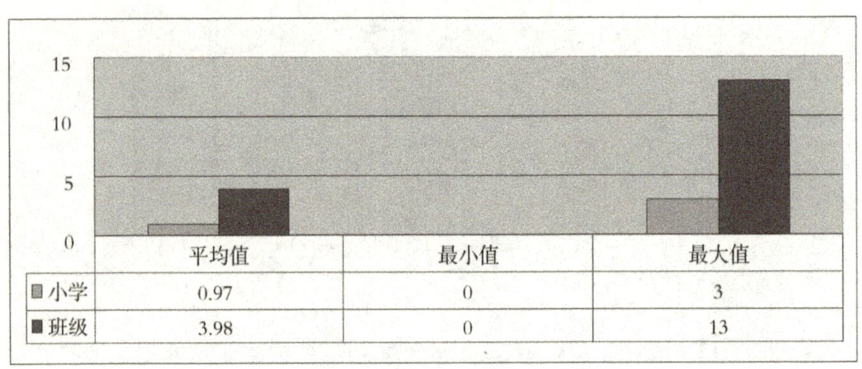

图 0－14　村庄学校和班级情况（单位：个）

区贫困的纵深性还意味着，其不仅表现为传统意义上的物质贫困和经济贫困，还表现为能力贫困和权利贫困。

（3）贫困类型的多样性。武陵山区的贫困具有类型多样性、彼此交叉融合的特点。调查显示，武陵山区的贫困既表现为经济贫困，也表现为能力贫困，还表现为权利贫困（如，参与村庄规划的机会不足）。

（4）贫困阶段的转移性。武陵山区在保留了传统的贫困特征以外，又出现了新的贫困特征，贫困阶段开始发生了转变。一方面，传统的贫困特征依然存在。另一方面，贫困的阶段正在发生转变。例如，很明显的转变是：一是由温饱型贫困向发展型贫困转变；二是由绝对贫困向相对贫困转变；三是由生产性致贫向天灾人祸致贫转变；等等。

（5）贫困原因的复杂性。对武陵山区而言，贫困原因是结构性因素和个体性因素的叠加。武陵山区集中连片特殊困难地区的贫困与自然、地理、气候、民族、宗教、边境等诸多问题交织在一起，既敏感又复杂，脱贫难度大、成本高，随着经济社会发展和自然生态等的变化，致贫原因更加复杂。

（6）贫困过程的持续性。主要体现：一是减贫难度大；二是返贫增多；三是慢性贫困。因贫困原因的多样性以及贫困原因内在结构的复杂性，武陵山区整体脱贫难度极大，长期贫困趋势明显。

三、武陵山区扶贫开发的战略分析

1. 武陵山区扶贫开发具备的条件和优势

（1）自然资源。武陵山区地处渝黔湘鄂四省市交界处的武陵山区，地域相邻、山水相连，自然条件相近，拥有丰富的自然资源。第一，武陵山区拥有优美的自然景观。晋人陶渊明描述的“土地平旷、屋舍俨然，有良田美池桑竹之属”的世外桃源就隐逸于这层层巍峨、曲折陡峭的山区里。武陵山区的张家界、凤凰古城等若干个旅游点都拥有神奇的自然风光，已成为闻名中外的旅游胜地，但依然有众多武陵山区美景、独特文化藏在深闺人未识，外来游客甚少涉足其间。第二，武陵山区拥有丰富的物种资源。由于武陵山区地形复杂，气候特殊，因而生物种类繁多，堪称生物宝库，是亚热带、温带生物栖息繁殖的胜地。在武陵山区可以种植的经济作物多达3000余种，其中药用植物达2000余种，常年收购的名贵与大宗常用品种达300余种，有文明海内外的油桐、油茶、生漆、五倍子、水杉、黄连、杜仲等林特产品资源，也有久负盛名的黄伯、党参、灵芝、当归、天麻等名贵中草药资源，还有富有开发前景、得天独厚的青蒿、姜黄、银杏等天然药源植物资源，发展生物医药和化工潜力巨大。第三，武陵山区拥有独特的气候资源。武陵山区属中亚热带季风湿润气候，独特的气候资源为发展禽畜养殖、反季节蔬菜栽培、山区有机云雾茶生产，烟草、薯、芋、野菜等高山作物培育以及地道中药材的驯化栽培，创造了适宜的气候条件。

（2）生态资源。生态完好是武陵山区在经济发展中与其他贫困地区的主要区别。武陵山区由于山区面积广大，山势高低不等，以山地为主的各种自然地理风貌保存完整。特别在某些山区州县和村落中，还存在着大量原始的自然风貌和社会人文风貌，这些都使得武陵山区成为我国东西连接区域不可多得的生态宝库。首先，武陵山区生态系统的多样性是其可持续发展的最好资源。生态系统多样性是武陵山区发展可持续生计的基础和优势。合理开发利用生态系统的价值符合生态学的理论，也满足现实农业生产的需要。武陵山区合理开发生态系统多样性的价值，也就存在由“生态致贫变为生态扶贫”的机遇，即与生态环境建设相结合的扶贫方式。虽然武陵山区社会经济发展滞后，但其受现代工业文明的影响较小，形成了该地区的“后发优势”，同时山地生态系统多样性为该地区的发展提供了可利用的价值。其次，良好的生态环境为武陵山区发展特色产业提供了基础。武陵山区应结合自身生态环境大力发展特色旅游业，如观光种植业、观光牧业、观光副业等。同时也应因地制宜地大力发展特色农业，着力建设生态农业，将粮食生产与多种经济作物种植相结合、种植业与林牧渔业相结合，而且还可与农村二三产业相结合，提高综合生产能力，实现经济高效、可持续的增长。再次，可通过生态补偿机制使武陵山区的生态环境发挥效益。武陵山区自身良好的生态环境对整个社会的发展也做出了重要的贡献，可以建立并完善现有的生态补偿机制，对生态良好的贫困地区给予扶持，助其脱贫致富。

（3）民族文化。武陵山区是我国唯一的土家族聚居区，土家族则是中国唯一的人口逾百万而又不跨越国境的少数民族。无论物质文化、制度文化还是精神文化，土家族在山地农业类型各民族中具有自己鲜明特色和不可替代性。物质文化中，贯穿生产、生活起居的竹文化；以吊脚楼为代表的建筑；以西兰卡普为代表的纺织织品；健身与娱乐兼备的民族传统体育项目及用品，如高脚马、抵杠等。制度文化中的土司文化、婚姻人生文化、丧葬禁忌文化等。精神文化中的长阳南曲、巴山舞等，以及“讲良心”“以孝为上”的伦理道德观念，同时也是中华民族优良传统的组成部分。武陵山区苗族在服饰、语言、节庆等方面也具有自身特色。这些民族的特色就是武陵山区民族文化的灵魂所在。第一，独具特色的民族文化极具经济潜力。从民族文化的角度来开发旅游资源是特色旅游长久不衰的动力。这同时也能转化为发展的动力，因为优秀的民族文化也是增强谋生能力的要素。武陵山区未来的扶贫开发必须把握民族文化的基本要素。第二，多元文化对于和谐社会的价值。武陵山区从古至今都是多元文化相互采借和各种文化相互碰撞融合的典型地带，这里自古以来就是土家族、苗族、瑶族、侗族、汉族等生息繁衍的地域，各族人民在这块神奇的土地上创造了自己辉煌的历史和独特的文化。各世居民族的文化相互依存、相互渗透、相互转化，呈现出多元文化互动的特征。从这一点上看，武陵山区具有深厚的和谐社会建设意义。如果该地区进入良性发展之路，除了充分体现当地多民族百姓共享改革开放成果的重要意义，还能够成为中国社会多民族和谐共生的典范区域。第三，民族文化促进了统一的多民族国家的形成。因其特殊地理位置，武陵山区成为历史上东、西、南、北各族人民迁徙的中转站或聚焦点，这种聚集和融合不仅成为中华民族发展的一种范式，也为统一的多民族国家形成起了切实推动作用。

（4）政策环境。武陵山区经过几十年的扶贫开发，贫困状况得到较为明显的改善，虽然仍面临着发展的各种困难，但同时也面临着良好的发展机遇和政策环境。第一，武陵山区的扶贫开发已经上升到国家战略层次。2010 年的中央 1 号文件明确提出：要“继续抓好扶贫开发工作，对特殊类型贫困地区进行综合治理”。2010 年 7 月 5 日，温家宝总理在西部大开发工作会议上特别指出：“要把武陵山区等集中连片困难地区作为扶贫开发重点，加大扶贫开发力度。”十二五规划中已明确提出启动武陵山扶贫攻坚工程，发改委多次表示支持在武陵山区试点。第二，武陵山区可能作为集中连片特殊困难地区的扶贫开发典型先行先试。今年的政府工作报告中明确，要“启动集中连片特殊困难地区扶贫攻坚工程”。3 月 2 日，领导小组全体会议上也提出“要抓紧编制连片特困地区扶贫开发规划，选择一些问题比较突出、各方关注度高、条件又比较成熟的片区，先行开展试点”。第三，新十年扶贫开发“两不愁、三保障”丰富了武陵山区扶贫开发的内容，有利于促进武陵山区经济、社会、文化的全面发展。

2. 武陵山区扶贫开发面临的问题和挑战

（1）地理环境险恶。第一，武陵山区地理位置偏远。武陵山区属于云贵高原边缘地带，以喀斯特地貌为主，山石林立，山脉多褶皱和断裂，地理位置是制约其发展的重要因素。地理位置偏远使得当地交通、通讯等建设成本高，严重制约了公共基础设施的发展和与外界的信息交流，进而导致信息闭塞和教育不足，居民文化素质偏低、思想观念落后、小农意识严重。第二，山地地理环境制约经济发展。武陵山区经济受到地理环境的影响较大，尤其是石漠化比较严重的地区农业发展受到了极大的阻碍，使得农业结构单一，效益低下，导致居民收入低且来源失衡，表现为年轻人外出打工收入较多，内生性经济收入缺乏，而与此相伴的劳动力流失、耕地荒废，以及留守妇女、老人和儿童等异质人口能力缺失成为当地突出的问题。

（2）生态环境脆弱。生态环境既是武陵山区未来扶贫开发的优势资源，同时也具有不可回避的问题。第一，武陵山区面临着生态环境恶化和贫困长期存在的局面。武陵山区山地生态系统长期承担着多样性资源输出与环境屏障的作用，生态环境的变化和当地剧烈的人类活动相叠加造成的自然与社会共生风险，使得山地生态系统具有高度脆弱性。第二，武陵山区生态环境脆弱导致灾害频发。贫困人群为了摆脱贫穷的困境，对生态环境资源开发利用过度和不当，导致植被破坏，土壤侵蚀和水土流失更加严重；水土流失和石漠化加剧了耕地数量和质量的下降，造成土地资源更加稀缺；同时脆弱的生态环境和密集的人类活动，导致自然灾害频发，使得原本脆弱的社会经济发展受到更加严峻的挑战。第三，武陵山区生态环境脆弱制约人们的生产生活。武陵山区山地、林地多，耕地分散，且生产能力低，土地承载力较弱，粮食产量不高，诸多生态和资源条件严重制约着人们的生产生活，导致贫困的发生和长期存在。

（3）经济发展方式转变困难。在过去发展中，虽然武陵山区已经取得了一定的扶贫成效，但后发减贫力量薄弱，亟待转变经济发展方式。但是武陵山区面临着经济发展方式转变的难题。第一，经济发展方式转变缺乏内在的驱动力。武陵山区经济发展方式转变困难，这主要由于产业结构不合理，第一产业比重过大，产品附加值低，增值能力弱，且各地产业结构严重趋同，规模经济难以形成。第二，经济发展方式转变缺乏资金推动力。资金支持有限，武陵山区自身投入严重不足，农民的再生能力十分脆弱，导致地区经济发展十分迟缓，农民收入增长有限。第三，经济发展方式转变缺乏基础设施支撑体系。基础设施落后：武陵山区地理位置偏远，基础设施建设不力，导致经济增长慢、产业规模小、要素成本高。第四，经济发展方式转变缺乏规模效应。合作平台缺失，由于存在行政隔阂，“大扶贫”“主战场”的开发布局难于形成，彼此竞争远大于合作。第五，经济发展方式转变缺乏技术能力。目前武陵山区无论是技术投入还是教育投入都远远不足，甚至经济增长中出现技术退步现象。第六，经济发展方式专门缺乏普惠能力。在过去的一段时间中，武陵山区城乡差距明显拉大，特别是与减贫间存在不可兼得性。同时，武陵山区社会发展方式也面临转型困境。

（4）发展差距逐步拉大。一方面，经济发展的地区差距明显。虽然武陵山区经济发展在过去的十年间取得了持续快速的增长，但与全国、各地区所在省的发展差距却在持续不断地拉大。以恩施州为例，2010 年全州人均生产总值 10058 元，仅相当于全国、全省平均水平的 33.7% 和 36.4%。人民生活水平不高，城镇居民可支配收入为 11406 元，分别比全国、全省低 7703 元和 4652 元；农民人均纯收入为 3255 元，分别比全国、全省低 1898 元和 2577 元。城镇化进程滞后，全州城镇化率分别比全国、全省低 16.1 和 15.5 个百分点。另一方面，城乡居民的收入差距较大。武陵山区城乡居民收入在不断增长的同时，城乡居民的收入差距也在不断加大，城乡差距比中西部地区更明显。2009 年，黔江区的城乡居民收入的差距为8920元，铜仁地区城乡居民收入差距有6905元，湘西州城乡居民收入差距为8089元，恩施州城乡居民收入差距为7497元。相比之下，每个地区的城乡收入差距已经达到了该地区农村居民收入的2倍以上。

（5）扶贫开发供需矛盾突出。第一，在个体需求方面。村民的基本需求尚未完全满足。村民需要提高解决温饱的水平，需要改造房屋、需要通水通电、需要购买基本的交通工具，深切地渴望过上大多数老百姓那样衣食无忧、安居乐业的日子。第二，在公共需求方面。武陵山区贫困人口对基础设施建设、农业生产发展、教育培训、医疗卫生、自然环境保护以及公民权利这六个方面有比较迫切的需求。但是武陵山区现有的公共需求满足差强人意，尤其是在教育、卫生事业方面发展滞后。以重庆秀山县为例，其城乡教育发展不平衡，教育条件亟需改善，目前该县农村学校附属设施、设备配齐率低于城镇的50%左右，大专以上农村教师比重低于30%，综合素质培训参与率低于20%。此外，医疗卫生资源短缺、费用高昂所引起的因病致贫现象在武陵山区的居民家庭中比较常见。高昂的医疗费用使得许多家庭背上沉重的负担。第三，在政府供给方面。武陵山区过去几年在经济社会发展以及农户收入上取得的成效，很大程度上取决于政府的扶贫开发政策和资金资源支持等，但是武陵山区的公共服务与社会保障方面滞后。预设供给的公共产品较多，实际落实的公共产品偏少；普惠性公共产品和特惠性公共产品供给均有增长，但总体上均偏少且特惠性产品供给尤其短缺。在武陵山区的农村地区，系统的农村养老保险尚未开展，农村弱势群体保障体系十分薄弱。

（6）贫困特殊性与复杂性交织。武陵山区的贫困具有个体致贫的普遍性与区域致贫的特殊性相结合的特征，表现为“贫穷跨界、风险共生、脆弱连片”。武陵山区的贫困村在行政管理上多数被边缘化，由于行政区划分割，使该地区处于四大行政中心的环形空洞区，交通不便，产业同构，有限资源难以实现优化配置，经济社会发展水平相对滞后。由于区域性的贫困导致贫穷跨界；地理环境的演变导致生态环境脆弱、资源禀赋不足等结构性因素与社会可行能力缺失的个体因素相叠加，自然风险与社会风险相伴生，生态脆弱性与贫困脆弱性相耦合，使得武陵山区的贫困呈现高度复杂性，也使得该地区形成风险共生；武陵山区经济增长缓慢，且内部各区域间经济发展失衡，越靠腹地越贫穷。当地社会交往狭窄、社区参与不足，影响着社会资本的形成和居民参与发展的热情。武陵山区的贫困个体致贫的普遍性与区域致贫的特殊性相结合的特征，使得这一地区的地理性脆弱与社会性脆弱高度吻合，形成了脆弱连片的现状。这将使未来扶贫开发面临着极大挑战。

（7）自我发展能力不足。第一，村民自我发展意识不强。村民参与扶贫开发的意识不强，“等”“靠”“要”等传统思想仍然比较严重，极大制约了当地自我发展能力的提升。第二，村民个人素质不高影响扶贫成效。该地区少数民族群众文化水平普遍较低，许多适龄儿童辍学务农或外出打工，平均文化水平只有小学程度。在许多少数民族村落，汉语沟通仍然存在障碍。村民个人素质低下影响其参与扶贫开发的热情，导致农村产业扶贫缺少中坚力量，同时影响到外出务工农民的收入，不利于整体推动当地的减贫和自我发展。第三，干群素质是影响扶贫成效的重要因素。武陵山贫困地区干群素质普遍偏低。村里有文化、有能力的人都外出务工，村干部能力有限，这些因素都严重制约了当地的发展。

（8）特殊群体贫困问题严重。老年人、残疾人、儿童、妇女等社会群体是扶贫开发工作重点支持对象，但是，现阶段武陵山区针对特殊群体的扶贫开发仍存在很大缺陷。第一，社会养老保险制度尚未建立。目前，家庭养老仍然是中国农村居民主要养老方式，武陵山区也不例外，系统性的农村养老保险尚未在这一地区建立。无论新农保还是老农保，都存在覆盖面窄、互助性小、随意性大等问题。第二，贫困儿童培育不容乐观。武陵山区农村儿童培育需求远未得到有效保证。贫困儿童失学率居高不下，贫困儿童身体健康状况也存在较大问题，尤其是留守儿童问题突出。第三，农村妇女保护缺位。与中国广大农村妇女面临的困境相同，武陵山区妇女也面临如下不利状况：健康状况较差，对医疗卫生资源可及性较低，留守妇女数目庞大，劳动强度大，常常需要家庭、生产兼顾，不同程度的权利剥夺，等等。

四、武陵山区扶贫开发的战略设计

1. 指导思想

坚持双轮驱动，稳定解决特困人口的温饱问题；进一步提高低收入贫困人口的人均纯收入水平、人均基本生产资源拥有水平和享有社会服务水平；加强基础设施建设，改善生态环境，逐步建立和完善农村基本公共服务，提高贫困人口的综合素质和自我发展能力；稳步推进特色资源开发和产业结构调整，增强其积累能力和发展能力。

2. 目标任务

中央提出实施集中连片特困地区扶贫攻坚工程，最终目标是要到2020年基本消除绝对贫困现象，全面建成小康社会。因此，武陵山区扶贫开发的核心目标任务：一是增加收入，减少贫困人口；二是提高贫困人口素质，增强自我发展能力；三是缩小发展差距，与全国人民共同步入小康社会。

具体来看，在经济、政治、文化、社会、生态等多方面得到较好的改善。经济建设要增强发展的协调性，不仅解决脱贫问题，还要提高自我发展能力；民主政治建设要保障贫困群体权益和社会公平正义，建立“参与式”减贫；文化建设要提高贫困人口的综合素质；社会建设要加快发展社会事业，全面改善人们生活，提高生活质量；生态建设要形成节约能源资源和保护生态环境的产业结构、增长方式、消费方式等，实现人与自然和谐发展。

3. 战略方针

一是坚持开发式扶贫。关键是要激发贫困人群的能动性和创造力，借助国家、地方和社会各界外力的帮助，形成永续生存与发展的生产能力或基本条件，逐步实现自主脱贫和可持续发展。二是坚持科学扶贫。关键要解放思想、更新观念、加强研究，探索科学发展的扶贫开发新模式，创新扶贫机制，开创扶贫开发新局面。三是坚持综合开发。实现扶贫开发由单纯发展生产向经济、生态、社会、文化全面协调发展的转变，达到经济效益、社会效益、生态效益三者的统一，最终在经济、社会与人的全面发展的基础上彻底摆脱贫困。四是转变扶贫方式。由过去的“输血式”扶贫过渡到“造血式”扶贫上来，激发贫困地区自我发展的动力，提升其自我发展的能力。五是推动大扶贫格局。未来武陵山区经济社会发展重点问题的解决，有赖于“大扶贫”格局的搭建，有效整合专项资源、社会资源、行业资源，形成整体推动的局面。

4. 战略重点

第一，资源整合。武陵山区减贫是一项复杂的系统工程，需要整合多个减贫主体的多种资源。这些资源，如果从减贫主体的角度来看，包括政府资源、民间组织资源、村庄资源、村民资源；就不同层级政府资源而言，包括中央政府资源、当地政府资源以及对口援建政府的资源；如果从国家—市场—社会的角度看，包括政策资源、市场资源、社会资源（包括社区及村民的资源）等。而每一种资源又内在地包含着多种资源，例如，村民的资源包含可投入资金、劳动力、智力等；政府资源包括政策、资金、技术等。第二，关系协调。武陵山区基线调研反映出的突出问题表明，减贫战略选择中需要协调各种关系，包括协调经济发展、社会发展与生态环境保护的关系，实现开发式扶贫与大扶贫的衔接，协调内外部关系，协调减贫需求与实际扶贫能力的关系等。第三，制度建设。武陵山区减贫需构建全社会扶贫格局，就中央政府而言，需要制定相应政策，例如，税收减免以及其他优惠政策等，鼓励地方、企业、社会组织、公民真正成为减贫主体；另外，还需要完善生态补偿制度、教育补偿制度等。第四，健全扶贫机制。尤其是建立健全风险管理机制、健全整乡推进衔接进村入户等。组织领导机制，落实责任机制，健全考评激励机制、民主监督机制。

五、武陵山区扶贫开发的主要建议

（一）主要战略建议

1. 设立武陵山区综合扶贫试验区

武陵山区是我国新时期贫困人口分布的重点区域之一，同时又是少数民族聚居区和中部地区重要的生态屏障。武陵山区的贫困问题，仅靠中央、省的一般支持和地方的努力难以在短期内解决，需要上升到国家区域发展战略的高度。历史上，武陵山区山同脉、水同源、资源禀赋相似、经济同类、发展水平相近，内部民族虽多，但文化上分享着较多共同基因，具备建立综合扶贫试验区的自然基础、经济基础和文化基础。从国家层面看，也需要选择 1 ~ 2 个片区开展政策试验，为连片特困地区扶贫政策创新提供实证支持。

2. 编制武陵山区综合扶贫总体规划

武陵山区综合扶贫规划，是武陵山区经济社会发展规划的重要组成部分。是以武陵山区自身贫困特点和扶贫开发现状为基础，与武陵山区自然地理条件复杂性、经济社会文化多元性等基本特点相适应，以贫困村、贫困人群为目标对象，以区域脱贫、生态治理、防灾减灾、文化发展为基本内容，实现社会保障与扶贫开发有机衔接，集行业扶贫、专项扶贫、社会扶贫为一体的综合性发展规划。

3. 推动区域、村户分级分类

一是根据资源、人口承载能力及发展潜力进行区域分级，帮助各地选择相关项目和扶贫发展模式。考虑发展潜力时应特别注意城乡协调发展。二是实施“户分类、村分级”的扶贫规划工作原则。例如根据贫困的原因和程度，在规划中可依据生态资源存量、人的素质、单位扶贫强度尝试将村分为级。前两个指标分别反应生态和社会脆弱性，后一个指标反应扶贫的边际效益。通过分类，提出扶贫开发的分类扶持措施和相应管理方法，进一步提高扶贫资源使用的有效性。

（二）主要政策建议

1. 强化政策整合力度

横向整合扶贫政策与其他部委在该地区实行的政策，纵向整合各级政府部门的不同行动及计划。通过有效整合，增加扶贫的财政支持，提升相关部门行动的一致性，在促进地方经济社会发展进程中巩固扶贫成效。通过提高综合扶贫规划的严肃性，围绕着减贫、生态治理、文化发展等贫困问题群，建立协作平台，整合政策资源，使政策整合的过程成为连片特困地区的政策常态。

2. 推动相关政策机制创新

一是加大财政转移支付等政策的扶持力度；二是下放地方发展自主权，体现自下而上的参与式发展；三是政策制定充分体现地域特点，体现少数民族、社区、农户、地方性知识、地域资源在发展中的独特价值；四是赋予地方政府制定扶贫相关政策的权限。

3. 充分考虑民族支持政策的均衡性、特殊性和灵活性

现有国家民族地区发展政策差异明显，造成经济发展失衡，并可能成为社会稳定的隐患，应整体争取均衡化民族支持政策。即将武陵山区作为整体规划区，争取同等、均衡的少数民族支持政策，无论是整体被纳入国家西部大开发战略，还是争取专门针对武陵山区民族发展的特殊性支持政策，都应该充分理解当地获得均等支持政策的迫切性和必要性。制定特殊政策以适用于该类地区扶贫开发需要。建立配套政策对应调整机制，允许武陵山区在扶贫开发过程中突破某些部门政策限制。

4. 设立国家级“山地生态扶贫”专项补偿基金

将“山地生态扶贫”资金定义为专项扶贫基金。但不是一般意义上的经济扶贫，而是强调生态意义的扶贫，将该地区的生态致贫转为生态扶贫，用于抵抗该山地生态系统的原生态脆弱给农户带来的贫困。由于国家的生态主体功能区划已经为国家层面的生态补偿机制明确了空间架构，可以利用激励机制鼓励农户发展生态友好型产业，保护山地生态系统的多样性。一方面，提供必要的生态风险担保，保护农户或合作社发展适合该区域生态系统多样性的产业的积极性；另一方面，鼓励开发适合山地生态系统休养生息的可持续生计。

（三）主要措施建议

1. 加大基础设施扶贫力度

一是加大交通扶贫力度。加强武陵山区连接重庆、武汉、长沙、贵阳等中心城市的综合运输通道建设，加快完善区域内交通主骨架系统。积极推进纳入国家中长期铁路网规划、国家高速公路网规划的重大项目建设，规划建设一批对完善主通道、消除省际断头路、促进旅游业发展有重要作用的重大交通项目。加快改善贫困县对外连接公路及县际之间公路交通条件，根据人口流动和异地扶贫搬迁等特点，完成通达工程和通畅工程，为贫困地区开辟方便路、致富路，大幅提升对外经济联系的能力和水平。二是加大水利扶贫力度。集中实施一批水利建设工程，加强中小型水库、农田水利、饮水安全等设施建设，增强城乡供水能力，改善农业生产条件。

2. 重点发展特色产业和生态产业

与武陵山区特殊地理环境相适应，该类地区要重点发展特色小产和生态产业，通过这两种产业模式带动减贫和地区经济发展。特色小产主要指那些产量稳定、山地种植、用地规模不大、需要人力较少、其他地区难于开展或受地理气候条件限制不能开发的产业项目。生态产业主要指生态工业、农业和第三产业。

3. 探索旅游产业与扶贫开发结合的路径及模式

一是探索利贫的旅游产业发展模式；二是树立武陵山区为单元的大旅游产业发展观。旅游资源的规划、开发布局应以武陵山区民族文化带为纽带，形成一盘棋；三是错位经营，一区一品牌，充分发扬自身民族文化特色，避免恶性竞争；四是注重旅游获益共享机制建设，特别是贫困少数民族社区对于旅游收益的合理分享机制，以推动利贫的民族旅游发展。在支持武陵山区旅游业发展的同时，要注重从政策倾向、基础设施、技术支持等多层面支持当地贫困少数民族社区发展村寨旅游，使之成为他们新的致富途径。

4. 加强农民合作组织的培育

一是通过科学选择项目、建立信息交流机制以加强组织培育。二是通过完善基础设施、建立政府扶持机制以优化合作环境。三是通过打造产品品牌、创新组织发展模式以实现长效发展。通过建立收益共享机制把从合作经营所得的利润，根据每个农民对合作组织的贡献率以一定比例返还给所有参加合作经营的农户；通过挂靠政府、依靠知名企业、参加大型展销会等途径提升产品与组织的知名度，创建产品品牌；通过建立“公司 + 专业合作社 + 基地 + 农户”“股份制林场”等合作发展模式来鼓励公司尤其是一些龙头企业参与农民组织的合作经营，带动农民增收。

5. 增强村庄治理的科学性和有效性

一是建立贫穷村庄的分类机制。根据交通情况、资源占有情况、劳动力素质、可行的产业等变量将村庄分类，将村庄分为生存型村庄、致富型村庄、搬迁型村庄等类型，明确“哪些该开发、哪些要保护”。二是保障村民主体地位，培育村民合作组织，通过建立村级事务契约化管理与村民票决村干部工资机制等来完善村委会管理。三是整合村庄内自然资源、人文资源、人力资源、社会资源，建立城乡定点扶贫机制，政府部门、企事业单位与村庄结对扶贫机制，企业与村庄结对扶贫机制等促进村庄的治理开发。四是加强基层民主的宣传教育，促进村民参与；赋权于民，做到民主决策；成立村务公开观察员制度，落实民主监督；构建村民参与保障救济机制。

6. 注重加强文化建设

武陵山区是国内独特的，以共同生态系统为生存单元，跨越行政区划的多个民族及其文化共存区域，具有深厚的和谐社会建设意义。其良性发展，除了具有充分体现当地百姓共享社会发展成果的重要意义，还能够成为中国社会多民族和谐共生的典范区域。此外，因其特殊地理位置，这一地区成为历史上东、西、南、北各族人民迁徙的中转站或聚焦点。这种聚集和融合不仅成为中华民族发展的一种范式，也为统一的多民族国家的形成起了切实作用。这片区域基本属于革命老区，国家理应对这一地区投入更多的关怀和照顾，支持它的发展。

7. 推进特色乡镇建设带动减贫

一是加大乡镇基础设施投资以改善供水及供电。二是通过发展县域经济推动特色乡镇群建设。在武陵山区，特色乡镇对贫困农村的辐射程度要远远大于城区，因此应当将发展重点放在通过特色乡镇建设带动贫困乡村的发展。总体而言，特色乡镇建设即是以一个乡镇为基本单元，通过集全乡、全镇之力发展一种特色产业项目而带动整乡（镇）村民致富的路径选择。

8. 完善社会保障扶贫体系

调整理顺现有各类农村社会保障制度之间交叉、重复、不协调的关系。现由“五保户”制度供养的丧失劳动能力者应逐步纳入农村最低生活保障体系。有劳动能力或劳动意愿的农村居民逐步纳入农村基本养老保险体系，建立健全农村新型合作医疗保障制度、医疗救助制度和灾害救济制度，降低农民因病、因灾等因素返贫的风险性。在“十二五”时期，识别和区分享受农村低保和参与开发式扶贫的两类贫困人群，家庭年人均纯收入低于农村扶贫标准、有劳动能力或劳动意愿的农村居民，包括有劳动能力和劳动意愿的农村低保对象列为扶贫对象；家庭年人均纯收入低于当地最低生活保障标准的农村居民，主要是因病、因残、年老体弱、丧失劳动能力以及生存条件恶劣等原因造成生活常年困难的农村居民，列为农村低保对象。坚持动态跟踪，既要把通过开发式扶贫已经脱贫的人口从低保对象中分离出来，减少“福利依赖”现象，又要做到应保尽保。

9. 促进贫困剩余劳动力的培训和转移

第一，创新职业教育和劳动技能培训新模式。大力推动“一年在省内或者农村职业学校学习、一年在发达地区或城市职业学校学习、一年在企业实习”的办学模式和“一年学基础知识、一年学职业技能、一年到企业顶岗实习”的培养模式。建立健全促进农村富余劳动力外出务工就业的各项制度，要加大投入力度，整合培训资源，建设培训基地，拓展培训内容，创新培训方式。第二，发展订单劳务、完善保障体系，促进农民顺利流动。第三，发展非农产业、加速城镇经济发展，实现农民就近就业。

10. 加强外部人才的引进

针对农村人口减少的现象。采取措施吸引各类年轻人到该地区创业或提供志愿服务，特别围绕生态环境及物种多样保护，为当地的减贫事业做出贡献。

11. 构建特殊类型群体扶持体系

对于老年人、残疾人，要立足于应保尽保，通过社会保障政策确保这两类群体的福利。对于儿童，要立足于阻断贫困的代际传递。一方面从教育体制的完善领域继续发力；另一方面扶贫政策应该考虑设计实施针对贫困户儿童的支持政策，如提供取消山区教学点后孩子们上学给家庭带来的新经济压力——班车费、午餐费等，确保贫困户子女能够顺利完成学业，以避免贫困因教育不足而发生代际传递。对于妇女，要将妇女能力提高与山区社区恢复活力与未来发展人才培养结合起来。一方面，以提高山区妇女在地化生产能力为主，兼顾其社会交往能力提升。对于使用汉语言交流不畅的少数民族妇女群体，在帮助其脱盲的同时，应支持其立足于本地生计开发。另一方面，把妇女纳入乡村带头人的培养计划，重视妇女潜力的挖掘和培养。

专题报告一：武陵山区转变经济发展方式与减贫战略创新研究

张琦　王昊　金飞　李庆涛　罗拓

武陵山区是我国内陆地区横跨四省、面积约为10万平方公里的大型山脉，也是少数民族聚集地区和贫困山区。未来10年，国家已确定，把集中连片地区作为扶贫开发的主战场，把基本消除贫困人口作为扶贫开发的首要任务。这一战略部署的转变，把以武陵山区为代表的全国14个集中连片贫困区推到了区域扶贫开发的最前沿，成为下一阶段全国扶贫开发工作的重点。特别是进入“十二五”时期，随着国家层面逐步转变经济发展方式和步入转型期社会，扶贫开发工作也必然进行相应转型，即在新的背景条件和形势下，考虑新的减贫战略、新的减贫思路和新的减贫致富模式。

一、研究概述

本研究以武陵山区转变经济发展方式与减贫战略创新为主线，在对武陵山区所辖各州县进行实地调研的基础上，以近年来武陵山区经济社会发展情况为背景，系统总结了在转变经济发展方式过程中，武陵山区的整体情况和各省、州、县的具体政策举措，详细分析了武陵山区转变经济发展方式的具体成效，做出了基本评价，并对其中存在的问题和薄弱环节进行了讨论与研究。

首先，本部分研究认为，在过去发展中，虽然武陵山区已经取得了一定的扶贫成效，但减贫后发力量薄弱，亟待进行经济发展转型和减贫战略创新。主要原因有以下方面：第一，从效益性来看，武陵山区各区县市的经济水平和农民收入均低于全国水平，部分地区相对较高的经济水平并没有体现在农民收入水平上，如武陵源区人均GDP超出全国平均水平70%，但农村家庭人均纯收入只有全国平均水平的90%；同时相关性分析也指出，武陵山区农民收入的增加越来越依赖经济增长，但经济增长对农民收入增加的带动作用却在逐渐下降，人均GDP增加对农村家庭人均纯收入增加的边际效用从2004年的0.11下降到2009年的0.02。而且，武陵山区贫困人口在不断减少，贫困发生率不断降低；瞄准程度渐次提升，减贫覆盖面逐渐扩大；但贫困程度深、资金投入依然不足等问题使得未来面临危机和脆弱性越来越大。第二，从公平性来看，武陵山区收入水平提高的同时，城乡差距却在拉大。定量分析显示，部分地区经济增长越快，贫困发生率下降越慢，经济增长率每增加1个百分点，贫困发生下降速率就减缓0.17个百分点，表明经济增长与减贫间存在一定程度的不可兼得性，分配机制存在问题。同时，政策的制定和实施透明度和针对性不断提高，民生事业长足发展，村民评价不断提高；但是扶贫政策公平性不足，大量贫困人口很难从当前政策中广泛受益。第三，从持续性来看，定量分析显示，武陵山区的全要素生产率正在以每年下降1.7%的速度恶化，特别是技术效果呈现减弱明显，正在以每年6.5%的速度弱化。武陵山区部分区县产业结构失衡，对收入分配产生负面影响，而从整体产业发展看，第一、二产业对农民增收有正作用，其增长率每增加1个百分点，农村家庭人均纯收入增速分别可增加0.079和0.044个百分点，但第三产业有负向作用，其增长率每增加1个百分点，农村家庭人均纯收入增速会下降0.047个百分点。尽管武陵山区目前能耗水平相对较低，未来发展如何继续保持仍然需要思考。随着开发式扶贫不断深入，脱贫能力不断增强；但脱贫基础弱，主体动力不足，人力资源匮乏，加之致贫因素复杂，返贫风险依然较大。因此，武陵山区转变经济发展方式，进行减贫战略创新已经迫在眉睫。

其次，本研究分析了武陵山区转变经济发展方式和进行减贫战略创新所面临的挑战与困难。第一，经济发展方式转变缺乏内在的驱动力。武陵山区经济发展方式转变困难，这主要由于产业结构不合理，第一产业比重过大，产品附加值低，增值能力弱，且各地产业结构严重趋同，规模经济难以形成。第二，经济发展方式转变缺乏资金推动力。资金支持有限，武陵山区自身投入严重不足，农民的再生能力十分脆弱，导致地区经济发展十分迟缓，农民收入增长有限。第三，经济发展方式转变缺乏基础设施支撑体系。武陵山区地理位置偏远，基础设施建设不足，导致经济增长慢、产业规模小、要素成本高。第四，经济发展方式转变缺乏规模效应。合作平台缺失，由于存在行政隔阂，“大扶贫”“主战场”的开发布局难于形成，彼此竞争远大于合作。第五，经济发展方式转变缺乏技术能力。目前武陵山区无论是技术投入还是教育投入都远远不足，甚至经济增长中出现技术退步现象。第六，经济发展方式缺乏普惠能力。在过去的一段时间中，武陵山区城乡差距明显拉大，特别是与减贫间存在不可兼得性。同时，武陵山区社会发展方式也面临转型困境：一是劳动力的质量不利于社会发展方式的转变。人口普遍受教育程度不高，劳动力素质亟待加强。二是文化保护与社会发展方式转变的矛盾凸显。因此，在武陵山区转变经济发展方式和进行减贫战略创新，面临着贫困程度深、贫困人口分布广、减贫战略的覆盖面难以展开，扶贫面积大、扶贫成本高、减贫战略难以形成合理的产业体系和致贫原因复杂多样等方面的困难与挑战。

最后，本研究从武陵山区转变经济发展方式、创新减贫战略的立足点与着眼点出发，提出了五种减贫战略的创新，并就一些具体问题给出了政策建议。分别是：第一，针对在武陵山区扶贫开发中，各地区分属不同行政区域，难于形成合力的问题，建议在继续加强现有经济协作区及各类试验区的建设和发展的同时，将武陵山区整体列为国家片区减贫试验区，推进地区大扶贫格局的形成。第二，针对武陵山区落后的基础设施建设对经济发展的极大限制，建议设立资金一揽子扶持计划试点县，将各类资金直接下拨到县，充分发挥县域体系内对各类资金的统筹使用和调拨，提高扶贫成效。第三，针对武陵山区扶贫资金利用分散的问题，在建立资金一揽子扶持计划试点县的同时，建议重新梳理整个特殊类型地区的资金拨付、配套、使用及检查制度，让扶贫资金真正有利于扶贫开发的推进。第四，在武陵山区试行农村土地自由流转机制，优先推行农地确权，并在此基础上将农地流转机制与移民搬迁结合起来，规避在武陵山区某些地区扶贫成本过高的现实困惑。第五，针对武陵山区扶贫成本较高的问题，在推进各类扶贫项目的过程中，要让扶贫成本显化，并保证基本扶贫工作推进的经费支持，以增强基层扶贫开发群体的工作动力。

二、相关研究成果综述

武陵山区是集中连片特殊困难地区的典型代表之一。近些年来，在武陵山区转变经济发展方式与减贫战略创新方面的研究与成果，集中体现在武陵山区的产业转型及如何利用特殊地缘优势和自然生态地理条件，发展地区经济，带动脱贫致富方面。

在武陵山区转变经济发展方式及进行减贫战略创新中，要特别注意发挥该地区的自然生态资源优势，规避发展劣势。有学者早就提出，在武陵山区种植的经济作物多达3000余种，其中药用植物达2000余种，常年收购的名贵与大宗常用品种达300余种，有文明海内外的油桐、油茶、生漆、五倍子、水杉、黄连、杜仲等林特产品资源，也有久负盛名的黄伯、党参、灵芝、当归、天麻等名贵中草药资源，还有富有开发前景、得天独厚的青蒿、姜黄、银杏等天然药源植物资源，发展生物医药和化工潜力巨大（李俊杰，2004）①。还有的学者提出，武陵山区应结合旅游业发展的有利条件，在大力发展绿色产品的同时要因地制宜地发展绿色空间，促进特色农业的发展，如观光种植业、观光牧业、观光副业等（白晋湘，2005）②。针对特色农业，有学者将其进一步具体为生态农业，并提出武陵山区地理位置特殊，不适于传统型农业发展，而要着力建设生态农业，且由于生态农业具有综合性、多样性等特征，能够将粮食生产与多种经济作物相结合、种植业与林牧渔业相结合，而且还可与农村二、三产业相结合，提高综合生产能力，实现经济高效、可持续的增长，所以应该在武陵山区大力发展绿色生态农业（孙忠良，2008）③。对此观点，许多学者都表示赞同或肯定，特别是有的学者还指出，由于武陵山区拥有优质的草食牲畜、中药材、烟叶、榨菜、山货、蔬菜等，为中西部生态环境保护的天然屏障，其农业发展的定位只能是生态型农业；而且，生态农业属于低碳经济类型，发展低碳经济会对该地区起到促进与带动作用（黄小俊、张琰飞，2010）④。与上述发展优势相比，有的学者提出在充分发挥优势的同时，还要注重规避发展劣势。有学者认为，在武陵山区发展产业要充分考虑当地资源和环境条件，构建劳动技术密集型农业产业体系。由于武陵山区人多地少、环境恶劣、可耕地稀缺，因此粮食产业在这个地区是劣势产业，而茶叶、药材、水果以及其他经济作物具有潜在的比较优势（孙忠良，2007）⑤。

在武陵山区转变经济发展方式及进行减贫战略创新过程中，还要特别注意地区间的竞争、互补与协作，营造共同发展氛围。有学者指出，武陵山区各地政府应加强区域合作，共同建立其农产品统一流通市场，促使农产品顺畅、低成本地流入外部市场，促进武陵山区经济社会发展和人民整体生活水平的提高

---

① 李俊杰等．武陵山区少数民族州县主导产业解读与选择．湖北民族学院学报，2004（4）

② 白晋湘等．武陵山区山寨农业市场化发展研究．吉首大学学报，2005（4）

③ 孙忠良等．对武陵山区农村发展生态农业经济的思考．商业研究，2008（12）

④ 黄小俊等．武陵山区资源整合与战略性产业的培育．安徽农业科学，2010（38）

⑤ 孙忠良等．对武陵山区农村产业结构调整的思考．沈阳农业大学学报，2007（12）

（李克武等，2007）[①]。而对于如何合作，更多学者从资源禀赋角度出发，讨论了地区间的互补性、统一性与旅游业协同发展的问题。有学者提出，武陵山区分属的四个地区在要素禀赋上存在着互补性，需要政府协调配置资源，协调区域发展。但由于各地政府会考虑地方利益，在区域合作分工中不利于做出正确的决策，因此需要政府建立一个独立于各地政府之外的专门机构，实施跨行政区的管理（李赟鹏，2008）[②]。还有学者提出，武陵山区应根据建设多层次城镇网络，既要建设主导型中心城市，又要激活区域中小城镇。以商贸、农产品加工和旅游服务等产业为主题，逐步形成特色产业型、加工转化型、资源开发型、综合服务型等各具特色的小城镇，统筹城乡发展，为转移农村富余劳动力提供就业空间（戴楚洲，2010）[③]。而更多的学者则将目光聚焦于地区间在旅游业发展上的合作。有学者提出，武陵山区通过旅游区的合作开发，形成旅游区的规模、影响、客源市场等的集聚，可以压缩或避免内部竞争，加强提升外部竞争，凭借区域整体的力量提升在竞争中的优势（麻学峰，2005）[④]。而且，武陵山区域旅游开发合作具有一定的历史和现实基础，能够整合旅游资源形成优势产品，形成旅游品牌，增加区域旅游的整体竞争力，有利于武陵山区整个大区域的经济发展（张英，2007）[⑤]。所以，在武陵山区各地区合作开发旅游资源时，有学者就提出，武陵山区旅游产业的发展应突出“高水平规划、高起点建设、高效率管理和高要求营销”的“四高”战略，求大师之作，借匠人之手，打好“武陵山区文化”品牌，打造精品景区，开发旅游产品，尽快形成“国际黄金旅游线”（黄小俊等，2010）[⑥]。

综上所述，现有关于武陵山区转变经济发展方式和进行减贫战略创新的研究成果，大都从生态农业或旅游业等某个行业入手进行分析，缺乏对武陵山区整体各经济形态、产业及发展内容上的综合性考虑，而且，其对适用于该类地区的扶贫方式及产业组织模式也缺乏必要的研究和论证，而这些也是本项研究主要关注的问题。

---

① 李克武等．构建武陵山区农产品流通体系探讨．重庆师范大学学报，2007（4）

② 李赟鹏．武陵山区跨行政区区域经济联动问题探讨．晋中学院学报，2008（12）

③ 戴楚洲．新时期武陵山区统筹区域发展政策研究．铜仁学院学报，2010（7）

④ 麻学峰．武陵山区旅游业合作发展战略研究．边疆经济与文化，2005（11）

⑤ 张英．武陵山区域旅游开发合作的思考．湖北社会科学，2007（6）

⑥ 黄小俊等．武陵山区资源整合与战略性产业的培育．安徽农业科学，2010（38）

三、研究框架、技术路线与研究方法

本研究立足于对武陵山区四省市所辖州县的实际调研，在充分搜集、整理与总结已有研究成果及文献综述的基础上，通过对武陵山区各层次发展数据的具体测算，得出了武陵山区转变经济发展方式与促进减贫战略创新的发展现状、主要经验、存在问题及未来面临的诸多挑战，并提出了在武陵山区转变经济发展方式及进行减贫战略创新的立足点、着眼点及相关政策建议。

本研究的基本框架如下所示：

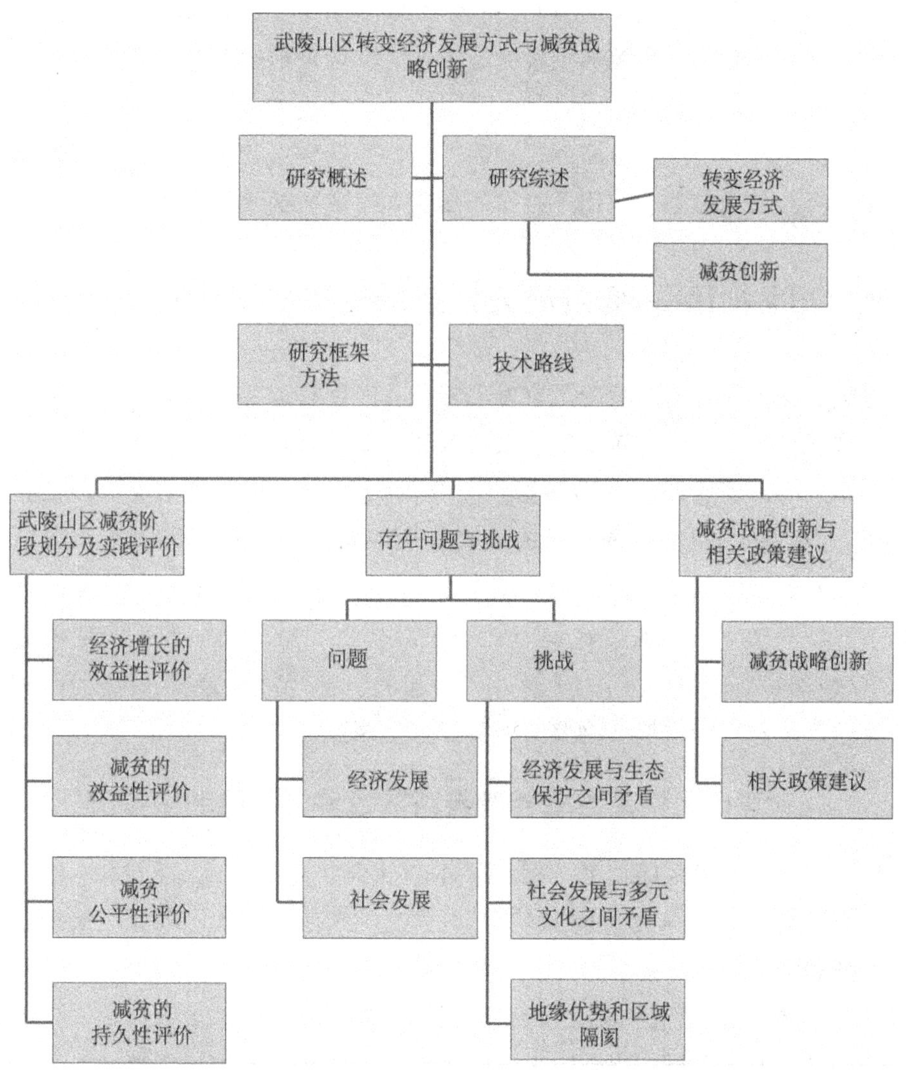

本研究所采用的研究方法包括：

第一，实地调研法。本研究跟随国务院扶贫办武陵山区规划编制调研组，到武陵山区所辖湖北、湖南、贵州和重庆四省市的典型州县进行实地调研，获得了大量一手调研资料及具体数据，形成调研总结和调研报告。

第二，文献综述法。本研究通过对现有武陵山区各类研究成果和文献的综述与归纳，梳理了现有研究中对武陵山区转变经济发展方式与进行减贫战略创新的诸多分析建议，并结合调研的具体内容及计量经济分析，提出观点与看法。

第三，计量分析法。本研究通过对现有数据的整合梳理，系统整理了武陵山区所辖各州县的具体统计数据，并从全要素生产率、人均 GDP 变动对农村人均纯收入变动的影响、人均 GDP 和农村家庭人均纯收入的横向比较、产业结构和绿色发展五个角度，对相关数据及武陵山区的实际发展情况进行了测算，得出了基本结论。

第四，案例分析法。本研究在调研、访谈及研究过程中，十分注重对案例的整理和分析，陆续参考和引用了许多的调研一手资料或案例内容。

四、武陵山区转变发展方式及减贫战略调整的实践及评价

建国以来，武陵山区紧跟国家发展步伐，以国家连片开发政策为导向，立足本地扶贫开发实际，适时转变经济发展方式、调整减贫战略。从建国至今，经历了四个不同的发展阶段：在不断探索“立国利民”的制度体系建设阶段，主要实施依靠国家社会制度改革变迁的减贫发展战略；在“反贫困、奔小康”的经济社会发展初级阶段，主要实施依靠体制改革以及有计划、有组织大规模的开发式扶贫战略；在“重效益、轻公平”的经济社会发展跨越阶段，主要实施依靠开发式扶贫的减贫战略；在“求协调、讲和谐”的经济社会发展逐步完善阶段，主要实施依据农村开发扶贫纲要的减贫发展战略。

（一）武陵山区发展方式转变与减贫战略调整的动因与历程

第一阶段：1949～1978 年，经历了不断探索“立国利民”的制度体系建设，依靠国家社会制度改革变迁的减贫发展战略。武陵山区因其历史、地理条件缘故，在计划经济时期，因为经济发展水平落后，收入水平普遍较低，中央和地方各级政府对贫困既无能力也没有完整的扶贫减贫意识，贫困是一种“整体性贫困”。对武陵山区的扶贫济困措施，在这一时期主要表现为紧急救援，即所谓的

"输血式"扶贫。这样的政策在当时特殊的历史条件下保障了大多数人基本的生存需要，能够暂时缓解贫困人口的生产困难，却远不能促使贫困人口摆脱贫困、实现自我发展。尽管民政救济体系能够实施已属不易，但在当时的条件下也的确发挥了重要作用。

第二阶段：1978～1985年，"反贫困、奔小康"的经济社会发展初级阶段，依靠体制改革以及有计划、有组织大规模的开发式扶贫减贫发展战略。这一阶段主要特征是"以经济建设为中心"，以"基本解决温饱问题"为战略目标，从农村到城市，经济体制改革全面展开①。在这一阶段，武陵山区依据全国的政策引导，跟随全国扶贫开发的步伐，主要实施了以下减贫措施：（1）以家庭联产承包经营制度的实施使农民获得了经营权，极大地激发了农民的劳动积极性，从而极大地解放了生产力，提高了土地产出率，增加了农村居民的收入；（2）1980年中央设立了5亿元"支持经济不发达地区发展的资金"，专门针对老、少、边、穷地区。1984年，中共中央发布了《关于尽快改变贫困地区面貌的通知》，规定了对包括武陵山区在内的18个贫困地带进行重点扶持，明确提出了针对贫困地区的优惠政策。这种制度性变革引发的大规模缓解贫困的措施一定程度上改善了武陵山区的贫困状况。但由于武陵山区的自身条件，实施过程有一定的延迟性，这一时期的扶贫政策对于改善武陵山区的贫困面貌和提高人民生活水平作用有限，相反，这些措施还拉大了武陵山区和其他地区的经济发展水平的差距，更凸显武陵山区的贫困落后。

第三阶段：1986～2000年，"重效益、轻公平"的经济社会发展跨越阶段，依靠开发式扶贫的减贫战略。这一阶段的主要特征是在"建立健全社会主义市场经济体制"的目标下，经济改革进入飞速阶段。这个阶段的发展思路是：解放思想，促进经济发展；加快市场化进程；促进重大经济结构优化。这个阶段我国经济高速发展，社会主义市场经济理论被普遍接受。同时，这个阶段由先前的"效率优先、兼顾公平"逐步异化为"重效益、轻公平"。在这个阶段，武陵山区在经济制度上，也开始顺应时势，大力推进市场经济。原有的计划经济和公有体制势力进一步削弱，这极大地激发了当地经济的活力，使得武陵山区的经济在改革开放十几年后，得到延续，农业经济的发展动力得以保持。这一时期的特点可以概括为：城市经济迅速增长超过农村，第二、三产业大大超过农业，企业改革和发展进入到了新的阶段，收入分配机制的市场化进程加快，工业化和市场化带动

---

① 严黎昀.《科学发展阶段论》. 上海科学院出版社，2008.

区域经济发展的作用大大加强。但是，这一阶段，武陵山区仍然处于改革和经济发展的解冻期，从全国来看，区域间的不平衡问题又开始突出地表现出来，东部和中西部的差距不断扩大。

第四阶段：2001 年至今，“求协调、讲和谐”的经济社会发展逐步完善阶段，依据农村开发扶贫纲要的减贫发展战略。2001 年到 2005 年，是西部地区包括武陵山区借助西部大开发全面快速增长的时期。这一时期的发展方式可概括为：第一，依靠工业化发展主导方式快速扩展。第二，基础设施建设成为带动和拉动区域经济发展的最明显要素。第三，依赖外延和规模扩大方式作用凸显。中央及其武陵山区的投资也大量用于工业发展并且以规模扩大带动经济增长成为主要取向。自 2005 年以来，武陵山区经济发展方式思路全面调整和转变阶段。随着 2005 年国家“十一五”规划确定的四大区域主体功能区划分思路开始实施，武陵山区的经济发展方式开始出现新的重大转变。武陵山区归属到国家禁止和限制开发区，从而使武陵山区成为国家全面实施自然资源与经济社会和谐发展、区域均衡发展和发展方式转变的直接冲击和实验试点区域。这一时期的特点就是：主要支持规模以上企业的发展，禁止和限制污染型工业；加强节能减排的管理，研究和制定实施生态补偿的标准和政策；加大对生态环境的保护力度，逐步改变生态环境脆弱的现状。

（二）武陵山区发展方式转变与减贫战略的总体评价

在过去的一段时间里，武陵山区的经济发展和减贫工作取得了显著的成果，但同时也存在一些问题。为了能更加清楚地把握武陵山区的实际状况，以下将以实证和论述的方式对其经济发展和减贫情况进行分析和评述。

1. 效益性评价

我国目前正处于高速发展阶段，因此经济增长毫无保留地体现在了 GDP 的增加上。但真正有效益的经济增长最终必须落实到收入的增加和贫困的减少，否则就会陷入有增长无发展的困境中。

（1）经济发展的效益性评价

总体评价：武陵山区各区县市的经济水平和农民收入均低于全国水平，部分地区相对较高的经济水平并没有体现在农民收入水平上；同时武陵山区农民收入的增加越来越依赖经济增长，但经济增长对农民收入增加的带动作用却在逐渐减小。

因为我国贫困人口主要集中在农民群体中，所以经济增长能否使农民收入得到增加，是衡量经济发展效益性的重要评价指标①。在对武陵山区经济发展的效益性评价中，我们主要从人均GDP和农村家庭人均纯收入这两个指标的发展变化及相关性方面进行了考察，并选取37个市区县（包括重庆市的黔江区、酉阳、秀山、彭水、石柱；湖北省的恩施州，辖恩施、利川、建始、巴东、宣恩、咸丰、来凤、鹤峰八个县市；湖南省的湘西州，辖吉首市、泸溪县、凤凰县、花垣县、保靖县、古丈县、永顺县、龙山县；湖南省张家界市，辖永定、武陵源区、慈利、桑植；湖南省常德市部的桃源、石门；贵州的铜仁地区，辖铜仁市、万山特区、玉屏侗族自治县、松桃苗族自治县、印江土家族自治县、沿河土家族自治县、思南县、江口县、石阡县、德江县）作为数据观测地区，收集并整理了上述地区从2003年到2009年总共7年的数据资料，进行了分析测算（具体测算过程见附录1）。

通过比较，我们发现：除武陵源区外，武陵山区各区县市的经济水平和农民收入均低于全国水平，部分地区相对较高的经济水平并没有体现在农民收入水平上。

首先，武陵山区人均GDP总体低于全国平均水平，而且绝大部分区县与全国水平有相当差距。这反映出武陵山区经济发展滞后的现实（武陵源区例外，其人均GDP高于全国平均水平，因此在制定未来对武陵山区的倾向性政策时，应当注意到这点）。

其次，单纯人均GDP高可能并没有体现在农村家庭的收入上。武陵山区37个市区县农村家庭人均纯收入全部低于全国平均水平，包括武陵源区。（值得注意的是桃源县，尽管其人均GDP只是勉强位于37个市区县中的前1/3水平，但其农村家庭人均纯收入却居首位，与全国平均水平也相差不大，表明这一地区的经济增长可能相对更有利于农民，其发展经验有借鉴价值）。

最后，武陵山区农民收入的增加越来越依赖经济增长，但经济增长对农民收入增加的带动作用在下降。这主要反映在武陵山区人均GDP变动对农村家庭人均纯收入变动的边际效应变化上（具体测算过程见附录2）。

将前述37个市区县作为独立样本，以年为时间截面构成面板数据，对每个

① 根据攸频等的研究（详见《贫困减少与经济增长和收入不平等的关系研究——基于时序数据》［J］，管理科学，2009，22（4），115~120），我国1981~2004年农村人均纯收入每增加1%，将导致贫困发生率减少0.79%。

截面进行 OLS 回归分析，时间截面为 2003 ~ 2009 年（做差分后为 2004 ~ 2009 年）。时间截面回归模型建立为：

$$\Delta 农村家庭人均纯收入_t = \alpha_t + \beta_t \cdot \Delta 人均 GDP_t + \varepsilon_t$$

其中，Δ 农村家庭人均纯收入$_t$ 为各区县农村家庭人均纯收入的第 t 期变化量，α_t 为第 t 期的回归方程截距，β_t 为第 t 期人均 GDP 变动对农村家庭人均纯收入变动的边际效应，Δ 人均 GDP$_t$ 为人均 GDP 的第 t 期变化量，ε_t 为第 t 期误差项。以上变化量通过差分获得。

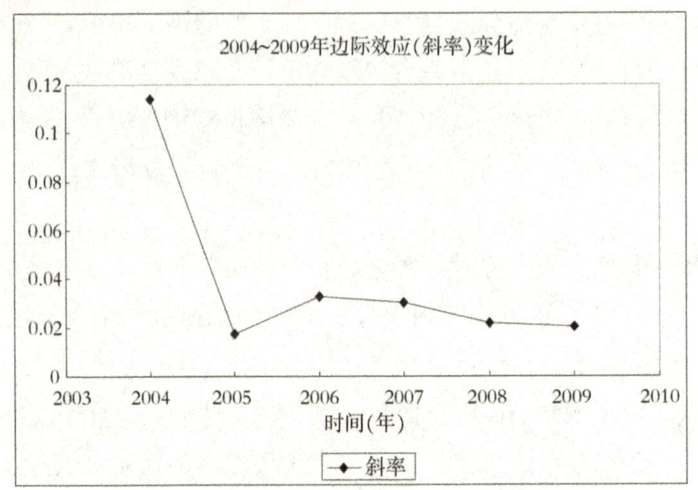

图 1－1　2004 ~ 2009 年边际效应（斜率）变化

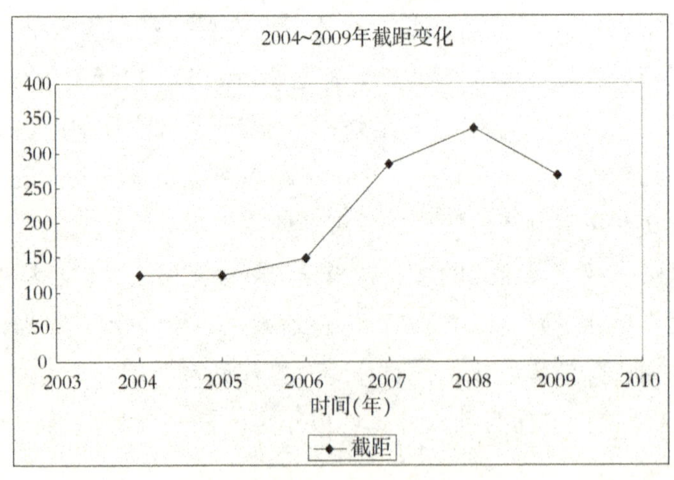

图 1－2　2004 ~ 2009 年截距变化

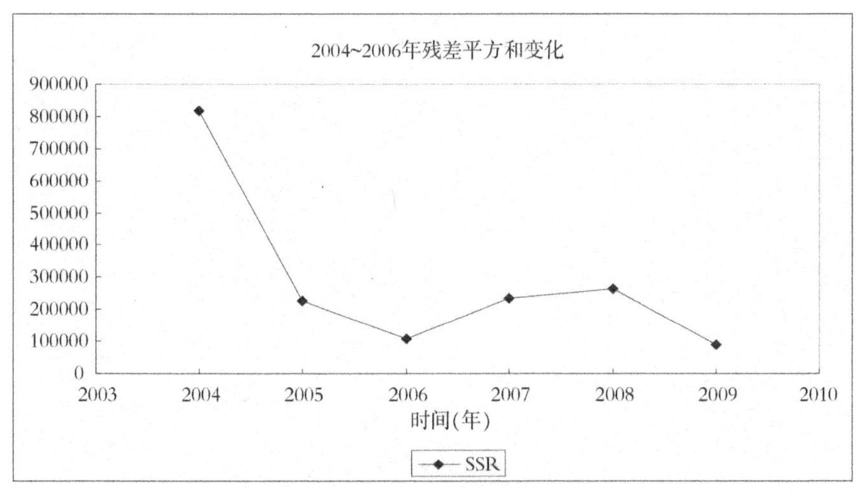

图 1－3　2004～2006 年残差平方和变化

通过对这些数据进行回归分析，不难发现 SSR 有下降趋势，对农村家庭人均纯收入变动的影响有下降趋势，α_t 则存在上升趋势。综合这两点，表明对于农村家庭人均纯收入变动的所有因素而言，就是在 2004～2009 年经济增长及其相关间接因素对农民增收的影响比例在增大，但经济增长本身对农民增收的直接带动效应有放缓趋势。从中不难发现，武陵山区人均 GDP 的增加对于农村家庭人均纯收入的增加是正相关的，但其整体呈一个下降趋势，即武陵山区人均 GDP 增加对农村家庭人均纯收入增加的边际效应在递减，也就是说经济增长对农民收入增加的带动能力在下降。

（2）减贫的效益性评价

总体评价：武陵山区贫困人口在不断减少，贫困发生率不断降低；瞄准程度渐次提升，减贫覆盖面逐渐扩大；但贫困程度深、资金投入依然不足等问题使得未来面临的危机和脆弱性越来越大。

在武陵山区，尽管各地方政府始终坚持开发式扶贫的政策方针，以贫困群体为中心，稳定解决扶贫对象温饱并逐步实现脱贫致富。在整村推进背景下积极推进产业扶贫，并实施了“雨露计划”、扶贫搬迁、老区建设、社会扶贫等重点工作，取得了显著成效，但也面临不少问题。

首先，贫困人口不断减少，贫困发生率不断降低。经过长期扶贫实践，武陵山区贫困人口数量逐渐减少，贫困发生率逐渐降低（表 1－1），人均收入不断提升，扶贫开发取得了一定的成效。根据国家 2009 年的扶贫标准，武陵山区贫困发生率大致在 20.0%，贫困人口在 400 万左右。

表 1-1　武陵山区各省市贫困人口、贫困发生率变化情况

<table>
<tr><td rowspan="4">贵州省</td><td rowspan="4">铜仁地区</td><td>印江县</td><td>贫困人口由 2001 年的 6885 人降到 2009 年的 3450 人，贫困发生率下降到 20%</td></tr>
<tr><td>德江县</td><td>“十一五”期间贫困人口共减少 34740 人</td></tr>
<tr><td>松桃县</td><td>贫困人口由 2000 年的 20.49 万人降到 2010 年的 10.23 万人，贫困发生率由 34.7% 下降到 18.6%</td></tr>
<tr><td>石阡县</td><td>“十一五”期间贫困人口减少 32100 人</td></tr>
<tr><td rowspan="12">湖南省</td><td rowspan="6">湘西州</td><td colspan="2">贫困发生率由 2000 年的 85% 下降到 2010 年的 25%</td></tr>
<tr><td>古丈县</td><td>2010 年贫困人口减少到 27021 人</td></tr>
<tr><td>泸溪县</td><td>2010 年贫困人口减少到 8.91 万人</td></tr>
<tr><td>龙山县</td><td>2010 年贫困人口减少到 127710 人</td></tr>
<tr><td>保靖县</td><td>2010 年贫困人口减少到 6.75 万人</td></tr>
<tr><td>花垣县</td><td>贫困人口由 2000 年的 9.1 万人降到 2009 年的 7.16 万人</td></tr>
<tr><td rowspan="2">张家界市</td><td>永定区</td><td>2010 年贫困人口减少到 30718 人</td></tr>
<tr><td>武陵源区</td><td>贫困人口由 2001 年的 1.09 万人降到 2010 年的 0.28 万人</td></tr>
<tr><td>常德市</td><td>石门县</td><td>2010 年贫困人口减少到 81700 人</td></tr>
<tr><td>怀化市</td><td>沅陵县</td><td>2010 年贫困人口减少到 10.5 万，贫困发生率降低到 16%</td></tr>
<tr><td>邵阳市</td><td>邵阳县</td><td>2010 年贫困人口减少到 15.64 万人</td></tr>
<tr><td>湖北省</td><td>恩施州</td><td colspan="2">2006 年到 2010 年贫困人口累计减少了 50 万人</td></tr>
<tr><td rowspan="2">重庆市</td><td rowspan="2">渝东南</td><td>武隆县</td><td>贫困人口由 2001 年的 12.5 万人降到 2007 年的 7.45 万人，贫困发生率由 2005 年的 19.7% 下降到 2010 年的 2.9%</td></tr>
<tr><td>黔江区</td><td>贫困人口减少了 1.02 万，贫困发生率下降了 3.5%</td></tr>
</table>

资料来源：以上数据由四省市扶贫开发办公室的资料整理而成。

其次，扶贫的覆盖面逐渐扩大。武陵山区的扶贫瞄准发展经历了由没有特定的扶贫计划和瞄准到扶贫瞄准对象逐渐从县转移到村、户，从大量资金投入有针对性的扶贫项目里再到“整村推进”的逐步开展，使得瞄准程度从对象到资金投入管理都不断加深。以贵州省铜仁地区为例（表 1-2），从 2004 年开始截至 2009 年底，铜仁地区贫困村“整村推进”项目覆盖面从 6.18% 上升至 67.6%。项目村基本实现了村有基础产业、户有增收项目，水、电、路三通和学校、卫生、广播电视三有目标。

表1-2　贵州省铜仁地区贫困村"整村推进"的覆盖情况（单位:%）

县名	2004	2005	2006	2007	2008	2009
石阡县	5.46%	12.02%	22.40%	32.79%	46.99%	51.37%
印江县	5.91%	12.73%	22.27%	35.45%	50.00%	75.45%
德江县	5.80%	17.87%	26.09%	35.75%	50.24%	74.40%
沿河县	5.30%	16.96%	28.27%	41.34%	53.36%	76.68%
松桃县	6.54%	10.90%	22.43%	34.89%	48.91%	74.45%
思南县	6.57%	12.24%	20.60%	31.64%	44.18%	47.76%
江口县	6.74%	16.85%	24.72%	33.71%	47.19%	66.29%
万山特区	7.41%	25.93%	44.44%	59.26%	74.07%	100.00%
玉屏县	10.81%	24.32%	37.84%	48.65%	64.86%	91.89%
铜仁市	6.33%	12.66%	26.58%	40.51%	54.43%	68.35%
铜仁地区合计	6.18%	14.15%	24.37%	36.10%	49.69%	67.60%

上表根据贵州省扶贫开发办公室资料计算

2. 公平性评价

除了效益性评价以外，由于近年来中国的经济发展表现出越来越多的不平衡性，使得公平成为当前最需要关注的重点问题。因此，在减少贫困问题上，公平更是与增长扮演了同等重要的角色。

（1）经济发展的公平性评价

总体评价：武陵山区收入水平提高的同时，城乡差距却在拉大。而且部分地区经济增长得越快，贫困发生率下降得越慢，表明经济增长与减贫间存在一定程度的不可兼得性，分配机制存在问题。

应该说，城乡分化与分配已经成为当前中国社会发展中的缺陷通病，武陵山区也同样如此，公平性问题已经是制约当地经济发展的重要因素。

一方面，武陵山区收入水平提高的同时，城乡差距却在拉大。过去几年中武陵山区经济取得了较快的发展，人民收入水平也不断提高，但同时也出现了城乡差距扩大的现象（见表1-3所示）。

如表所示，2005年到2009年武陵地区各地城乡收入差距呈现不断扩大趋势，2009年城乡收入差距与2005年城乡收入差距相比，幅度最小的也增加了1893元，而彭水自治县的城乡收入差距更是达到13312元。这些数字说明城乡差距扩大问题已经刻不容缓。同时，我们也可以看出，武陵山区人民生活水平虽然逐年提高，但仍然与全国发展水平有很大的差距，而且城乡差距非常大。同时区域内发展也存在不平衡，铜仁地区城镇发展明显滞后（对比表1－4和表1－5）。

表1－3　2005～2009年武陵地区城乡收入差距变化

项目		2009年	2007年	2005年	2005～2009
湖北省	湖北恩施州	7497	6131	5420	2077
重庆市	重庆黔江区	8683	6952	6160	2523
	石柱自治县	21510	15215	11103	10407
	秀山自治县	23831	16965	12124	11707
	酉阳自治县	21490	15690	10186	11304
	彭水自治县	24357	17089	11045	13312
湖南省	桃园县	16314	14285	8730	7584
	石门县	19817	16818	11568	8249
	张家界市	8239	7487	5446	2793
	湘西州	8089	8540	6015	2074
贵州省	贵州铜仁地区	6905	5552	5012	1893

数据来源：国家统计局国民经济综合统计司，2006、2008、2010年《中国区域经济统计年鉴》，北京，中国统计出版社.

表1－4　全国及武陵山区各地区城镇居民人均可支配收入、人均消费支出（单位：元/年）

项目	怀化市		湘西州		恩施州		铜仁地区		全国	
	收入	支出	收入	支出	收入	支出	收入	支出	收入	支出
2004	6911	5035	5894	4081	6600	5120	5953	4849	9422	7182
2008	10025	7675	9903	7149	——	——	——	——	15780	11242
2009	11114	8535	10947	7772	10307	7550	9647	6193	17175	12265

数据来源：由各地国民经济和社会发展统计公报及各年中国统计年鉴整理。

表1－5　全国及武陵山区各地区农村居民人均可支配收入、人均消费支出（单位：元/年）

项目	怀化市		湘西州		恩施州		铜仁地区		全国	
	收入	支出	收入	支出	收入	支出	收入	支出	收入	支出
2004	2165	1914	1602	1499	1593	1636	1582	1359	2936	2185
2008	2677	2650	——	2237	——	——	——	——	4761	3661
2009	2905	2302	——	2379	2810	2583	2742	2248	5153	3993

数据来源：由各地国民经济和社会发展统计公报及各年中国统计年鉴整理。

另一方面，武陵山区的部分地区经济增长得越快，贫困发生率下降得越慢，表明了经济增长与减贫间存在一定程度的不可兼得性，分配机制存在问题。通过研究贵州铜仁地区10个市区县2006～2009年相关数据构建面板数据模型：

$$\Delta \text{贫困发生率指数}_{it} = \alpha + \beta_1 \cdot \Delta \text{人均}GDP\text{指数}_{it} + \beta_2 \cdot \Delta \text{绝对贫困线指数}_t + \varepsilon_{it}$$

其中，β_1 为人均GDP指数变动对贫困发生率指数变动的边际效应，β_2 为绝对贫困线指数变动对贫困发生率指数变动的边际效应，各指数用相邻两年数据相除，然后减去1获得（即指数变化量的经济意义为增长率），i为第i个市区县，t为第t期。ε_{it}为第t期第i个市区县的误差项。

计算结果如下：

表1－6　2007～2009年面板数据回归结果

参数		参数P值	Wald检验 χ^2 显著性水平	调整后决定系数	回归标准差	残差平方和
α	－0.093436 (0.010802)	0.0000	0.0000 约束条件：C（1）＝C（2）＝C（3）＝0	0.605955	0.032328	0.028218
β_1	0.171042 (0.025150)	0.0000				
β_2	－0.285193 (0.111474)	0.0164				

在98%置信水平下，模型各变量都能通过t检验，模型整体也通过了Wald检验，决定系数也达到了60%以上，因此模型是合理的（具体测算过程见附录3）。

其中，β_1 为正，这就意味着过去三年中铜仁地区经济增长率越高，贫困发生率减少得越慢，二者出现不可兼得的情况，表明分配效应存在较大的问题。经济增长非但对贫困减少没有有效促进，反而可能由于资源有限性等问题使二者出现竞争，未来发展方式转变必须给予重视。β_2 为负，说明绝对贫困线上升的幅度越大，贫困发生率下降的幅度越快，这是因为贫困线上升，贫困发生率基数就会增加，由于收入分布一般呈对数正态，贫困线位于分布函数左侧，因此相同条件下贫困变动幅度就会增大。

（2）减贫的公平性评价

总体评价：政策的制定和实施透明度和针对性不断提高，民生事业长足发展，村民评价不断提高；但是扶贫政策公平性不足，大量贫困人口从当前政策中受益的难度相对比较大。

由于目前我国的扶贫政策在标准制定和资源投入方面都存在一些问题，因此减贫的公平性较难保证，仍然处于在探索中进步的状态。

首先，政策的制定和实施透明度和针对性不断提高，民生事业长足发展，村民评价不断提高。2004 年，随着整村推进项目的开始实施，工作程序逐步透明化。在扶贫工作中，整村推进项目以农户参与和干群结合的方式确定。凡是农户能够确定的项目都采用农户参与的方式。同时，武陵山区也在不断推进民生事业的发展步伐，通过能力建设为实现经济社会良性发展提供内部支撑。主要体现在基础设施建设的改善和社会事业的协调发展。以湖南湘西州为例，2005 年到 2010 年，湘西州完成固定资产投资 633 亿元，大力推进了交通、水利、能源等基础设施的建设。全州 100% 的行政村通了电和广播电视，92% 的行政村通了电话，91% 的行政村通了公路。

其次，扶贫政策的公平性不足，大量贫困人口很难从当前政策中受益。扶贫覆盖面不足直接体现在重点村的划分缺乏公平性上。“整村推进”对重点村（即一类村、二类村和三类村）和非重点村的划分，在某种程度上缺乏一定的公平性，重点村和非重点村在贫困程度上事实无明显差别，但重点村往往更具备脱贫条件。“整村推进”的财政扶贫资金的投入和项目实施主要针对重点村，特别是一类村，非重点村基本没有项目和资金投入，从而导致扶贫开发的覆盖率和贫困人口的参与度明显不足，一些困难地区被选择性忽视。如 2009 年贵州省铜仁地区“整村推进”项目覆盖面达到 67.6%（如前表 1－2 所示），仍然有 32.4% 的贫困村没有得到覆盖，意味着 1781 个贫困村中，尚有 577 个尚未推行“整村推进”。

最后，扶贫政策的不公平性也直接体现在了具体的个人和家庭层面上。如湖北恩施州，2010 年大约有 120 万贫困人口，但只有 30 万人被纳入低保。2009 年，在湖南湘西州的一次随机抽样调查中也发现，低于 1196 元贫困线的 310 户家庭中，只有 13.66% 被纳入低保。而且开发式扶贫也面临具体条件限制，如在秀山县岑溪乡，当地贫困人口 1794 人，其中 1142 人被划为可开发群体，652 人被划为不可开发群体，即当地有近 1/3 的贫困人口无法直接从开发式扶贫政策中受益。这些差异性使得当期扶贫工作的公平性备受质疑。

3. 持久性评价

除了效益、公平外，一个更重要的因素即持久性问题。只有经济发展和减贫有持久性，其未来才有可能真正地实现脱贫致富。

（1）经济发展的持久性评价

定量分析结果表明：首先，武陵山区的全要素生产率在恶化，特别是技术退步明显。武陵山区部分区县存在产业结构失衡，对收入分配产生负面影响；其次，从整体产业发展效应看，第一、二产业对农民增收有正作用，但第三产业反而有负向作用，说明农民没有从第三产业快速发展中获得相应的提高效益。

从整体上讲，武陵山区经济发展的持久性不容乐观，发展方式转型有着迫切需要。

首先，武陵山区的全要素生产率在恶化，特别是技术退步明显。通过对2001年到2009年这10年武陵山区相关州县的统计数据进行分析，考察技术等因素对生产产值的影响性（具体测算过程见附录4）。测算结果表明，在2005～2009年全要素生产率平均以每年1.7%的速度（0.983）递减，说明经济增长潜在可持续性受到了明显威胁。而技术变动指数的递减（技术退步）是造成全要素生产率递减的核心原因，其递减速度达到了平均每年6.5%（0.935）。如果这一趋势继续下去，那么武陵山区的经济发展将面临巨大瓶颈。因此，未来武陵山区的经济发展模式转型必须扭转这一趋势。

其次，研究结果表明，武陵山区部分区县存在产业结构失衡，对收入分配产生负面影响，而从整体产业发展看，第一、二产业对农民增收有正作用，但第三产业有负向作用。产业是围绕某种特点资源或技术等客观事物所形成的体系，而这种资源或技术决定了其覆盖面及受益人群，从而对收入分配产生间接影响。表1－10提供了2009年武陵山区37个市区县以及全国的产业结构数据。目前武陵山区三个产业的比重大概呈3∶3∶4的状况，第三产业占据了最大的比重。因此，武陵山区第一产业比重大于全国水平，第二产业比重小于全国水平，第三产业则与全国水平持平。但是前面提到，武陵山区所辖的武陵源区，其人均GDP高于全国平均水平，而农民家庭人均却低于全国平均水平，而当地第三产业比例却高达90%，类似的问题也出现在永定。另一个极端案例——花垣，这个地区第二产业比例高达70%，人均GDP在全地区位列第四，但其农民家庭人均纯收入却只位列第九。因此，如果过分注重某种产业，可能使受益面降低，从而对农民整体的收入分配产生负面作用，为推动产业化扶贫，武陵山区未来发展应避免产业失衡（见表1－7所示）。

表1－7　2009年武陵山区各区县的产业结构状况

市区县	第一产业增加值（亿元）	第二产业增加值（亿元）	第三产业增加值（亿元）	第一产业占GDP比重（%）	第二产业占GDP比重（%）	第三产业占GDP比重（%）
恩施	17.36	24.49	30.77	0.24	0.34	0.42
利川	20.84	9.66	17.36	0.44	0.20	0.36

续表

市区县	第一产业增加值（亿元）	第二产业增加值（亿元）	第三产业增加值（亿元）	第一产业占GDP比重（%）	第二产业占GDP比重（%）	第三产业占GDP比重（%）
建始	12.06	8.68	12.29	0.37	0.26	0.37
巴东	11.67	14.61	14.44	0.29	0.36	0.35
宣恩	9.42	5.19	9.70	0.39	0.21	0.40
咸丰	10.62	6.48	11.68	0.37	0.23	0.41
来凤	7.62	6.06	11.36	0.30	0.24	0.45
鹤峰	6.40	8.10	7.04	0.30	0.38	0.33
黔江	9.25	38.53	31.31	0.12	0.49	0.40
石柱	11.78	20.93	21.20	0.22	0.39	0.39
秀山	9.81	29.74	22.57	0.16	0.48	0.36
酉阳	12.40	17.44	17.86	0.26	0.37	0.37
彭水	11.80	23.34	23.01	0.20	0.40	0.40
铜仁	7.65	16.44	24.12	0.16	0.34	0.50
江口	4.63	2.71	5.02	0.37	0.22	0.41
玉屏	3.34	11.97	6.72	0.15	0.54	0.31
石阡	7.91	2.14	7.55	0.45	0.12	0.43
思南	12.94	6.37	14.39	0.38	0.19	0.43
印江	10.14	3.24	8.17	0.47	0.15	0.38
德江	11.56	4.37	11.40	0.42	0.16	0.42
沿河	11.01	4.52	11.85	0.40	0.17	0.43
松桃	12.27	9.85	12.91	0.35	0.28	0.37
万山特区	1.11	3.14	2.15	0.17	0.49	0.34
桃源	49.66	36.44	40.53	0.39	0.29	0.32
石门	30.12	36.02	37.06	0.29	0.35	0.36
永定	8.63	17.89	57.69	0.10	0.21	0.69
武陵源	0.88	0.52	18.31	0.04	0.03	0.93
慈利	12.73	22.13	31.93	0.19	0.33	0.48
桑植	4.65	7.56	20.69	0.14	0.23	0.63
吉首	3.56	20.51	38.04	0.06	0.33	0.61
泸溪	4.35	17.61	8.47	0.14	0.58	0.28
凤凰	5.52	4.90	19.39	0.19	0.16	0.65
花垣	3.88	32.83	10.87	0.08	0.69	0.23

续表

市区县	第一产业增加值（亿元）	第二产业增加值（亿元）	第三产业增加值（亿元）	第一产业占GDP比重（%）	第二产业占GDP比重（%）	第三产业占GDP比重（%）
保靖	4.54	16.57	9.33	0.15	0.54	0.31
古丈	2.04	2.06	5.11	0.22	0.22	0.55
永顺	9.20	5.72	11.99	0.34	0.21	0.45
龙山	11.25	6.76	14.47	0.35	0.21	0.45
合计	384.60	505.54	658.76	0.25	0.33	0.43
全国	35226.00	157638.78	147642.09	0.10	0.46	0.43

更进一步的，本研究还就三个产业发展对农民增收的情况进行了面板数据分析，模型建立为（具体测算过程见附录5）：

$$\Delta \text{农村家庭人均纯收入指数}_{it} = \alpha + \beta_1 \cdot \Delta \text{第一产业指数}_{it} + \beta_2 \cdot \Delta \text{第二产业指数}_{it} + \beta_3 \cdot \Delta \text{第三产业指数}_{it} + \varepsilon_{it}$$

其中，β_1 为第一产业指数变动对农村家庭人均纯收入指数变动的边际效应，β_2 为第二产业指数变动对农村家庭人均纯收入指数变动的边际效应，β_3 为第三产业指数变动对农村家庭人均纯收入指数变动的边际效应，各指数用相邻两年数据相除，然后减去1获得（即指数变化量的经济意义为增长率），i 为第 i 个市区县，t 为第 t 期。ε_{it}为第 t 期第 i 个市区县的误差。

表1－8　2007～2009年面板数据回归结果

参数		参数P值	Wald检验 χ^2 显著性水平	调整后决定系数	回归标准差	残差平方和
α	0.133012 (0.009204)	0.0000	0.0000 约束条件：C（1）＝C（2）＝C（3）＝C（4）＝0	0.160314	0.034322	0.126044
β_1	0.078692 (0.032950)	0.0187				
β_2	0.044056 (0.015220)	0.0046				
β_3	－0.047283 (0.024910)	0.0604				

在93%置信水平下，模型各变量都能通过t检验，模型整体也通过了Wald检验。

上述分析表明，β_1 和 β_2 为正，说明在过去几年中，武陵山区第一、二产业增长率越高，农村家庭人均纯收入增加越快，而且第一产业的带动作用更加明显。但第三产业呈负相关，意味着其增长率越高，农村家庭人均纯收入增加越慢。农民无法从第三产业中受益，相反由于各种问题的存在，反而因其受损。因此在未来产业结构调整时，不应盲目扩大第三产业。

表1－9　2009 年度武陵山区所属四省的绿色发展指数情况

省	2009 年武陵山区所属四省在全国 29 个省中的排名（不含西藏、港澳台）			
	绿色发展指数	经济绿化度	资源环境承载潜力	政府政策支持度
贵州	13	30	2	26
重庆	21	25	17	12
湖北	22	15	20	16
湖南	26	18	15	24
市	2009 年四省省会在 34 个一线城市中的排名（不含西藏、港澳台）			
	绿色发展指数	经济绿化度	资源环境承载潜力	政府政策支持度
长沙	8	3	10	19
贵阳	27	32	7	24
重庆	29	33	9	30
武汉	31	22	34	25

资料来源：北京师范大学经济与资源管理研究院，中国绿色发展指数 2011 年度报告

再次，武陵山区绿色发展问题值得关注，尽管目前能耗水平相对较低，但未来在发展中如何保持有待进一步思考。中国绿色发展指数年度报告指出（表1－9），2008 年时武陵山区所处的湖北、湖南、重庆和贵州绿色发展指数排名就处于落后水平，到 2009 年除湖北维持不变外，其余三省排名有所提前，不过仍然处于较为靠后的水平。其中值得注意的是贵州，尽管其资源环境承载潜力较高，但经济绿化度却非常糟糕，为 30 个省、自治区和直辖市的最后一名。而在一线省会城市中，除长沙排名略靠前外，武汉、贵阳、重庆三市均在倒数水平。这三个城市经济绿化度排名都非常低，贵阳和重庆分别为倒数第二和第三名，而重庆政府的政策支持度也非常低，武汉的资源环境承载潜力更是位列最后一名。因此这一区域的绿色发展问题不容忽视，有必要对武陵山区进行重点关注。

从图 1－4 所示可以看出，在 2006～2009 年，除贵州铜仁地区在 2009 年能耗出现突增外，武陵山区其他主要州市都呈缓慢下降趋势。如果与其所属各省单位 GDP 能耗作比较（2009 年湖南为 1.202，湖北为 1.230，贵州为 2.348），则可以发现，张家界市的单位 GDP 能耗明显低于湖南全省，这可能也和其产业结构

有关。而湘西州略偏高，湖北恩施州与贵州铜仁地区均低于该省水平。因此总体上看，武陵山区单位 GDP 能耗仍然低于各省平均水平。

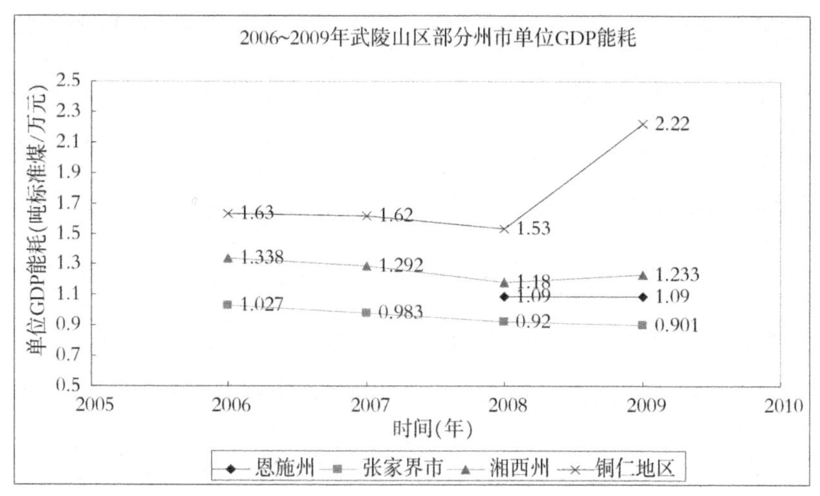

图 1－4　2009 年武陵山区各区县的产业结构状况

另外，关于 2006～2009 年，由武陵山区部分主要州市的单位工业增加值能耗变化（见图 1－5 所示）可以看出，恩施、张家界的工业增加值能耗在缓慢下降，而铜仁则明显高于其他州市，且波动较大，因此可能存在一定的问题。如果与其所属的各省作比较（2009 年湖南为 1.57，湖北为 2.35，贵州为 4.32），则张家界和湘西低于湖南省平均水平，恩施低于湖北省平均水平，只有铜仁略高于贵州平均水平。因此，武陵山区目前各主要州市的单位工业增加值能耗也是普遍低于各省平均水平的。武陵山区整体能耗低于平均水平可能与其发展阶段有关，未来经济发展如何保持现有水平将是未来发展方式转变的重要课题。

（2）减贫的持久性评价

开发式扶贫不断深入，脱贫能力不断增强；但脱贫基础弱，主体动力不足，人力资源匮乏，加之致贫因素复杂，返贫风险依然较大。

随着武陵山区的逐步发展，将会积累更多扶贫资源，但仍然要面临很多问题，因此保持冷静的头脑非常重要。

首先，脱贫基础弱，主体动力不足。武陵山区脱贫基础脆弱，交通、能源、通讯及教育文化等公共设施和社会服务设施十分薄弱，农田水利等农业基础设施建设滞后，贫困农民素质相对较低，抗御灾害的能力较弱。根据基线调查报告，个别村庄竟有 1047 户饮水困难；每个村不足一所学校，不足一所卫生所的情况大量存在，直接加剧了返贫的发生。另外，贫困村民的社区参与积极性并不高，

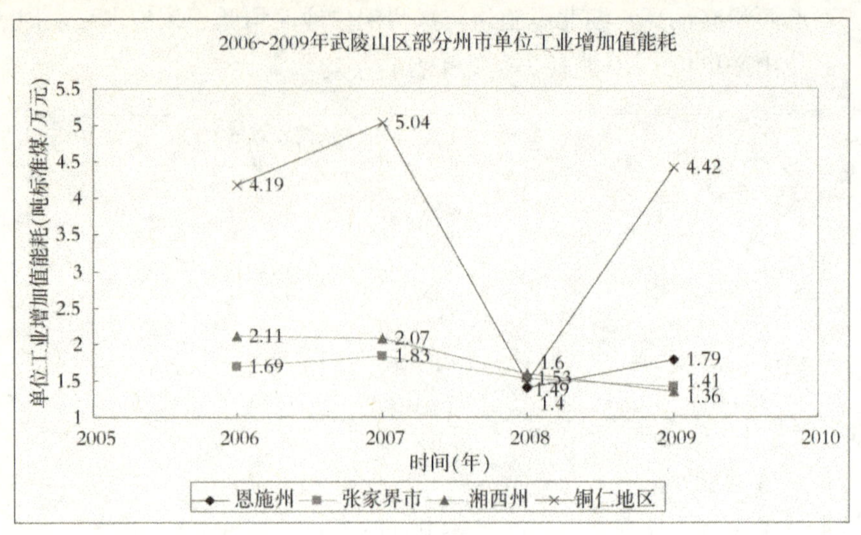

图 1－5　2006～2009 年武陵山区部分州市单位工业增加值能耗

贫困地区政府官员的脱贫意识不强。调查显示，在参与民主决策方面，只有36.7%的村民向村里反映过意见，42%的村民参加村民代表大会，42.6%的村民参加村里的建设项目等等；此外，大部分地方政府官员都表示一定要保住贫困县的“帽子”。[①] 由于村民参与的积极性不高，政府官员减贫的意愿不强，使得武陵山区减贫的持久性受到了很大的挑战。

其次，各类人才短缺，“造血”能力受到制约。一般来说，一个地方想要真正摆脱贫困，最终起作用的还要靠当地人的自身发展能力。而武陵山区人口普遍受教育程度不高，受教育时间短。缺少高素质人才，也缺乏青壮年劳动力，这对武陵山区持久的发展非常不利。据基线调查报告，湘西州猕猴桃种植地区虽逾10万亩，但技术人员却不足100人，懂技术的农民也不到1000人，管理粗放，单产低下。而且武陵山区作为一个总人口超过1200万的地区，只拥有7所高等学校（表1－10），如果以人口为分母计算，其高校密度大约只有全国水平的1/3。各类技术人才的短缺和教育资源的严重不足，使得当地经济发展少了大量的智力支持，严重影响了武陵山区自身的“造血”功能。

再次，致贫因素复杂，返贫风险较大。武陵山区返贫凸显，并且导致返贫的因素有增多的趋势。因灾返贫、就医就学、市场波动等，都导致相当部分人口返

① 资料来源：《集中连片特殊困难地区（武陵山区）扶贫开发研究基线调查报告》，华中师范大学课题组。

贫。具体主要体现在以下几个方面：自然灾害返贫、重病医疗和子女教育返贫、资源开采和生态破坏返贫、人情债务返贫。例如，湖南湘西州2009年返贫率达27.22%，因2006年的洪灾、2008年的冰灾，返贫人口分别达11.2万人和8.3万人。

表1－10　2009年武陵山区主要州市教育和科技状况

	高等学校（所）	普通中学（所）	大中型企业科技活动人员（人）
铜仁地区	2	239	－－
湘西州	2	187	214
张家界市	1	104	28
恩施州	2	－－	－－
重庆渝东南翼五区县	－－	132	－－
全国	2305	70774	1280000

数据来源：2010年中国、各省统计年鉴及州市国民经济和社会发展统计公报

五、武陵山区转变发展方式及减贫战略创新面临的挑战

未来10年，集中连片地区将成为扶贫开发的主战场，武陵山区的发展和减贫工作必将进入一个新的阶段。本节具体分析了武陵山区转变发展方式与减贫战略创新面临的诸多问题和矛盾。

1. 武陵山区转变发展方式面临的困难和问题

长期以来，武陵山区是我国集“老区”“少数民族地区”“偏远地区”“山区”和“人口稠密区”于一身的典型代表，也是全国扶贫攻坚和西部大开发的重难点地区。武陵山区作为典型的集中连片贫困地区，在发展方式转变及减贫的过程中面临一系列亟待解决的困难和问题。

（1）经济发展方式转变困难

转变经济增长方式是一项复杂的系统工程，涉及诸多方面和诸多环节，既有经济体制和政策方面的问题，又有科技体制和政策方面的问题。由于受武陵山区特殊资源结构、自然区位条件、传统产业基础以及人们的思想观念、文化素质、劳动技能等多方面因素的限制，武陵山区在转变经济发展方式方面仍存在诸多问题。

第一，产业结构不合理。第一产业比重过大，三次产业之间的关联度差，产品附加值低，增值能力弱，且各地产业结构严重趋同，规模经济难以形成，经济

发展方式转变缺乏内在的驱动力。由于武陵山区是民族贫困地区，经济基础薄弱，生产力相对低下，区域经济布局不合理，传统农业发展缓慢，制约了经济发展方式的转变。当前，该地区依然以自给自足的传统农业为主，三次产业结构中第一产业所占的比重偏大。如表1-11所示，随着经济社会的发展，武陵山区的三次产业结构正在积极调整，第一产业的比例在不断减少，第二产业和第三产业的比例在不断增加。其中，黔江、湘西、恩施和铜仁的第一产业所占比例分别减少了8.8%、9.4%、8.9%和15.7%。

表1-11　武陵山区各地三产业结构比

年份	黔江			湘西			恩施			铜仁		
	一	二	三	一	二	三	一	二	三	一	二	三
2004	20.8	50.1	29.1	25.9	30.5	35.6	41.5	28.6	29.9	48.5	29.8	21.7
2009	12	49	40	16.5	40	43.5	32.6	26.9	40.5	32.8	26	41.2

资料来源：各相关地区统计公报

但是与全国及各地区所属省市的三次产业结构相比，武陵山区产业结构调整步伐仍相当缓慢，第一产业比重依然偏高，影响了经济发展方式的转变。如表1-12所示，黔江、湘西、恩施和铜仁的第一产业所占比例分别比全国高出21.4%、5.9%、16.3%和22.2%，分别比所在省市高出10.7%、1.6%、18.8%、18.6%。二、三次产业比例偏低会导致经济增长缺乏引擎，同时也会影响对劳动力的吸收，使得就业机会缺乏，不利于减贫。

表1-12　全国及四省市（2009年）三次产业结构比

年份	重庆市			湖南省			湖北省			贵州省			全国		
	一	二	三	一	二	三	一	二	三	一	二	三	一	二	三
2009	9.3	52.8	37.9	15.1	43.5	41.4	13.8	46.6	39.6	14.2	37.9	47.9	10.6	46.8	42.6

资料来源：各相关地区统计公报

武陵山区产业结构调整不力主要有以下几个原因：一方面，武陵山区耕地少，耕地资源短缺，耕地质量差，土地利用低下，农业产业化困难，以传统农业为主。该地区人均耕地不到一亩，远低于全国人均耕地1.4亩，而且这些耕地绝大多数都是山坡上的梯田和旱地，土地质量不高，不适于种粮，产量低而不稳，农民种植的作物只能自给自足，无法用于扩大再生产，限制了对耕地的投入能力。以贵州为例，现有的耕地中中低产田所占面积为73%，但是社会固定资产在每平方米的投入仅 17.3 万元，低于全国平均水平 29.6 万元。[①]恶劣的自然条件再加上投入不足，农民只能以传统的农作物耕种为主，高效经作、畜牧水产、优质农产品比重低，特色农产品少，导致土地生产效率低下（见表 1-13 所示）。[②]

表 1-13　武陵山区 2006 年人均耕地情况统计表

	全国	武陵山	渝东南	湘西	恩施	铜仁
人均面积/平方公里	0.007342	0.0547	0.00474	0.0573	0.00623	0.0458
人均耕地/亩	1.4	0.86	0.85	0.73	1.21	0.66

资料来源：各相关地区统计公报

另一方面，农产品产业化发展程度及市场化程度低，支柱产业低端，产业链不完善。由于武陵山区交通不便，信息闭塞，使得农业产业化覆盖的范围有限，产业规模化不足，产业链发展滞后，农产品集中在低端的生产环节，从武陵山区各地的支柱产业来看，大都是以传统的烟草、能源、建材等初级产品产业为主，缺乏精深加工的高附加值农产品，关键技术、设备、管理、物流及营销等关键环节缺失，资源优势难以转换为经济优势。

第二，资金支持有限。武陵山区自身投入严重不足，农民的再生能力十分脆弱，导致地区经济发展十分迟缓，农民收入增长有限，经济发展方式转变缺乏资金推动力。地方财政的拮据，使得武陵山区的政府投入十分有限、覆盖面小。与此同时，由于当地的交通条件闭塞，基础设施建设落后，市场狭小，劳动力素质不高以及综合经济发展环境差等因素，很难吸引到发达地区的资本和企业进入，资金筹措困难。武陵山区总面积为全国的 1%，人口约占全国的 1.5%。2008 年全区域固定资产投资总额 719 亿元，仅占全国 172291 亿元的 0.4%；人均投资 4010 元，只有全国平均值 12123 元的 1/3。[③] 表 1-14 反映了武陵山区部分地区 2009 年的固定投资状况。

---

① 赵翠薇，濮励杰：《贵州省 50 年来耕地资源数量变化特征及其与粮食产量的关系研究》，《南京大学学报（自然科学）》，2005（1），第 106 页。

② 吕学芳、肖映胜：《武陵山区农村全面小康社会低实现程度及原因》，《吉首大学学报（社会科学版）》，2008 年 11 期，第 44 页。

③ 资料来源：《关于建立武陵山区少数民族经济开发试验区的建议》，http://www.dem-league.org.cn/czyz/1142/29474.aspx

表 1 -14　2009 年武陵山区部分地区投资情况

	黔江	湘西	恩施	铜仁	全国
投资总额（亿元）	71.26	268.97	182.21	165.92	224598.8
人均投资（元）	13527	9751	4614	4446	16774

资料来源：各相关地区统计公报

第三，基础设施落后。武陵山区地理位置偏远，基础设施建设不力，导致经济增长慢、产业规模小、要素成本高，经济发展方式转变缺乏基础设施支撑体系。从区域经济发展角度来讲，由于武陵山区各地区远离所属省区的行政经济中心，内部的主要城市分布也比较分散，受到的经济辐射和集聚效应较弱（如图 1 -6和表 1 -15 所示）。

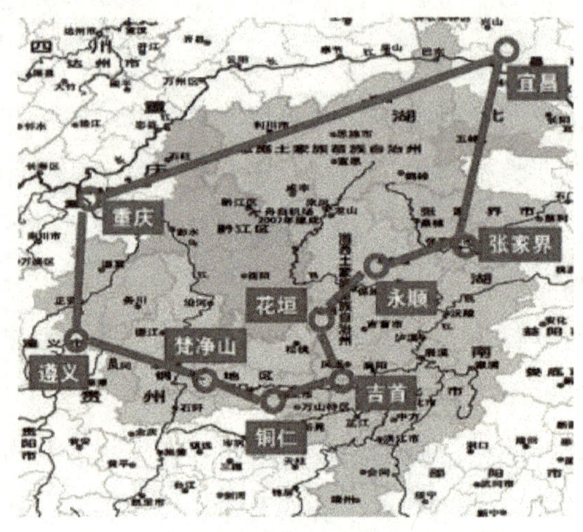

图 1 -6　武陵山区范围及主要城市分布

除此之外，由于地处山区，贫困地区的农户距离集镇的距离也相对遥远，导致与外界交流困难，信息闭塞，难以从城市化和工业化的进程中获利。

表 1 -15　武陵山区部分城市离主要城市的距离

酉阳	距重庆 361 公里，距长沙 564 公里，距恩施 232 公里，距张家界 275 公里
湘西	距长沙 390 公里，距重庆 532 公里，距宜昌 550 公里，距张家界 240 公里
恩施	距武汉 648 公里，距重庆 454 公里，距宜昌 320 公里，距张家界 347 公里
铜仁	距贵阳 377 公里，距重庆 543 公里，距长沙 497 公里，距张家界 347 公里

图 1 -7 是对武陵山区重庆部分的 60 个贫困村庄的调研统计，其中距离县中心最大的距离是 200 公里，最小的距离是 10 公里，平均值是 52.73 公里；距离

乡镇最大的距离是25公里，最小的距离是0公里，平均值是9.43公里。

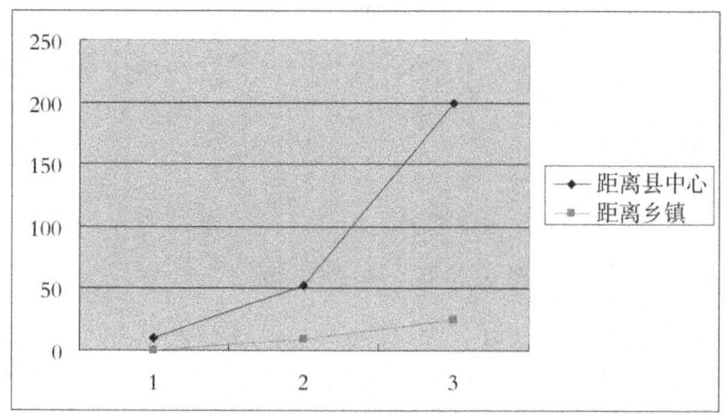

图1－7　村落地理位置概况

资料来源：武陵山区基线调查分省报告

武陵山区基础设施落后的主要原因是其自然条件恶劣，导致公共服务设施供给成本高昂，在武陵山区修建与平原地区同等级的公路所花费的成本要比那些地区高出两倍甚至更多，而道路建成后的辐射和受益农户也远远低于平原地区。据统计，2000年全国交通综合密度为1585.4公里/万平方公里，西部地区为834.91公里/万平方公里，武陵山区为32.45公里/万平方公里，仅为全国平均水平的2.05%，西部地区的3.89%。① 由于修建公路的高成本和低收益，武陵地区还有30%的村未通油路，40%的村未通公路，仅恩施州和铜仁地区就分别有251个村和955个村不通公路，区域内四级和等外级公路占80%以上。② 闭塞的交通环境使得区内的资源和外部的市场无法实现有效对接，加大了经济上对中央政府及省市政府的依赖性，成为了制约武陵山区经济发展方式转变和减贫的主要因素。

第四，合作平台缺失，由于存在行政隔阂，“大扶贫”“主战场”的开发布局难于形成，彼此竞争远大于合作，经济发展方式转变缺乏规模效应。由于武陵山区各区域之间横跨渝、鄂、湘、黔四省区的众多州县，因此行政区划较为分散，地区性协作特别是跨省协作在现有体制下很难突破。由于自然环境、经济社会发展状况相近，武陵山区各地产业规模和布局十分相似，各地产业结构严重趋同，产品缺乏竞争力，彼此缺乏协作，很难形成规模经济和特色产业。与此同

① 王兆峰，张海燕：武陵山区基础设施建设与旅游业发展研究，吉首大学学报（社会科学版），2003年第2期，第103页。

② 资料来源：《全国政协民族和宗教委员会：关于加快武陵山民族地区交通设施的建议》。

时，武陵山区分属四个省级行政单位管理，由于其横跨中西部，因此各地享受的政策及资金扶植力度并不相同，所以导致了武陵山区各地区之间发展差异较大，造成了局部的发展不平衡，严重影响了扶贫开发的效果及质量。因此，未来武陵山区在发展过程中，应特别注意地域上的发展平衡，确保共同发展和相互协作。

（2）社会发展方式转变困难

近几年来，武陵山区的社会事业和全国一样发展迅速，但是作为扶贫的重点区域，武陵山区的社会事业相对薄弱，基础也较差，社会发展方式转变存在一定的困难，即从自给自足的传统农业方式向市场经济转变过程中的思想观念、文化传统、思维方式等难以适应，具体反映在教育发展落后、文化保护不足、卫生事业滞后和社会保障不完善等方面。

第一，劳动力的质量不利于社会发展方式的转变。首先，人口普遍受教育程度不高，劳动力素质亟待加强。据统计，在武陵山区贫困农户中有40%左右的家庭人口最高文化程度在小学以下，平均文盲率高达22%，特困村的文盲率在40%以上，大大高于全国8.9%的平均水平。除此之外，武陵山区的基础教育落后还突出表现在高中入学率低，部分地区比全国平均水平低9个百分比；普通高中在校学生万人比率落后于全国（见表1－16）。

表1－16　武陵山区部分地区高中入学率及高中人数情况与全国情况对比分析（2007年）

	全国	恩施	湘西	张家界	怀化	铜仁	平均数
高中入学率	42.3%	32.40%	31.28%	40.80%	36.20%	28.20%	33.33%
每万人高中在校人数（人）	191	126.7	140.8	170	148.8	132.4	143.7

数据来源：相关地区统计年鉴

武陵山区的职业教育也刚刚处于起步阶段，职业教育机会大大少于区内的普通高中教育机会，更是远远低于全国，难以满足农村剩余劳动力转移就业的需求（见表1－17）。

表1－17　武陵山区部分地区中等职业学校招生和在校生数情况（2007年）

	全国	黔江	恩施	湘西	张家界	铜仁
招收新生数占普通初中毕业生比重（%）	36.26	13.89	21.71	16.63	18.01	13.96

续表

	全国	黔江	恩施	湘西	张家界	铜仁
招收新生数占普通高中毕业生比重（%）	85.07	29.93	67.01	52.28	44.13	49.57
在校学生数占普通高中在校生比重（%）	71.98	29.75	49.56	50.13	40.85	17.02
每万人口中有中职在校学生（人）	137.6	45.62	62.82	70.58	69.48	39.4

数据来源：相关地区统计年鉴

基础教育落后以及职业教育发展不力导致了武陵山区农村的总体劳动力文化程度比较低，2006年文盲或半文盲与小学文化程度的劳动力人口在农村总体劳动力人口中占50%以上，而高中以上文化程度不足10%甚至5%。

表1-18　湘西、铜仁农业人口受教育水平占总劳动人口比重（2008年）

	未上学	小学	初中	高中	大专及以上
湘西	12.4%	44.4%	38.6%	4.3%	0.3%
铜仁	13.21%	43.71%	35.3%	6.23%	1.54%

数据来源：湘西、铜仁2008年农村人口普查资料

表1-18在一定程度上反映了武陵山区农村劳动力文化程度低下的情况，由于劳动力素质的高低对农村的社会发展方式转变起着至关重要的作用，武陵山区农业人口受教育程度的普遍低下将制约社会发展方式的转变。

其次，青壮年和高素质劳动力流失严重，导致农村劳动力构成不合理，社会结构失衡。由于经济发展落后，就业机会有限且待遇不高，大多数青壮劳动力选择了外出打工。对贵州部分的调研统计发现，55.7%的家庭有人在外打工，且大多数为男性。在对湖南的144户农户调查中，也发现了同样的情况：村中25.5%的村民在1949年前出生，50岁以上的占52.5%，30~40岁之间的仅占16.3%。与此同时，高素质劳动力同样流失很严重，以思南县为例，每年毕业的大学生有两三千人，但是最后回到家乡工作的不足两三百人，像这样自己培养人才却为其他地区所用的情况在武陵山区普遍存在。① 青壮年和高素质的劳动力的流失不仅制约了当地经济的发展，也会导致一系列社会问题的出现。

第二，文化保护与社会发展方式转变的矛盾凸显。随着社会的发展，武陵山区少数民族文化生存空间不断缩小。在对武陵山区（贵州）的基线调查中，选

① 资料来源：武陵山区基线调查分省报告。

取了140户家庭，其中土家族和苗族分别占了62.6%和13.70%，但是有81.1%的调查者不会使用本民族的语言，只有11.3%的调查者能够熟练使用本民族的语言。而在汉语的使用方面，大多数调查者都能够看懂汉语，而有20.2%的调查者不懂汉语。重庆地区这种情况同样突出，在调查的258份问卷中，土家族和苗族分别占72%和12%，只有26%的人能熟练掌握本民族语言，完全不会的占57.6%。① 如何传承少数民族的传统文化也是社会发展方式转变亟待解决的问题。

2. 武陵山区创新减贫战略的难点

武陵山区是一个自然条件恶劣、生态环境脆弱、自然灾害频发、物资资源稀缺的地区，由于少数民族人口众多，劳动力和科技文化水平较低，经济社会发展极为滞后。作为集中连片贫困地区的典型代表，该地区扶贫开发进程具有特殊性、复杂性、艰巨性和长期性，减贫战略创新存在诸多难点。

表1-19　武陵山区部分地区贫困村状况

	贫困村	占行政村比例	整村推进贫困村	占贫困村比例
重庆	2000	22%	716	35.8%
湘西	1100	55.9%	685	62.3%
铜仁	1781	68.6%	303	17%
宣恩	201	72%	98	48.8%

资料来源：根据各州国民经济与社会发展公报等整理

(1) 贫困程度深、贫困人口分布广，减贫战略的覆盖面难以展开

长期以来，武陵山区经济发展落后，居民生活较为困难，贫困程度深，具体表现在：2008年以前，武陵山区人均GDP不足1万元，仅相当于全国水平的40%左右，且相应低于所在省（市）的平均水平；农牧民年人均纯收入只占全国平均水平的54%，低于西藏、新疆、内蒙和广西；恩格尔系数全国平均值为43.7%，武陵山区约为58%，与发达地区根本没有可比性。同样，武陵山区与国内其他少数民族地区进行对应性比较，也处于落后状态（见表1-19）。

(2) 扶贫面积大，扶贫成本高，增加了产业扶贫的难度

武陵山区的扶贫面积大反映在：武陵山区的面积占全国的1%，而特殊的地势地貌和生态环境导致人们居住很分散，贫困人口的分布也很分散，扶贫面积

① 资料来源：武陵山区基线调查分省报告。

大。而武陵山区的未脱贫人口基本上集中分布在深山区、高寒区、地方病高发区，自然环境恶劣，基础设施落后，产业结构单一，交通信息不便。在这些地区进行基础设施建设的成本相应其他地方投入更大，修同等级的公路往往是平原地区的两倍，且产业的辐射能力有限，整村推进的项目成本也很高。以恩施州为例，尚未实施整村推进的1140个贫困村中，有219个村不通公路，57万余人就医困难，255万余人存在饮水安全问题，40万余人需要实施移民搬迁。而与此同时，特殊的气候特点和地理地形使得中低产田改造的成本极高。

（3）致贫原因复杂多样，减贫战略应将特殊性与普遍性结合起来

武陵山区经济贫困、环境恶化等原因相互交织，互为因果，使得扶贫难度加大。由于自然灾害、观念意识、收入来源、身体健康等原因返贫现象突出。减贫战略在制定和实施的过程中对贫困村落和贫困人口往往采用同样的措施，而没有针对不同的致贫原因采取相应的减贫战略，影响了减贫的效果。

第一，自然环境恶劣是主要的致贫和返贫原因之一，但是防灾减灾应急的机制很不完善。该地区多暴雨，水土流失严重，土地被大面积石化，石化面积约占全区总面积的3.9%，泥石流等自然灾害频发，严重影响了贫困人口的生活和生产，加剧了脱贫的难度，也使得返贫率不断上升。例如，2007年武陵山区遭受暴雨、山洪、滑坡、泥石流、冰雪等多种自然灾害，有近50万人返贫，仅恩施州因灾返贫和致贫人口就高达16.1万人。[①] 但是武陵山区却没有形成系统的防灾减灾应急机制，因此在减贫战略创新的过程中应该注重防灾减灾机制的构建。

第二，贫困人口的自我发展能力弱，观念和意识落后，导致贫困和返贫现象突出，但是对贫困人口自我发展能力建设的投入却鲜有成效。由于人口素质的普遍不高，使得很多扶贫政策的实施缺乏有效的载体，长期而持久的扶贫措施无法得到落实。往往是直接的钱和物的投入能够在短期内达到减贫的效果，但是贫困人口很难通过自身的能力实现持久的脱贫。例如，政府实施的“劳动力培训转移”措施，因群众认识不够等原因难以起到预期效果。根据恩施州对农村800住户的调查，受过专业培训的外出劳动力532人，仅占劳动力总数的23.4%；与雇工签定劳动合同的314人，仅占劳动力人数的13.8%；参加工伤保险的只有220人，约占从事高危行业人数的50%。因此，由劳动纠纷、工伤事故等造成的返

① 陈德祥、吕学芳：《武陵山区农村小康社会建设进程中的贫困化问题研究》，《西北人口》2009年第2期。

贫情形比较突出。① 所以，减贫战略的创新应该关注和跟踪人口自身能力的建设。

第三，贫困人口的收入来源结构单一，承担经济风险的能力低，市场和国内外宏观经济环境冲击易导致脱贫人口返贫，但是社会保障却很缺失。该地区贫困人口主要以外出务工和种植业为主要收入来源，受外部经济环境影响大，经济的波动将首先反映在这些人身上。

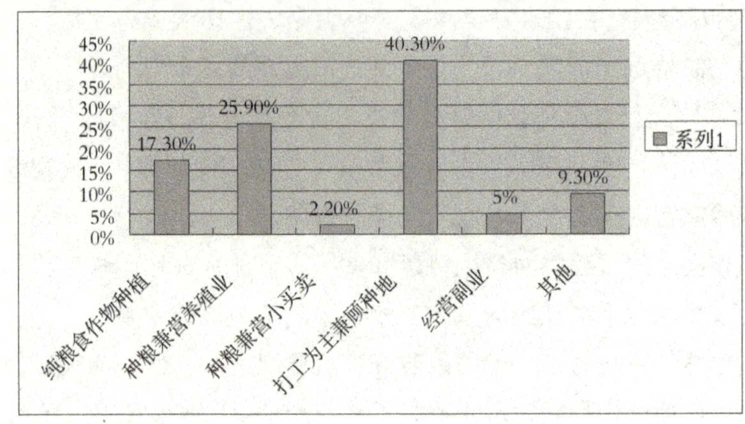

图 1－8　部分地区农民收入来源结构

资料来源：武陵山区基线调查分省报告

图 1－8 是对贵州部分村落调研得出的收入来源结构图，其中以外出务工为主，并主要从事劳动密集型产业，很容易受经济环境的影响而失业。以 2007～2008 年为例，恩施州先后受到“柑橘蛆虫”事件、生猪价格波动、全球金融危机等外部冲击，柑橘和牲畜滞销，价格下降；全州 10 万农民工返乡、劳务输出困难，导致贫困家庭的经营性收入和劳务性收入增幅大降，部分脱贫家庭也步入返贫行列。为了加强农民承担经济风险的能力，应该加强社会保障力度。但是，武陵山区的低保与其他地区还存在一定差距（见表 1－20）。

表 1－20　武陵山区部分地区低保比较分析

	农村每月低保标准	所在省农村平均标准	差距
恩施	80/50/40	120	40/70/80
湘西	70	168	98
铜仁	55/40/30	125	70/85/95

数据来源：集中连片特殊困难地区扶贫开发战略研究背景报告

① 资料来源：武陵山区基线调查分省报告。

第四，公共卫生体系薄弱，因病返贫情况严重，但是新农合覆盖率却很低。在武陵山区，“一人得病，全家返贫”的现象十分常见。这主要是由于新农合覆盖率低，看病费用居高不下而造成的。全国的新农合覆盖率已由2009年的93.38%提高至2010年的95.24%，但是武陵山区的大部分地区新农合覆盖率不足90%，覆盖率较低。除此之外，新农合制度也不够完善，报销是按比例进行的，一般在20%～85%左右浮动，而报销的比例和多少跟自己的检查和用药情况、医疗等级等因素有关，床位费用是不支持报销的。除此之外，由于交通条件有限，报销成本很高。在调研过程中，有农民反映，为了报销10块钱的医疗费，要花费至少50元钱到县城里去，远远超过了可承受能力。[①] 因此，农民遇到了小病一般还是不愿意去医院，久而久之就可能引发大病，而大病的报销额度有限，农民依然需要支付相对较高的费用，因病返贫的情况依然严重。因此在减贫战略创新的过程中应该解决新农合覆盖率低以及制度不完善的问题。

六、武陵山区转变发展方式与减贫战略创新和政策建议

综合上面的内容，可以看出，第一，武陵山区转变经济发展方式与进行减贫战略创新，已经到了需要立即启动的阶段，否则对地区发展、对贫困人口减贫的带动效应会越来越弱。第二，由于武陵山区相对其他地区来说，具有很强的特殊性，因此在转变经济发展方式，进行减贫战略创新及提出政策建议方面就需要有与其他贫困地区不同的内容。

1. 武陵山区转变经济发展方式及进行减贫战略创新的特殊性体现

在武陵山区，转变经济发展方式及进行减贫战略创新，要特别注意该地区与全国其他贫困地区的区别所在，只有推出立足于特殊性的特殊政策，才能有助于武陵山区的扶贫减贫事业。

首先，地缘优势与协作困境并存是武陵山区在地理区位上与其他贫困地区的主要区别。武陵山区位于我国大陆中心区域，是东西南北四处互通的连接点和中转站，地缘优势与劣势都十分明显。第一，武陵山区具有集中连片的典型特征，整个区域跨度大、面积广、贫困程度深。第二，武陵山区横跨渝、鄂、湘、黔四省区的众多州县，因此行政区划较为分散，地区性协作特别是跨省协作在现有体

---

① 资料来源：武陵山区基线调查分省报告。

制下很难突破，因此“大扶贫”“主战场”的开发布局难于形成。第三，武陵山区各地区之间在自然条件、传统文化、民族风俗、居式耕作、生活方式、经济基础、经济环境、市场条件、物质资源等方面均有密切的联系，其经济发展速度、规模和产业布局十分相似，具备了统一规划、协作开发、相互促进、连片发展的基础性条件。

其次，生态完好与设施落后并存是武陵山区在经济发展中与其他贫困地区的主要区别。这主要反应在下列两个方面，第一，武陵山区由于山区面积广大，山势高低不等，以山地为主的各种自然地理风貌保存完整。特别在某些山区州县和村落中，还存在着大量原始的自然风貌和社会人文风貌，这些都使得武陵山区成为我国东西连接区域不可多得的生态宝库，也让生态资源成为武陵山区第一资源、第一生产力，指引着这一地区的开发建设方向。第二，由于武陵山区山势连绵，平地稀少，使得该地区交通运输尤为不便，仅有的省级或各级别水平的公路设施也相对简单，还有很多村落和村民组之间没有道路相连。另外，除了经济发展所必需的公路之外，该区域的居民用水、用电等许多基本生活生产条件还没有完全具备，其他诸如网络设施、通讯设施、科教文卫设施等更不完备。

再次，多元文化与民族差异并存是武陵山区在社会生活中与其他贫困地区的主要区别。第一，武陵山区是以少数民族为主的多民族聚集区，在这一地区，民族文化既相互独立又相互渗透，使得该地区呈现出多元文化共存的发展现状。因此，这种多元化的文化传统与原生态的自然地理条件共同构成了该地区特殊的文化旅游产业和少数民族风情产业。第二，民族文化差异也给扶贫开发带来诸多问题。首先，该地区少数民族群众文化水平普遍较低，由于生活艰难，许多适龄儿童不得不辍学务农或外出打工补贴家用，平均文化水平只有小学程度。其次，在许多少数民族村落，由于还保持使用民族语言，汉语沟通有障碍，使得这些村民参加产业项目及外出工作的机会大大降低。再次，许多少数民族地区群众之间由于历史等因素，还存在着原始崇尚武力的倾向，其村寨领袖及长老对贫困村民有很强的影响力。

2. 武陵山区进行减贫战略创新的主要着眼点

根据上述三方面的内容，在武陵山区转变经济发展方式及进行减贫战略创新，关键就是要立足上述三个方面的特殊性，实行特殊问题特殊对待、特殊地区特殊政策的方式，在扶贫理念、扶贫政策、扶贫机制和扶贫力度上都要有所创新，才能研究新转变、探讨新战略。

第一，在保持经济较快增长的同时，注意收入分配的重要性，有效控制收入差距扩大并使广大贫困群体能够得益于经济增长。在前面的分析和评估中已经提到，过去几年武陵山区的经济增长中，城乡差距明显拉大，其中经济增长对农民增收的带动作用也在下降，特别是经济增长与减贫甚至出现了不可兼得的情况，这无疑是非常危险的。如果广大农民无法有效地从经济增长中受益，那么其经济增长不但缺乏可持续性，更会使社会稳定面临威胁。因此，武陵山区在经济发展政策中应当对农民进行倾斜，通过完善农产品产业链等方式促进农村经济发展，并促进农民能够更加便利地融入城镇经济系统，使经济增长切实带动农民增收和减贫。

第二，在调整第三产业发展模式的同时，要注重技术创新和智力投入，从生态产业创新中多做文章，探索性发展以森林碳汇交易为代表的生态金融模式。前文提到，武陵山区在经济发展方面亟待转型，但当前其第三产业发展对于农民群体的收入增加非但没有实质效果甚至可能还存在负面影响，因此调整发展模式，使第三产业真正有利于广大农民，是实现减贫的重要途径。其次，武陵山区各个产业的发展不能继续简单依靠要素资源的扩大投入，而要逐渐加强技术力量和教育力量的投入，从短期和长期两个立足点入手，稳步提高当地的生产技术，扭转当前经济质量的下降趋势。再次，在该地区可以探索发展以碳汇交易为代表的生态金融模式，充分依托武陵山区的生态资源优势，逐步发展以森林碳汇为代表的生态金融，通过与先进发达地区建立碳汇交易机制，获得补偿发展与区别发展机会。最后，武陵山区要将生态产业与一产、三产结合起来，广泛建立适合高原高山地区种植的特殊作物，并与东部沿海发达地区的大中型城市建立物流通道与物资对接，减少中间环节成本，改善销售渠道与对口物资转运通道，解决武陵山区生态种植不见效益和东部发达城市缺乏天然、绿色、无公害种植作物产品的矛盾。

第三，在依托产业扶贫的同时，不走其他贫困地区整村产业推进带动脱贫致富的老路，而要注重发展集合了若干农户与合作社的可以灵活设置、分布的特色小产。武陵山区虽然人口众多，但人员分布较为广泛，甚至同村的村民小组之间都相隔较远，这些自然及人力条件就决定了在武陵山区很难开展传统扶贫产业项目，依托村办企业、加工厂或集体经济带动全村人脱贫致富的模式并不适用。所以，在该类地区要重点发展特色小产和生态产业，通过这两种产业模式带动地区经济发展。首先，特色小产主要指那些产量稳定、山地种植、用地规模不大、需要人力较少、其他地区难于开展或受地理气候条件限制不能开发的产业项目。如特色养殖产业，就具有山地特色养殖具有投资少、见效快、效益高的特点。其次，生态产业主要指生态工业、农业和第三产业，如生态农业中的无公害养殖、绿色作物、天然食品和特色药材等；生态工业中的有机食品、农产品加工、物种繁育等；还有生态第三产业中的生态旅游、少数民族风情游、生态建筑和特色文化等都是可以在武陵山区开展的相关产业。另外，还可以借鉴西方发达国家经验，在武陵山区中地理区位条件类似的地区，开展大规模山地生态产业园建设，依托山势高低的不同，在不同海拔层面上大规模种植某种经济作物或发展生态产业项目，规避过去武陵山区农业经济一直不能形成规模效应的弊端。

第四，与东部地区扶贫开发区域策略不同，要重视乡镇发展对农村的辐射力与辐射范围，通过发展特色中小型乡镇而非县城，带动更多农村地区的脱贫减贫。与东部地区不同，武陵山区所辖各州县的县域面积普遍广大，县辖地面的村镇众多，且地广人广。因此，在这类地区，大力发展城市及城区建设对少数民族贫困村落的辐射能力十分有限。所以，特色乡镇对贫困农村的辐射程度在武陵山区要远远大于城区。基于这种认识，武陵山区的扶贫开发建设，应当转变过去东部地区先发展城市、城区，再发展县镇，通过城市带动县镇、通过县镇带动乡村的老路。而应当将发展的重点放在乡镇经济上，通过特色乡镇建设带动贫困乡村的发展。所以，特色乡镇建设即以一个乡镇为基本单元，通过集全乡、全镇之力发展一种特色产业项目而带动整乡、整镇的村民致富的路径选择。例如在湖北恩施宣恩县高罗乡埃山村通过种植西柚，农民尝到了种植经济作物的甜头，开始由过去的一两户种植发展到全村种植，许多外出务工的农民也将土地转租给西柚种植大户进行大规模生产种植，其村组织牵头成立合作社，与公司对接，保证销路，这种做法实际上就是发展农产品特色乡以带动农民致富的典型案例，在武陵山区应当值得借鉴和推广。

3. 具体政策建议

在我国，为促进区域经济发展专门制定出台特殊政策，如根据不同地区情况设立特区或开发区。在扶贫减贫方面，针对如武陵山区这样的特殊类型地区，也应当制定与出台特殊政策，以加快该地区的经济发展转变与发展。因此，基于武陵山区贫困现状的特殊性与转变经济发展方式及进行减贫创新的着眼点，我们提出如下若干条政策建议。

第一，针对在武陵山区扶贫开发中，各地区分属不同行政区域，难于形成合力的问题，建议在继续加强现有经济协作区及各类试验区的建设和发展的同时，将武陵山区整个化为国家片区减贫试验区，推进地区大扶贫格局的形成。首先，在武陵山区的扶贫开发建设中，需要统筹的领域有很多，既包含着地域上的行政机制统筹，也包含着产业发展项目统筹、资金筹措使用统筹、少数民族旅游资源统筹、自然生态环境利用统筹等。其次，武陵山区大扶贫战略格局要注重综合性。再次，武陵山区大扶贫战略格局要体现平衡性。这种平衡性是多元化的平衡，既包括地域上的发展平衡、政策平衡，也包括发展中的平衡，在集中连片中继续实施整村推进，在整村推进中注重不同村落的差异化发展，在差异化发展中考虑因贫困程度不同而给予的支持力度差别。最后，武陵山区大扶贫战略格局要体现协调性。这种协调是经济与社会转型的同步发展，不但经济领域要进行转型，社会管理及发展领域也要与经济转型相适应，例如，可以在扶贫领域建立社会约束机制，用以保障扶贫效果和减少返贫现象等。

第二，针对武陵山区落后的基础设施建设对经济发展的极大限制，建议设立资金一揽子扶植计划试点县，将各类资金直接下拨到县，充分发挥县域体系内对各类资金的统筹使用和调拨，提高扶贫成效。在武陵山区，许多地方干部群众脱贫致富的愿望都十分强烈，但无奈天高、地远、路难行，产业项目的开发建设不具备起码的条件与环境。而修路的资金、建设水利工程的资金及通电、通讯等方面的建设资金都在相应的公路、水利、电力等职能部门手中，这是从国家层面就进行了分配的，是基层部门无法改变的情况。而这些资金在各部门手中要进行平衡配置，不会仅用于贫困村的道路建设，这就形成了由于基础设施条件严重不足而导致许多扶贫产业项目不能落地或发挥效力的情况。因此，在武陵山区，可以建立资金一揽子扶植计划试点县，将各类资金直接下拨到县，充分发挥县域体系内对各类资金的统筹使用和调拨，并通过委托协作的方式将涉及到的道路、水利等设施建设委托其他基层职能部门负责实施，这样既统筹了资金使用，提高了有限资金的使用效力，又整合了基层职能部门在扶贫开发与本职工作中的利益矛盾，是可以采取试点并探索性尝试的一种新办法。

第三，针对武陵山区扶贫资金利用分散的问题，在建立资金一揽子扶植计划试点县的同时，建议重新梳理整个特殊类型地区的资金拨付、配套、使用及检查制度，让扶贫资金真正有利于扶贫开发的推进。在武陵山区，要建立起一个以资金整合为核心的扶贫开发新机制，包括以下三个方面：首先，成立武陵山区扶贫开发领导小组，统筹管理、分配、平衡整个区域的扶贫开发资金，同时建议中央部门将用于该地区的所有扶贫资金及包括基建、医疗、卫生、教育、农业发展等的配套资金集中拨付到该部门，由该部门统筹管理、监督使用及进行项目验收。

其次，取消地方扶贫配套资金的规定及限额，允许特殊困难地区无配套资金申请扶贫开发项目。第三，取消非扶贫机构、单位对用于扶贫资金的审查及检查制度，在资金拨付中实现“一家拨”，在资金使用检查上也以扶贫开发部门为主导，重点检查资金使用实效，推进资金的高效利用。

第四，在武陵山区试行农村土地自由流转机制，优先推行农地确权，并在此基础上将农地流转机制与移民搬迁结合起来，规避在武陵山区某些地区扶贫成本过高的现实困惑。前文提到，武陵山区山高路远，许多地区通行极为不便，因此大大提高了在该地区实施扶贫开发的成本。而且，有些村落处于特殊类型地区，但整村人数较少，经常出现单独为了为数不多的村民，而花大力气、投入巨额资金修路架桥的事情，扶贫成本非常高。而如果农地流转机制放开，那么就能让原本搬迁后生计没有着落的贫困户具备发展潜力。所以，在该地区优先推行农地确权，并在确权的同时放宽流转机制，将有利于该地区的移民搬迁及对人口较少村落贫困户的灵活安置。

第五，针对武陵山区扶贫成本较高的问题，在推进各类扶贫项目的过程中，要让扶贫成本显化，并保证基本扶贫工作推进的经费支持，以增强基层扶贫开发群体的工作动力。在武陵山区，受地理条件及贫困户分布分散等因素的影响，扶贫成本较其他地方要高出许多。这样一来，在推进扶贫项目过程中，推进成本也就上升许多，包括通讯费、燃油费、就餐费等。许多地方扶贫开发项目实施滞后的重要原因在于扶贫部门或其他配合部门缺乏项目实施的运营费用，即项目实施成本。而在该类地区，由于山高路远，扶贫开发项目的实施成本往往很高。而且，目前基层扶贫干部和乡镇干部事物多、补助少、工资较低，特别随着现在物价的上涨，许多基层扶贫干部存在生活及保障忧虑，这会大大降低基层扶贫干部及乡镇干部的工作积极性。因此建议中央加大转移支付力度，提高基层干部、乡村教师及其他扶贫工作人员的薪酬水平，同时将项目的管理费纳入到项目资金中去，而不让扶贫开发部门或其他部门使用自己的行政费用来填补该类空白。

第六，针对武陵山区技术退步的问题，除了在经济政策上引导，在管理水平上提高，在教育投入上加大外，各类扶贫项目中也应致力于以智力扶贫为主要形式的能力建设。武陵山区经济增长中技术退步问题是一个宏观经济表现，这一问题的解决需要政府在经济政策上对技术资源投入和运用做出引导，除了要促进高新技术发展，同时，对于传统产业生产技术的提高和更新换代也应给予推动。特别是对于可能更适合当地居民分散、交通不便等条件下的特色小产，由于其在规模上必然存在限制，技术的弥补对于生产效率就更加至关重要。除了硬技术外，以管理为代表的软技术也应当逐步得到提高，通过实现政府和企业管理水平的整体提高，减少资源在各个环节不必要的磨损和浪费，实现最优配置。从长期来讲，实现武陵山区内源性的创新机制归根结底要落实到人才的培养上，因此加强教育资源投入，通过建立更多的人才培养渠道充分发挥武陵山区人民的潜在可能性。同时作为宏观上的支持和补充，扶贫项目也应该更加注重贫困群体的能力建设，在投入物质资源的基础上配合智力扶贫，通过掌握知识和信息的提高，使贫困群体能够在干中学，从而在自给自足的基础上逐渐学会自我创新。

参考文献：

[1] 李俊杰等，武陵山区少数民族州县主导产业解读与选择，湖北民族学院学报，2004（4）

[2] 白晋湘等，武陵山区山寨农业市场化发展研究，吉首大学学报，2005（4）

[3] 孙忠良等，对武陵山区农村发展生态农业经济的思考，商业研究，2008（12）

[4] 黄小俊等，武陵山区资源整合与战略性产业的培育，安徽农业科学，2010（38）

[5] 孙忠良等，对武陵山区农村产业结构调整的思考，沈阳农业大学学报，2007（12）

[6] 李克武等，构建武陵山区农产品流通体系探讨，重庆师范大学学报，2007（4）

[7] 李赟鹏，武陵山区跨行政区区域经济联动问题探讨，晋中学院学报，2008（12）

[8] 戴楚洲，新时期武陵山区统筹区域发展政策研究，铜仁学院学报，2010（7）

[9] 麻学峰，武陵山区旅游业合作发展战略研究，边疆经济与文化，2005（11）

[10] 张英，武陵山区域旅游开发合作的思考，湖北社会科学，2007（6）

[11] 黄小俊等，武陵山区资源整合与战略性产业的培育，安徽农业科学，2010（38）

[12] 严黎昀，科学发展阶段论，上海科学院出版社，2008

[13] 攸频等，贫困减少与经济增长和收入不平等的关系研究——基于时序数据，管理科学，2009，22（4）

[14] 华中师范大学课题组，集中连片特殊困难地区（武陵山区）扶贫开发研究基线调查报告，2011

[15] 赵翠薇等，贵州省50年来耕地资源数量变化特征及其与粮食产量的关系研究，南京大学学报（自然科学），2005（1）

[16] 吕学芳等，武陵山区农村全面小康社会低实现程度及原因，吉首大学学报（社会科学版），2008（11）

[17] 湖北省民族宗教事务委员会，关于建立武陵山区少数民族经济开发试验区的建议，http：//www. dem－league. org. cn/czyz/1142/29474. aspx

[18] 王兆峰等，武陵山区基础设施建设与旅游业发展研究，吉首大学学报（社会科学版），2003（2）

[19] 陈德祥等，武陵山区农村小康社会建设进程中的贫困化问题研究，西北人口，2009（2）

附录一：地区经济增长与全国经济增长的比较研究

对于武陵山区辖区数据，本研究选择了重庆市的黔江区、酉阳、秀山、彭水、石柱；湖北省的恩施州（辖恩施、利川、建始、巴东、宣恩、咸丰、来凤、鹤峰八个县市）；湖南省的湘西州（辖吉首市、泸溪县、凤凰县、花垣县、保靖县、古丈县、永顺县、龙山县）；湖南省张家界市（辖永定、武陵源区、慈利、桑植）；湖南省常德市部分区县（桃源、石门）；贵州的铜仁地区（辖铜仁市、万山特区、玉屏侗族自治县、松桃苗族自治县、印江土家族自治县、沿河土家族自治县、思南县、江口县、石阡县、德江县），共计37个市区县。在图1－9和图1－10中分别绘制了2003～2009年这37个市区县和全国平均水平的人均GDP和农村家庭人均纯收入曲线（当年价格）。

可见，人均GDP上总体低于全国平均水平，而且绝大部分区县与全国水平有相当差距，这反映出武陵山区经济发展滞后的现实。需要注意的是武陵源区，其人均GDP高于全国平均水平，因此在未来对武陵山区的倾向性政策制定时，应当注意到这点。

而数据也反映出武陵山区37个市区县农村家庭人均纯收入全都低于全国平均水平，包括武陵源区，这也说明单纯人均GDP高可能并没有体现在农村家庭的收入上。值得注意的是桃源，尽管其人均GDP只是勉强位于37个市区县中的前1/3水平，但其农村家庭人均纯收入却居首位，与全国平均水平也相差不大，表明这一地区的经济增长可能相对更亲农民，其发展经验有借鉴价值。

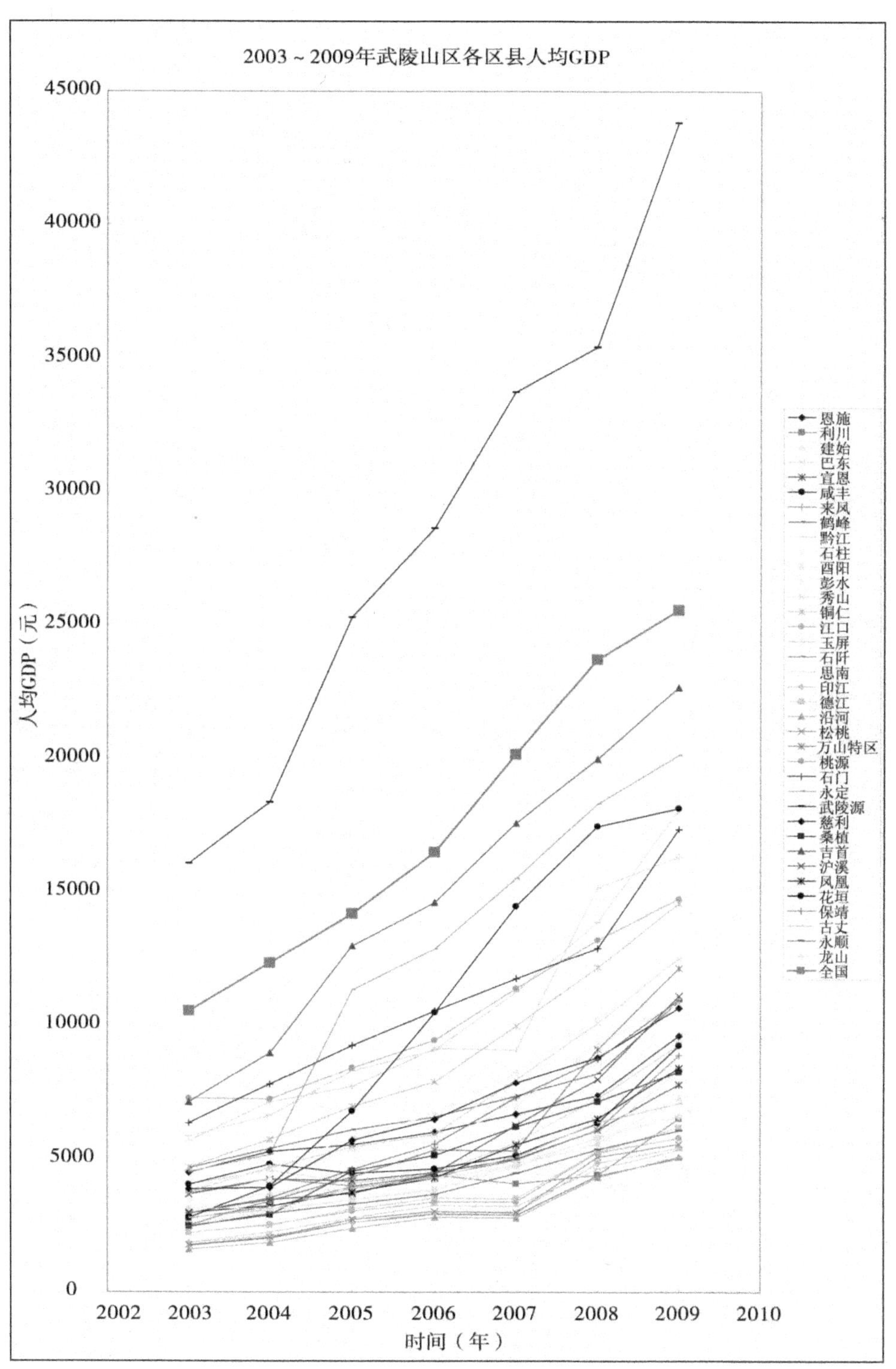

图 1－9　2003～2009 年武陵山区各区县人均 GDP

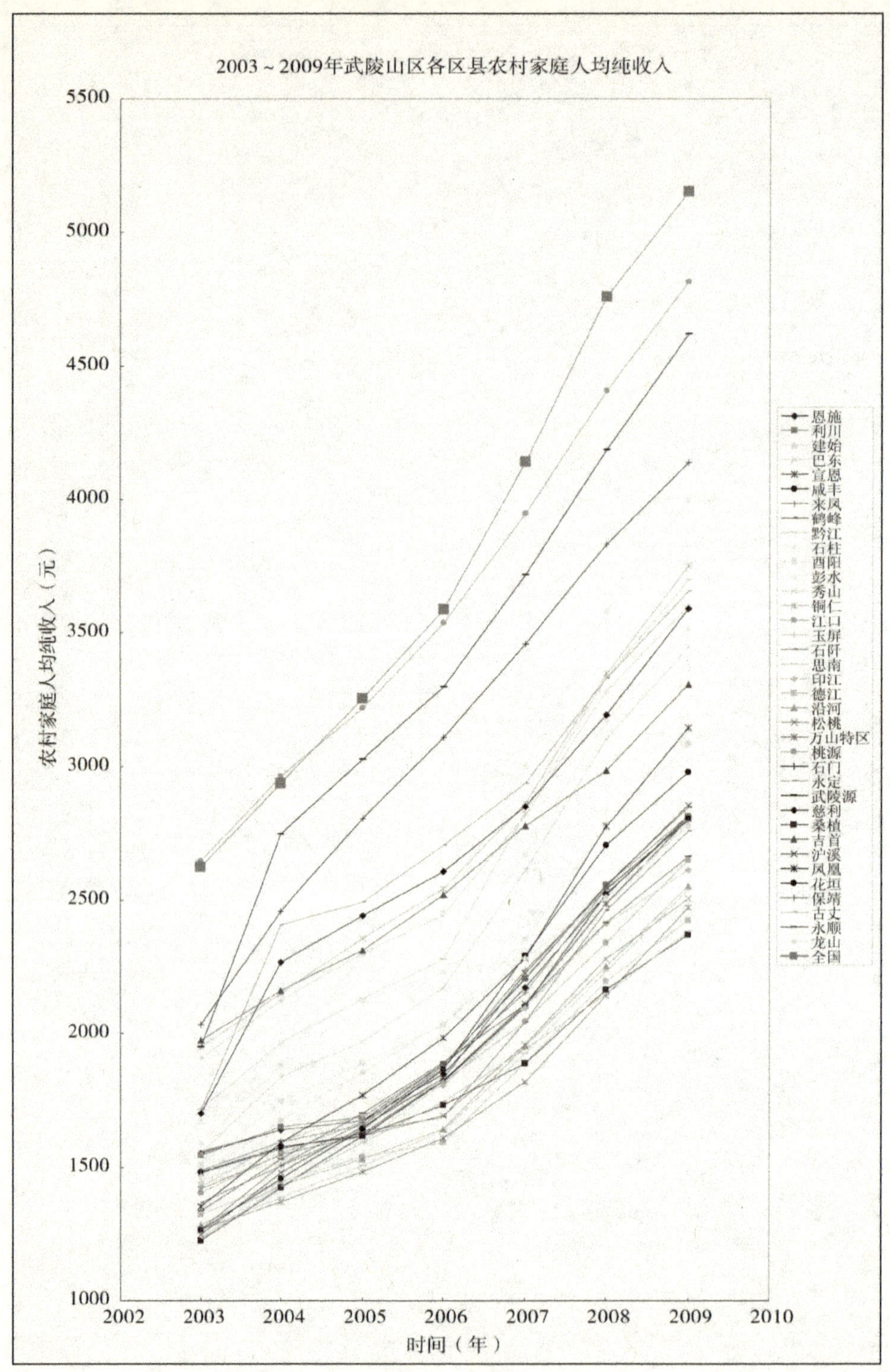

图1－10　2003～2009年武陵山区各区县农村家庭人均纯收入

附录二：地区经济增长与农民增收之间的关系研究

武陵山区农民收入的增加越来越依赖经济增长，但经济增长对农民收入增加的带动作用在下降。本研究建立模型只做评估，不对模型数学和内生性问题进行更深入的完善和探讨。在数据上将前述37个市区县作为独立样本，以年为时间截面构成面板数据，对每个截面进行OLS回归分析，时间截面为2003～2009年（做差分后为2004～2009年）。软件使用Eviews 6和Microsoft Excel 2007（后面其他统计回归分析均同）。时间截面回归模型建立为：

$$\Delta 农村家庭人均纯收入_t = \alpha_t + \beta_t \cdot \Delta 人均 GDP_t + \varepsilon_t$$

其中，Δ农村家庭人均纯收入$_t$为各区县农村家庭人均纯收入的第t期变化量，α_t为第t期的回归方程截距，β_t为第t期人均GDP变动对农村家庭人均纯收入变动的边际效应，Δ人均GDP$_t$为人均GDP的第t期变化量，ε_t为第t期误差项。以上变化量通过差分获得。

需要说明的是，人均GDP数据中湖北省各区县数据为计算结果（总GDP除以年末总人口数），其余数据直接使用年鉴提供数据，在此基础上做差分。本研究数据均直接使用当年价格数据，这是由于数学因素使得是否为可比价格对本研究无意义。（原始数据为节省篇幅略去）回归结果如下：

表1-21　2004～2009年截面数据回归结果

年份	回归结果						
	参数		参数P值	F检验显著性水平	调整后决定系数	回归标准差	残差平方和
2004	α_{2004}	149.2902 (42.13547)	0.0011	0.0333	0.097951	152.9372	818642.9
	β_{2004}	0.113893 (0.051404)	0.0333				
2005	α_{2005}	124.0325 (16.40714)	0.0000	0.0514	0.078585	80.20162	225130.5
	β_{2005}	0.017391 (0.00862)	0.0514				

续表

年份	回归结果						
	参数		参数P值	F检验显著性水平	调整后决定系数	回归标准差	残差平方和
2006	α_{2006}	149.5866 (13.02787)	0.0000	0.0094	0.154042	55.04691	106055.7
	β_{2006}	0.032973 (0.011996)	0.0094				
2007	α_{2007}	284.8946 (18.78499)	0.0000	0.0127	0.140924	81.94882	235046.3
	β_{2007}	0.030377 (0.01156)	0.0127				
2008	α_{2008}	335.7827 (28.21011)	0.0000	0.1284	0.038087	86.70722	263134.9
	β_{2008}	0.021843 (0.014025)	0.1284				
2009	α_{2009}	267.1566 (14.19076)	0.0000	0.0011	0.244187	50.8299	90428.75
	β_{2009}	0.020297 (0.005711)	0.0011				

在87%置信水平下，所有参数估计能通过检验。但同时也应注意到，调整后决定系数除2009年外均小于0.2。这就说明，模型建立中只使用人均GDP变动作为解释变量，存在遗漏变量的问题，即还有其他的一些未知因素影响着农村家庭人均收入的变动，这个问题本研究不再继续深入。

首先来看一下β_t，即2004~2009年，武陵山区人均GDP变动对农村家庭人均纯收入变动的边际效应变化，见图1-11：

在2004~2009年，β_t均为正值，这就表明人均GDP的增加对于农村家庭人均纯收入的增加是正相关的。但其整体呈一个下降趋势，即武陵山区人均GDP增加对农村家庭人均纯收入增加的边际效应在递减，也就是说经济增长对农民收入增加的带动能力在下降。

截距α_t在数学上可以理解为当人均GDP无变化时，农村家庭人均纯收入的增加值，也就可以认为是模型能够解释的部分中，与人均GDP增长有某种间接关系的效应对农村家庭人均纯收入的影响。而残差是模型拟合值与实际值之差，

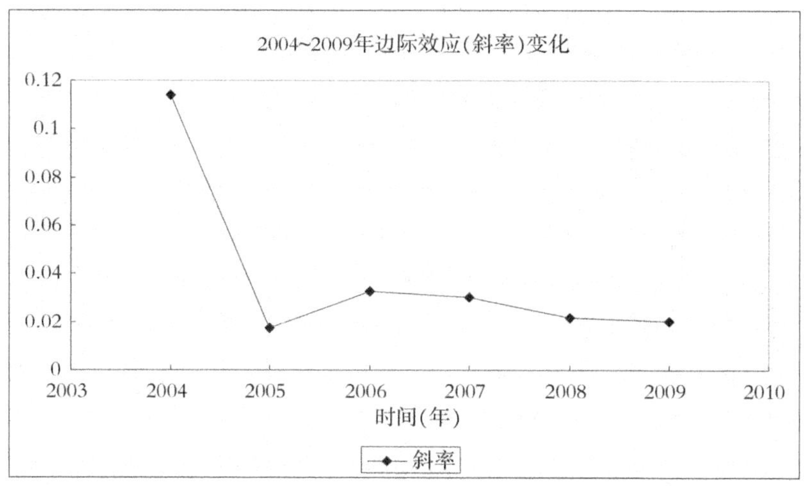

图 1－11　2004～2009 年截面数据回归结果的 β_t 变化

因此残差平方和（SSR）反映了模型无法解释的部分（包括遗漏变量和其他不可知因素），也就是说 SSR 的变化可以反映与人均 GDP 增长完全无关部分的影响。因此应当综合分析 α_t 和 SSR。α_t 和 SSR 随时间变化分别见图 1－12 和图 1－13。

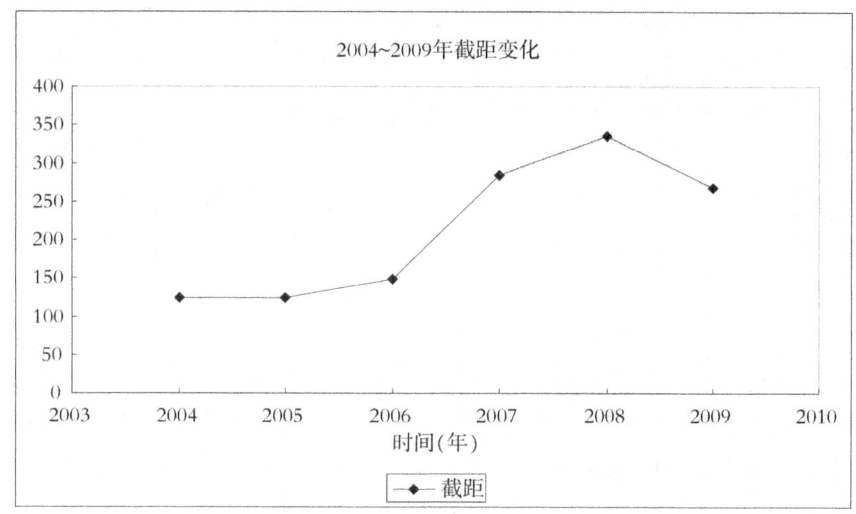

图 1－12　2004～2009 年截面数据回归结果的 α_t 变化

可以看出尽管有所波动，但 SSR 有下降趋势，这就说明模型所无法解释的部分（遗漏变量和其他不可知因素）对农村家庭人均纯收入变动的影响有下降趋势（但由于是残差平方和，所以并不能得知这种影响是正还是负，只能知道其影响程度在减小）。而与之对应的，α_t 则存在上升趋势。综合这两点，表明对于农

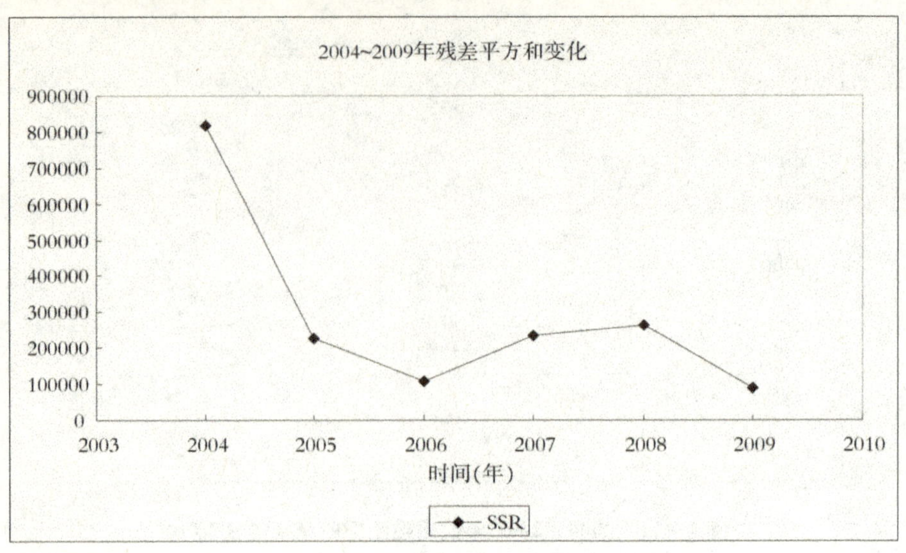

图 1-13　2004~2009 年截面数据回归结果的 SSR 变化

村家庭人均纯收入变动的所有因素而言（模型包括的解释变量和无法解释的部分都算在内），模型包含解释变量部分的影响相对比例在增大，其中，包含解释变量中的截距项（与人均 GDP 变化有间接关系的因素）对农村家庭人均纯收入变动在 2004~2009 年有增加趋势。用经济学语言表达就是，在 2004~2009 年，经济增长及其相关间接因素对农民增收的影响比例在增大，但经济增长本身对农民增收的直接带动效应有放缓趋势。

攸频等人（2009）的研究曾经指出，我国 1981~2004 年农村人均纯收入每增加 1%，将导致贫困发生率减少 0.79%。[①] 尽管该研究可能存在一些局限性（一般认为农村人均纯收入呈对数正态分布，故收入增加对贫困发生率影响不太可能是线性的），但有力地证实了农民收入增加对减贫的重要意义。如果维持目前的发展趋势，当地减贫可能将面临瓶颈，其发展模式急需转型。

① 攸频等，贫困减少与经济增长和收入不平等的关系研究——基于时序数据，管理科学，2009，22(4)，115~120。

附录三：地区经济增长对扶贫减贫的成效研究

武陵山区部分地区经济增长得越快，贫困发生率下降得越慢，表明经济增长与减贫间存在一定程度的不可兼得性，分配机制存在问题。本研究采用贵州铜仁地区 10 个市区县 2006～2009 年（指数计算后 2007～2009 年）的相关数据（当年价格）构建面板数据模型，只做评估，不对模型数学和内生性问题进行更深入的完善和探讨。模型建立为：

Δ 贫困发生率指数$_{it}$ = $\alpha + \beta_1 \cdot \Delta$ 人均 GDP 指数$_{it}$ + $\beta_2 \cdot \Delta$ 绝对贫困线指数$_t$ + ε_{it}

其中，β_1 为人均 GDP 指数变动对贫困发生率指数变动的边际效应，β_2 为绝对贫困线指数变动对贫困发生率指数变动的边际效应，各指数用相邻两年数据相除，然后减去 1 获得（即指数变化量的经济意义为增长率），i 为第 i 个市区县，t 为第 t 期。ε_{it}为第 t 期第 i 个市区县的误差项。

由于贫困发生率是一个［0，1］范围的数值（贫困人口也是一个不小于零，同时不大于总人口的数），绝对贫困线是一个不小于零，同时不大于最高收入的数，因此这两个变量事实上是受限的。但人均 GDP 是一个［0，+∞］范围的数据，尽管采用指数可以降低这一问题的影响，但人均 GDP 与贫困发生率之间的函数关系不太可能是线性的，采用线性模型仍然存在潜在的理论问题。本研究中由于数据时间维选取范围较短（只有三个点），因此认为采用线性函数近似在估计上是可行的。同时这也使得可以不对数据平稳性进行深入分析。回归分析采用最简单的 OLS 法（POLS），不对内生性、不可观测变量等问题进行深入探讨。回归结果见下：

表 1－22　2007～2009 年面板数据回归结果

参数		参数 P 值	Wald 检验 χ^2 显著性水平	调整后决定系数	回归标准差	残差平方和
α	－0.093436 (0.010802)	0.0000	0.0000 约束条件：C（1）＝C（2）＝C（3）＝0	0.605955	0.032328	0.028218
β_1	0.171042 (0.025150)	0.0000				
β_2	－0.285193 (0.111474)	0.0164				

在98%置信水平下，模型各变量都能通过t检验，模型整体也通过了Wald检验，决定系数也达到了60%以上，因此模型是合理的，各解释变量均显著。本研究不对异方差性等问题进行深入探讨。可以看出，尽管模型可能存在一些潜在问题，但仍然能够给出一些建议。其中，β_1为正，这就意味着过去几年中铜仁地区经济增长率越高，贫困发生率减少得越慢，二者出现不可兼得的情况，表明分配效应存在较大的问题。经济增长非但对贫困减少没有有效促进，反而可能由于资源有限性等问题使二者出现竞争，未来发展方式转变必须给予重视。至于β_2为负，说明绝对贫困线上升的幅度越大，贫困发生率下降的幅度越快，这是因为贫困线上升，贫困发生率基数就会增加，由于收入分布一般呈对数正态，贫困线位于分布函数左侧，因此相同条件下贫困变动幅度就会增大。

附录四：武陵山区全要素生产率分析

武陵山区的全要素生产率在恶化，特别是技术退步明显。武陵山区部分区县存在产业结构失衡，对收入分配产生负面影响，而从整体产业发展看，第一、二产业对农民增收有正作用，但第三产业有负向作用。尽管武陵山区目前能耗水平相对较低，未来发展如何继续保持仍然需要思考。从整体上讲，武陵山区经济发展的持久性不容乐观，发展方式转型有着迫切的需要。

武陵山区的全要素生产率在恶化，特别是技术退步明显。对于经济发展的持久性，生产率是一个非常重要的参考指标。下面通过参考全要素生产率（TFP）来对这一问题进行分析。本研究采用 Microsoft Excel 2007 和 Deap 2.1 软件，参数设定为投入导向。数据来自各省统计年鉴，年限为 2001～2009 年。关于 DEA－Malmquist 指数分解计算，产出数据为各区县生产总值（2005 年价格，采用各省 CPI 调整），投入数据为全社会从业人数和全社会固定资产投资资本存量（2005 年价格，采用各省固定资产投资价格指数调整）。资本存量的估计选择全社会固定资产投资进行计算。

关于全社会固定资产投资，湖南省统计年鉴关于 2005～2008 年只提供了城镇固定资产投资数据。而 2009 年同时提供了各区县全社会固定资产投资和城镇固定资产投资数据。因此本研究假定 2005～2009 年间，各区县城镇固定资产投资占全社会固定资产投资的比重基本不变，以 2009 年的比例为参考，对2005～2008 年的全社会固定资产投资依据下式进行估算：

$$\text{区县全社会固定资产投资}_t = \text{区县城镇固定资产投资}_t \times \frac{\text{区县全社会固定资产投资}_{2009}}{\text{区县城镇固定资产投资}_{2009}}$$

关于资本存量的估算，采用 Goldsmith（1951）开创的永续盘存法，其公式为：

$$K_t = K_{t-1} \times (1 - \delta) + I_t$$

其中，K_t 为第 t 期全社会固定资产资本存量，K_{t-1} 为第 t－1 期全社会固定资产资本存量，δ 为折旧率，I_t 为第 t 期全社会固定资产投资完成额。在本研究中，δ（折旧率）取 10%。

关于资本存量的基年（本研究为 2001 年）数据估计，采用 Hall 和 John

(1999)的估计方法，其公式为：

$$K_{2001} = \frac{I_{2001}}{\bar{g}_{2001\sim2009} + \delta}$$

其中，K_{2001}为基年的全社会固定资产资本存量，I_{2001}为基年的全社会固定资产投资完成额，$\bar{g}_{2001\sim2009}$为2001～2009年间全社会固定资产投资完成额的几何平均增长率，δ为折旧率。

关于全社会从业人数，贵州省统计年鉴只提供了乡村从业人数。而其提供了历年贵州省的全社会从业人数、乡村从业人数、城镇从业人数的总数据。因此本研究假定各区县的乡村从业人数占全社会从业人数的比例与贵州省基本一致，依据下式进行估算：

$$区县全社会从业人数_t = 区县乡村从业人数_t \times \frac{贵州省全社会从业人数_t}{贵州省乡村从业人数_t}$$

此外，重庆市统计年鉴提供了2001～2008年的全社会从业人数数据，却没有提供2009年数据。对此采用二次移动平均法进行估计，选择n=2。依据以下公式计算和估计：

$$M_t^{(1)} = \frac{L_t + L_{t-1}}{n}$$

$$M_t^{(2)} = \frac{M_t^{(1)} + M_{t-1}^{(1)}}{n}$$

$$a_t = 2M_t^{(1)} - M_t^{(2)}$$

$$b_t = \frac{2}{n-1}(M_t^{(1)} - M_t^{(2)})$$

$$L_{t+T} = a_t + b_t \cdot T$$

其中，L_t为第t期全社会从业人数。

由于DEA－Malmquist分解的理论机制特点，只要每个决策单元内的数据不发生显著的口径变化，那么上述的系统和估计误差是可以接受的。为节省篇幅，过程数据略去。分析结果见下：

表 1－23　2005～2009 年 MPI 及其他指数的几何平均值数据

所属省份	区县	effch	techch	pech	sech	tfpch
湖北	恩施	1.007	0.97	1.008	0.998	0.976
	利川	0.975	0.961	0.969	1.005	0.937
	建始	1.003	0.965	0.984	1.019	0.967
	巴东	1.083	0.977	1.081	1.001	1.058
	宣恩	1.047	0.975	1.035	1.012	1.021
	咸丰	1.065	0.975	1.064	1.002	1.039
	来凤	1.053	0.986	1.022	1.03	1.039
	鹤峰	1.016	0.965	1.012	1.004	0.981
重庆	黔江	1.088	0.996	1.046	1.04	1.083
	石柱	1.053	0.96	1.132	0.93	1.01
	秀山	1.114	0.962	1.077	1.034	1.072
	酉阳	1.099	0.971	1.117	0.984	1.067
	彭水	1.075	1.03	1.077	0.999	1.108
湖南	桃源	0.981	0.919	1	0.981	0.902
	石门	1.06	0.973	1.017	1.043	1.031
	永定	0.97	0.965	1	0.97	0.936
	武陵源区	1	1.033	1	1	1.033
	慈利	0.948	0.858	0.941	1.007	0.813
	桑植	1.019	0.98	0.994	1.025	0.999
	吉首	0.954	1.029	0.973	0.981	0.981
	泸溪	1.151	0.868	1.061	1.085	0.999
	凤凰	1.043	0.944	1.006	1.037	0.985
	花垣	1.13	0.944	1.097	1.03	1.067
	保靖	1.212	0.978	1.19	1.019	1.186
	古丈	1.075	0.907	1.036	1.037	0.975
	永顺	1.055	0.935	1.037	1.017	0.986
	龙山	1.062	0.848	1.024	1.037	0.9

续表

所属省份	区县	effch	techch	pech	sech	tfpch
贵州	铜仁	1.095	0.959	1.044	1.049	1.05
	江口	1.008	0.9	0.958	1.052	0.907
	玉屏	1.132	0.99	1.114	1.016	1.121
	石阡	1.062	0.812	0.993	1.07	0.862
	思南	0.995	0.888	0.946	1.052	0.884
	印江	1.098	0.812	1.023	1.073	0.891
	德江	1.099	0.812	1.036	1.06	0.892
	沿河	0.968	0.83	0.91	1.064	0.803
	松桃	1.099	0.812	1.045	1.052	0.892
	万山特区	1.082	0.972	1	1.082	1.052
武陵山区平均值		1.052	0.935	1.027	1.024	0.983

注1：以上数据为2005～2009年的时间几何平均值。关于各年的具体数据，考虑到数据统计波动性问题，为简化问题，本研究暂不具体探讨。

注2：表中，effch为生产效率变化指数；techch为技术变动指数；pech为纯技术效率变化指数；sech为规模效率变化指数；tfpch为全要素生产率变化指数。

注3：tfpch = techch × effch 和 effch = pech × sech

注4：指数大于1表示增加，小于1表现递减

可以清楚的看出，在2005～2009年，全要素生产率平均以每年1.7%的速度（0.983）递减，因此其经济增长潜在的可持续性受到了明显威胁。而技术变动指数的递减（技术退步）是造成全要素生产率递减的核心原因，其递减速度达到了平均每年6.5%（0.935）。如果这一趋势继续下去，那么武陵山区的经济发展将面临巨大瓶颈。因此未来武陵山区的经济发展模式转型必须扭转这一趋势。对于具体县市，受限于篇幅不做更详细的说明。

附录五：武陵山区产业结构分析

武陵山区部分区县存在产业结构失衡，对收入分配产生负面影响，而从整体产业发展看，第一、二产业对农民增收有正作用，但对第三产业有负向作用。产业是围绕某种特点资源或技术等客观事物所形成的体系，而这种资源或技术决定了其覆盖面及受益人群，从而对收入分配产生间接影响。表 5 - 1 提供了 2009 年武陵山区 37 个市区县以及全国的产业结构数据。目前武陵山区三个产业的比重大概呈 3：3：4 的状况，第三产业占据了最大的比重。因此，武陵山区第一产业比重大于全国水平，第二产业比重小于全国水平，第三产业则与全国水平持平。但是前面提到，武陵山区所辖的武陵源区，其人均 GDP 高于全国平均水平，而农民家庭人均却低于全国平均水平，而当地第三产业比例却高达 90%，类似的问题也出现在永定。另一个极端案例——花垣，这个地区第二产业比例高达 70%，在人均 GDP 中也位列第四，但其农民家庭人均纯收入却只位列第九。因此，如果过分注重某种产业，可能使受益面降低，从而对农民整体的收入分配产生负面作用，为推动产业化扶贫武陵山区未来发展应避免产业失衡。

表 1 - 24　2009 年武陵山区各区县的产业结构状况

市区县	第一产业增加值（亿元）	第二产业增加值（亿元）	第三产业增加值（亿元）	第一产业占 GDP 比重（%）	第二产业占 GDP 比重（%）	第三产业占 GDP 比重（%）
恩施	17.36	24.49	30.77	0.24	0.34	0.42
利川	20.84	9.66	17.36	0.44	0.20	0.36
建始	12.06	8.68	12.29	0.37	0.26	0.37
巴东	11.67	14.61	14.44	0.29	0.36	0.35
宣恩	9.42	5.19	9.70	0.39	0.21	0.40
咸丰	10.62	6.48	11.68	0.37	0.23	0.41
来凤	7.62	6.06	11.36	0.30	0.24	0.45
鹤峰	6.40	8.10	7.04	0.30	0.38	0.33
黔江	9.25	38.53	31.31	0.12	0.49	0.40
石柱	11.78	20.93	21.20	0.22	0.39	0.39

续表

市区县	第一产业增加值（亿元）	第二产业增加值（亿元）	第三产业增加值（亿元）	第一产业占GDP比重（%）	第二产业占GDP比重（%）	第三产业占GDP比重（%）
秀山	9.81	29.74	22.57	0.16	0.48	0.36
酉阳	12.40	17.44	17.86	0.26	0.37	0.37
彭水	11.80	23.34	23.01	0.20	0.40	0.40
铜仁	7.65	16.44	24.12	0.16	0.34	0.50
江口	4.63	2.71	5.02	0.37	0.22	0.41
玉屏	3.34	11.97	6.72	0.15	0.54	0.31
石阡	7.91	2.14	7.55	0.45	0.12	0.43
思南	12.94	6.37	14.39	0.38	0.19	0.43
印江	10.14	3.24	8.17	0.47	0.15	0.38
德江	11.56	4.37	11.40	0.42	0.16	0.42
沿河	11.01	4.52	11.85	0.40	0.17	0.43
松桃	12.27	9.85	12.91	0.35	0.28	0.37
万山特区	1.11	3.14	2.15	0.17	0.49	0.34
桃源	49.66	36.44	40.53	0.39	0.29	0.32
石门	30.12	36.02	37.06	0.29	0.35	0.36
永定	8.63	17.89	57.69	0.10	0.21	0.69
武陵源	0.88	0.52	18.31	0.04	0.03	0.93
慈利	12.73	22.13	31.93	0.19	0.33	0.48
桑植	4.65	7.56	20.69	0.14	0.23	0.63
吉首	3.56	20.51	38.04	0.06	0.33	0.61
泸溪	4.35	17.61	8.47	0.14	0.58	0.28
凤凰	5.52	4.90	19.39	0.19	0.16	0.65
花垣	3.88	32.83	10.87	0.08	0.69	0.23
保靖	4.54	16.57	9.33	0.15	0.54	0.31
古丈	2.04	2.06	5.11	0.22	0.22	0.55
永顺	9.20	5.72	11.99	0.34	0.21	0.45
龙山	11.25	6.76	14.47	0.35	0.21	0.45
合计	384.60	505.54	658.76	0.25	0.33	0.43
全国	35226.00	157638.78	147642.09	0.10	0.46	0.43

更进一步的，本研究对三个产业对农民增收情况的影响进行了面板数据分析。本研究采用武陵山区37个市区县2006～2009年（指数计算后2007～2009

年）相关数据（当年价格）构建模型，只做评估，不对模型数学和内生性问题进行更深入的完善和探讨。模型建立为：

Δ 农村家庭人均纯收入指数$_{it}$ =

$\alpha + \beta_1 \cdot \Delta$ 第一产业指数$_{it}$ $+ \beta_2 \cdot \Delta$ 第二产业指数$_{it}$ $+ \beta_3 \cdot \Delta$ 第三产业指数$_{it}$ $+ \varepsilon_{it}$

其中，β_1 为第一产业指数变动对农村家庭人均纯收入指数变动的边际效应，β_2 为第二产业指数变动对农村家庭人均纯收入指数变动的边际效应，β_3 为第三产业指数变动对农村家庭人均纯收入指数变动的边际效应，各指数用相邻两年数据相除，然后减去 1 获得（即指数变化量的经济意义为增长率），i 为第 i 个市区县，t 为第 t 期。ε_{it} 为第 t 期第 i 个市区县的误差项。

由于三个产业是整体数据，而农村家庭人均纯收入是人均数据，存在量纲的潜在问题，因此采用指数降低其影响。不过三个产业之间的结合，以及对收入影响的函数关系实际可能较为复杂，采用线性模型存在潜在的理论问题。本研究中由于数据时间维选取范围较短（只有三个点），因此认为采用线性函数近似在估计上是可行的，同时可以回避数据平稳性问题。回归分析采用最简单的 OLS 法（POLS），不对内生性、不可观测变量等问题进行深入探讨。回归结果见下：

表 1－25　2007～2009 年面板数据回归结果

参数		参数 P 值	Wald 检验 χ^2 显著性水平	调整后决定系数	回归标准差	残差平方和
α	0.133012 (0.009204)	0.0000	0.0000 约束条件：C（1）＝C（2）＝C（3）＝C（4）＝0	0.160314	0.034322	0.126044
β_1	0.078692 (0.032950)	0.0187				
β_2	0.044056 (0.015220)	0.0046				
β_3	－0.047283 (0.024910)	0.0604				

在 93% 置信水平下，模型各变量都能通过 t 检验，模型整体也通过了 Wald 检验，但决定系数只有 16% 以上，因此尽管模型是合理的，各解释变量均显著，但存在遗漏变量。本研究不对这些问题进行更深入探讨。尽管模型可能存在一些潜在问题，但仍然能够给出一些建议。其中，β_1 和 β_2 为正，这就意味着在过去几年中，武陵山区第一、二产业增长率越高，农村家庭人均纯收入增加越快，而且第一产业的带动作用更加明显。但第三产业呈负相关，意味着其增长率越高，

农村家庭人均纯收入增加越慢。农民无法从第三产业中受益，相反由于各种问题的存在，反而因其受损。因此在未来产业结构调整时，不应盲目扩大第三产业。

武陵山区目前能耗水平相对较低，未来发展如何继续保持需要思考。中国绿色发展指数年度报告指出，2009 年武陵山区所处的湖北、湖南、重庆和贵州绿色发展指数均低于全国平均水平，到 2010 年，除湖北维持不变外，其余三省排名有所提前，不过仍然处于较为靠后的水平。在一线省会城市中，只有长沙排名略靠前，武汉、贵阳、重庆三市均在倒数水平。因此应该对武陵山区的绿色发展问题予以关注。武陵山区部分主要州市的 GDP 单位能耗变化见图 1－14：

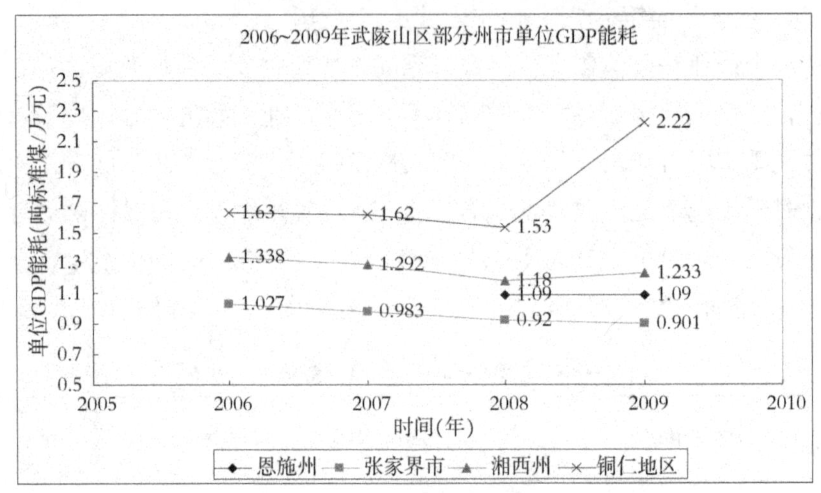

图 1－14　2006～2009 年武陵山区部分州市单位 GDP 能耗

从图中可以看出，在 2006～2009 年，除贵州铜仁地区在 2009 年能耗出现突增外，其他州市都呈缓慢下降趋势。如果与其所属各省单位 GDP 能耗作比较（2009 年湖南为 1.202，湖北为 1.230，贵州为 2.348）则可以发现，张家界市的单位 GDP 能耗明显低于湖南全省，这可能也和其产业结构有关。而湘西州略偏高，湖北恩施州与贵州铜仁地区均低于该省水平。因此总体上看，武陵山区单位 GDP 能耗仍然低于各省平均水平。

关于 2006～2009 年，武陵山区部分主要州市的单位工业增加值能耗变化见图 1－17：

可见，恩施、张家界的工业增加值能耗在缓慢下降，而铜仁则明显高于其他州市，且波动较大，因此其可能存在一定的问题。如果与其所属的各省作比较（2009 年湖南为 1.57，湖北为 2.35，贵州为 4.32），则张家界和湘西低于湖南省平均水平，恩施低于湖北省平均水平，只有铜仁略高于贵州平均水平。因此，武

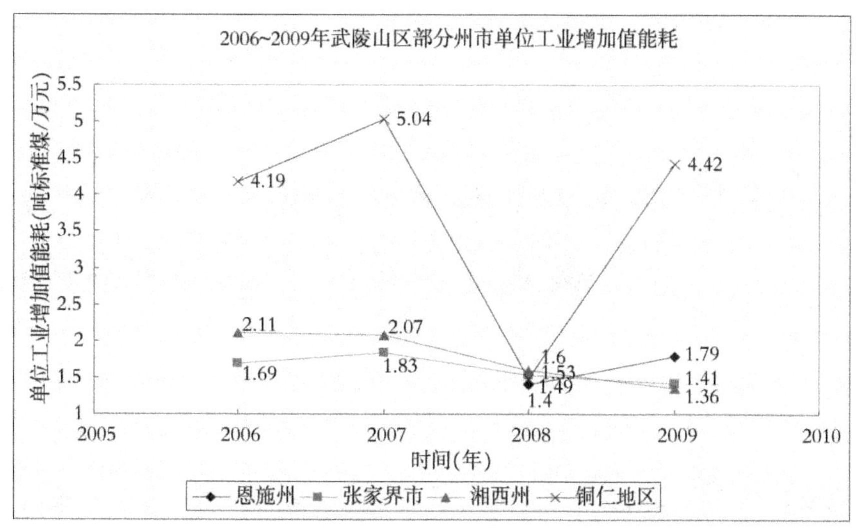

图 1-17　2006~2009 年武陵山区部分州市单位工业增加值能耗

陵山区目前各主要州市的单位工业增加值能耗也是普遍低于各省平均水平的。武陵山区整体能耗低于平均水平可能与其发展阶段有关，未来经济发展如何保持现有水平将是未来发展方式转变的重要课题。

专题报告二：武陵山区社会发展与惠农政策减贫效应评估和益贫机制创新

向德平　吕方　王志丹

【摘要】武陵山区是我国中部地区最大的集中连片贫困地带，也是国家重点扶持的集“老、少、边、穷”于一体的重点贫困地区。武陵山区具有生态脆弱区、少数民族聚居区、经济发展边缘地区等几种属性叠加的特点，因此该地区的减贫与发展面临着巨大的难度和挑战。

目前，武陵山区减贫发展的挑战主要有：

第一，经济发展的地区差距依然明显。虽然在过去十年间，武陵山区的经济社会发展取得了长足的进步，但是与全国的平均水平在不断拉大；第二，武陵山区社会内部呈现出明显的二元化特征，城乡居民收入差距普遍较大；第三，医疗卫生资源缺乏，医疗费用昂贵，超出一般居民承受能力。减贫发展的人力资源环境欠佳，教育落后，人才缺乏；第四，社会保障救助体系薄弱；第五，武陵山区的贫困具有特殊性。武陵山区贫困人口多、贫困程度深，且集中连片，而且贫困状态与生态脆弱、基础设施落后状况叠加，造成生态环境、社会发展、经济发展多重脆弱性叠加的发展困境。

武陵山区惠农政策减贫效应指的是国家惠农政策对武陵山区经济社会发展提供了有力的保证并且带动了武陵山区的减贫发展。具体而言，其减贫效应是国家惠农政策在政策目标预期、政策产出、政策结果等一系列过程中直接或者间接地对武陵山区农村贫困地区的发展、贫困人口的减少、贫困人群的发展等方面产生积极的作用，具体表现在惠农政策目标与产出及其减贫结果之中。

其中惠农政策“目标—预期产出”分析是通过运用惠农政策的地区适应性、惠农政策的减贫适宜性、惠农政策减贫的有效性、惠农政策减贫的充分性、政策对贫困的回应五个指标对惠农政策进行筛选分类，得出了两类基本的惠农政策类型：直接产生减贫效应的惠农政策与间接产生减贫效应的惠农政策。这两类惠农政策分别从减贫发展的有效性、政策对贫困发展需求的回应、减贫发展的充分性以及通过改善减贫发展环境四种方式推动武陵山区农村贫困地区减贫发展，通过分析得出哪些惠农政策对武陵山区减贫发展的相关领域做出了积极的贡献。

通过武陵山区的不断努力，惠农政策产出了一系列的减贫结果：一是贫困人口持续减少。武陵山区内各级地方政府将扶贫开发工作作为工作重点，通过各项措施瞄准贫困人口，实施贫困地区减贫开发工作，不断提高贫困人口的经济收入，贫困人口持续减少；二是居民收入快速增加。从统计数据来看，武陵山区的居民收入都有持续快速的增长；三是经济保持快速增长。武陵山区各地、州、市的生产总值增长速度相对较快，人均生产总值及相关经济变量都表现出了持续较快的增长；四是社会事业继续发展；五是农村基础设施不断完善。

从惠农政策的减贫效应看出，社会发展与惠农政策是促进贫困地区发展的重要保证和手段。其中社会发展是重要保证，惠农政策是主要手段。在武陵山区社会发展与惠农政策的实施过程中，形成了一些值得总结的益贫机制，这些机制展示了减贫目标与惠农政策运作之间的一种相关或可能的因果关系。其反映的是武陵山区内社会发展与惠农政策所发挥减贫效应的作用方式和途径，以及惠农政策所产生的益贫效果。具体而言，武陵山区社会发展与惠农政策的益贫机制有：

第一，政策的地区适应机制。政策的地区适应机制指的是地方政府与中央政府保持一致的基础上，发挥地方政府的自主性和积极性，根据当地农村贫困地区发展的需求做出适当的政策调整。第二，政策的整合推进机制。政策的整合推进机制指的是当地政府针对武陵山区贫困的多元性和复杂性特点，以地方政府为主要实施主体，整合各项惠农政策与扶贫资源，将政策的惠及目标准确地瞄准贫困群体，提高政策益贫的效率。第三，针对贫困的回应机制。惠农政策目标虽然没有明确对贫困人群的特殊发展需求做出直接回应，但是在政策目标中和政策预期产出中包含了对武陵山区农村贫困地区减贫发展的需要，从政策的产出来看，惠农政策回应了武陵山区农村地区贫困人群与其他农村地区非贫困人群的需要。例如，政策直接补贴农民减轻农民的负担、教育“两免一补”帮助贫困家庭子女就学入学、雨露计划提升贫困农民的人力资本等。第四，惠农政策的间接推动机制。减贫的间接推动机制主要是指一些惠农政策对武陵山区并不直接产生减贫效应的国家惠农政策而言，但所产生的政策结果促进了武陵山区农村贫困地区的基础设施建设，推动农村发展，为农村减贫奠定了基础。

以上益贫机制对武陵山区减贫发展发挥了很大的作用，但是也必须看到，这些机制在益贫效应上存在着相应的不足，还需继续反思与完善。其不足表现在三方面：其一，惠农政策的益贫性还有待继续提升；其二，益贫机制还需继续完善；其三，惠农政策的地方特色亟需加强。因此，需要对武陵山区社会发展与惠农政策的益贫机制进行思考：首先，明确减贫发展的总体目标，制定总体发展规划。通过发展的总体纲领统领全局，并且结合地区特点，明确发展思路与发展任务；其次，建立政策评估体系，完善评估指标，进而发展综合评估体系；再次，推动相关政策机制的创新，完善政策益贫机制；最后，提升武陵山区减贫战略地位，探索大扶贫格局。

武陵山区地处我国中部地区和西部地区的交汇地带，长期以来受相对封闭的区域结构、复杂的自然地理环境、多元的社会文化特征以及国家发展战略时序安排等多方面因素影响，经济社会发展水平较全国平均水平而言一直相对落后，是我国中部地区最大的集中连片贫困地带，也是国家重点扶持的集“老少边穷”于一体的重点贫困地区。

一、武陵山区经济社会发展状况

新世纪以来，在中部地区崛起和西部大开发战略的总体推动和国家密集出台的一系列强农惠农政策支持下，武陵山区的经济社会发展取得了长足的进步。无论是从经济总量的增长，还是从增速来看，近十年来，武陵山区的发展成就均是十分显著的。然而，由于发展的起点低、发展尚处于初级阶段等因素的影响，武陵山区整体的贫困落后面貌改变和可持续的发展还将是一个长期而艰巨的任务。并且，我们必须清醒地认识到，武陵山区在经济社会发展取得巨大成就的同时，还存在着诸多严峻的现实挑战，需要以理性而务实的态度予以回应。以武陵山区为代表的集中连片特殊类型困难地区的减贫和发展，不仅是新阶段扶贫开发工作的重点领域，同时也是全面建设小康社会的难点领域。对武陵山区的经济社会发展状况和惠农政策推动减贫的效应和机制研究，将直接为其他集中连片特殊类型困难地区的减贫与发展事业提供参考。

（一）经济发展的地区差距明显

虽然武陵山区经济发展在过去的十年间取得了持续快速的增长，但与全国、各地区所在省的发展差距却在持续不断地扩大。以恩施州为例，2010 年全州人均生产总值 10058 元，仅相当于全国、全省平均水平的 33.7% 和 36.4%。对外开放水平不高，经济外向度较低。人民生活水平不高，城镇居民可支配收入为11406元，分别比全国、全省低7703元和4652元；农民人均纯收入为3255元，分别比全国、全省低1898元和2577元。城镇化进程滞后，全州城镇化率分别比全国、全省低16.1和15.5个百分点。同时还应该看到，武陵山区由于基础设施落后，工业化、城镇化水平低等原因，产业形态落后，缺乏核心主导产业、特色产业，以及产业资金缺乏、开发引导不力、产业链条没有形成等一系列问题，限制着当地经济的发展和扶贫开发工作的开展。乡镇经济没有发展，农村地区没有发展内生力。中心城市或城镇的经济发展对农村地区的就业吸纳、经济辐射都很有限。产业结构不协调导致居民收入分配两极化，产业单调，没有形成产业链或产业群。未来，挖掘区域潜能、培育区域优势产业方面的机遇与挑战并存。

（二）城乡居民的收入差距较大

武陵山区城乡居民收入在不断增长的同时，城乡居民的收入差距也在不断加大。2009年，黔江区的城乡居民收入的差距为8920元，铜仁地区城乡居民收入差距为6905元，湘西州城乡居民收入差距为8089元，恩施州城乡居民收入差距为7497元。由于经济发展缺乏内生动力，武陵山区区域内的经济体系不完整，不仅没有核心的经济品牌，而且没有完备的经济体系。武陵山区的经济多以农业和服务业为主，目前有的地区以旅游业和当地特色矿产资源推动着经济的发展。这种经济特点的结果就是从事传统农业的人员经济收入难以提高，而从事旅游业、居住在中心城市和中心城镇或矿产资源地的居民则能够通过从事第三产业增加收入。武陵山区内居民恩格尔系数差距也比较大。居民家庭恩格尔系数表示居民家庭食品消费支出占家庭消费总支出的比重，在经济不发达地区的家庭，恩格尔系数一般较高，而且恩格尔系数的城乡差距大，说明城乡之间的经济发展不协调。例如黔江区2009年城市恩格尔系数为32.1%，农村居民家庭恩格尔系数为50%，城乡之间的恩格尔系数相差17.9%。铜仁地区城镇家庭恩格尔系数为42.2%，农村家庭恩格尔系数为45.3%，城乡之间的恩格尔系数相差3.1%。湘西全州城镇居民恩格尔系数为34.8%，农村居民恩格尔系数60.5%，城乡之间的恩格尔系数相差26.7%。恩施州全州农村居民恩格尔系数为53.7%，城镇居民恩格尔系数为40.2%，城乡之间的恩格尔系数相差13.5%。除了铜仁地区的城乡恩格尔系数相差较小以外，其他地区的城乡恩格尔系数相差均超过10%。

（三）教育、卫生事业发展滞后

科技教育水平落后，劳动者素质低下是导致武陵山区贫穷落后和扶贫开发进程缓慢的重要因素，也是贫困人口长期难以脱贫的重要原因。以重庆秀山县为例，其城乡教育发展不平衡，教育条件急需改善，目前该县农村学校附属设施设备配齐率低于城镇的50%左右，大专以上农村教师比重低于30%，综合素质培训参与率低于20%。如湘西州的教育经费投入还未能真正依法依规得到规定标准。只有吉首市、花垣县达到要求；2008年、2009年政策性口子经费整改后保靖县尚欠567.1万元；吉首市资金拨付不及时和结转教育经费指标过大。特别是州本级教育经费投入较少，严重制约着全州教育的健康发展。湘西州内的公办普通高中和中等职业学校的债务余额近4亿元，其中普通高中债务27627万元，中等职业学校债务6372万元。教师队伍的结构性矛盾较为突出，不适应教育事业发展的需要。主要表现为分布结构不平衡，学科结构不合理，学历结构的重心偏低，初中辍学率仍然偏高等问题突出。

此外，医疗卫生资源短缺、费用高昂所引起的因病致贫的现象在武陵山区的居民家庭中比较常见。高昂的医疗费用使得许多家庭背上沉重的负担。2010年武陵山区基线调查显示，该地区农户家庭2009年各项支出中医疗花销、食物花销、生产投入和教育投入是最主要的支出项目，而且医疗支出在所有支出中排在第一位。尽管当地农民基本上都加入了新型农村合作医疗，但只有在指定医院就医且办理住院手续的患者才能报销一定比例的资金，这让大多数农民仍感负担沉重。身体健康与否是大多数农村家庭是否会陷入贫困的重要影响因素。国家对医疗等公共服务方面的政策改革使得底层群众接受医疗救治的费用大大增加，当地农村家庭的收入水平低而且不稳定，如果家庭成员中有人患病，不仅仅会缩减家庭用于生产和发展的可支配劳力，还会把整个家庭拖进贫困的泥潭而难以自拔。

（四）社会保障与救助体系薄弱

在武陵山区的农村地区，系统的农村养老保险尚未开展，农村弱势群体保障体系十分薄弱，武陵山区大部分居民需要依靠扶贫政策。由于政策和财力等原因，还存在着许多应保未保和以低补代高补的情况。对于刚刚脱贫或处于贫困线边缘的非贫困人口，收支处于脆弱的平衡状态，一旦有重病、上学等高额的支出，就很容易打破收支现有的平衡状态而再度陷入贫困，而通常认为的民政救助作为“兜底”和最后一道防线的功能却很难发挥应有的作用。社会公共事业发展滞后，严重影响了社会事业惠及民众的幅度和水平。农村教育文化设施缺乏且建设水平低下，农村科技推广体系不健全，科技对经济发展的支撑能力就显得很弱。例如，湖南省凤凰县，地方财力有限，社会事业发展落后，农村医疗卫生水平偏低。据了解，全县乡村医生大多为20世纪60年代的“赤脚医生”，年龄普遍偏大，无法满足群众治病要求。此外，该县的农村养老保险尚未开展，农村弱势群体保障体系十分薄弱，目前该县享受低保的农民仅占贫困人口的20%，还有80%的贫困人口因低保资金有限而无法享受救助。

（五）贫困呈现特殊性与复杂性

武陵山区地域范围较广，涉及我国四个省市行政区域，区域内地理环境与经济文化多元性并存，地区发展条件落后与生态环境脆弱并存，地区贫困人口分布较集中。具体表现在三个方面：

其一，武陵山区贫困地区往往是“脆弱性叠加”的区域。贫困地区往往同时兼具自然资源禀赋低、生态高度脆弱、发展基础薄弱、社会事业落后等多种不利因素，每年因灾、因病、因残致贫返贫的规模很大。

其二，这些地区的自然地理环境复杂性与经济社会文化多元性并存。武陵山区地理环境复杂，基础设施建设任务艰巨，产业发展亦无法走平原地区的开发模式，同时社会文化多元，迈向减贫与发展的道路中还存在着很多现实的挑战需要理性而务实地应对。

其三，贫困人口众多、贫困程度深、呈现出集中连片贫困的特征。以湘西州为例，目前湘西州还有1100个省定重点贫困村，大多分布在700～800米的中高海拔地区。腊尔山片区、吕洞山片区、红土壤片区、永龙片区等中高海拔地区是贫困人口集中连片分布的区域，并且这些区域自然地理条件差，基础设施薄弱，灾害多发，减贫工作十分艰巨。[①] 贵州省武陵山区覆盖范围达37201.87平方公里，占全省面积的21.12%；其中岩溶地貌23673.55平方公里，石漠化面积6370.81平方公里，潜在石漠化面积8254.36平方公里；2009年末，农民人均纯收入2957元，比全省低48.41元，比全国低2196元，人均生产总值6294元，比全省低3964元；农村人口726.81万人，占全省农村人口总数的21.56%，贫困

① 《湘西自治州扶贫开发工作情况汇报》。

人口116.04万人，占全省20.90%，贫困发生率15.97，比全国高12.17个百分点。①

二、武陵山区惠农政策减贫效应

武陵山区惠农政策减贫效应指的是国家惠农政策对武陵山区经济社会发展提供了有力的保证，并且带动这些地区的减贫发展。具体而言，其减贫效应是国家惠农政策在政策目标预期、政策产出、政策结果等一系列过程中，直接或者间接地对武陵山区农村贫困地区的发展、贫困人口的减少、贫困人群的发展等方面产生积极的作用，具体表现在惠农政策目标与产出、政策的减贫结果之中。因此，武陵山区惠农政策减贫效应主要包括武陵山区惠农政策目标与产出分析以及惠农政策在武陵山区产生的减贫结果。惠农政策减贫效应具体表现为贫困人群收入增加、贫困人口减少、农村地区发展等方面。

（一）政策“目标—预期产出”益贫分析

惠农政策的惠及目标是农业、农村与农民。作为面向全国的普惠性农业政策体系，其必然涉及农业发展的不同层次，而贫困地区的农业发展水平相对较低，村庄建设相对落后，农民发展能力与发展状况相对较差，因此惠农政策对贫困村民所产生的效果必然与非贫困村民不同。这是惠农政策的益贫差异。此外，我国地区发展很不均衡，东、中、西部农村的差异性非常大，而且受到自然环境、地理条件与发展历史等因素的影响，各个地区的农业发展特点也不一样，因此，惠农政策在各地产生的减贫效应还有地区差异。

2003年以来，中央密集出台了一系列强农惠农的政策，这些普惠性的政策在推动武陵山区农业转型、农村发展和农民增收方面起到了良好效果。但对于武陵山区贫困村的发展而言，惠农政策在这些地区的减贫效应则需要“具体问题具体分析”：一部分惠农政策对武陵山区减贫起到了直接、关键的作用；一部分的惠农政策没有起到直接减贫作用，但改善了减贫环境，间接地起到了减贫作用；还有一部分惠农政策则没有起到作用。

总而言之，武陵山区受特殊的自然、地理、文化等因素制约，社会虽在政策

① 《关于将贵州集中连片和特殊类型贫困地区纳入国家新一轮西部大开发及扶贫开发六大片区及滇黔桂石漠化集中连片区域扶贫开发综合治理规划的汇报》。

等因素推动下取得了长足的发展，但是发展仍然相对滞后，贫困面依然较大、贫困程度仍然很深、自我发展能力相对较弱、扶贫开发面临一系列重大挑战。因此，惠农政策在武陵山区的减贫效应可从两个纬度来看：一个是惠农政策减贫适用性角度；另一个是惠农政策的地区适用性角度。适用于武陵山区的惠农政策对这些地区贫困村的减贫都会起到直接或间接的作用。

表 2－1　惠农政策在武陵山区的益贫理想分类

		惠农政策的地区适用性	
		适用于武陵山区的惠农政策	不适用于武陵山区的惠农政策
惠农政策的减贫适宜性	直接产生减贫效应的惠农政策	①适用于武陵山区，直接产生减贫效应的惠农政策	③不适用于武陵山区，直接产生减贫效应的惠农政策
	间接产生减贫效应的惠农政策	②适用于武陵山区，间接产生减贫效应的惠农政策	④既不适用于武陵山区，也不直接产生减贫效应的惠农政策

根据以上理想分类可以看到，适合武陵山区的惠农政策基本上都对武陵山区减贫起到了作用，而不适用于武陵山区的惠农政策也不会产生减贫效应。根据此原则，可以将不适合武陵山区减贫的惠农政策筛选出去，例如“增加产粮大县奖励”“适时采取玉米、大豆、油菜籽等临时收储政策”等，这些惠农政策主要针对的是中东部产粮大省，虽然有的政策有利于直接发挥减贫效应，但是并不适用于武陵山区。

因此，根据惠农政策的实施特点，结合减贫目标的实际情况，将适用于武陵山区的惠农政策依据减贫方式分为：直接产生减贫效应的惠农政策、间接产生减贫效应的惠农政策。直接产生减贫效应的惠农政策，目标瞄准的群体为农村贫困人群，其政策的预期产出直接促进贫困人群收入增加、应对生计风险能力增强等。间接产生减贫效应的惠农政策在其政策目标上未明确提出减贫目标，其政策预期产出并不直接产生减贫作用，但是能够改善贫困村发展环境，并且促进贫困村民的减贫脱贫。

总的来说，区分直接产生作用与否的因素有三个：第一，有效性。是否达到减贫目标效益（农民增收、应对生计风险能力加强、生活条件改善）；第二，对贫困的回应。是否直接回应贫困人群的减贫发展需要；第三，充分性。是否会直接减少贫困人口。这三个指标从三个方面体现了惠农政策的益贫状况。但是，以上三个条件只需满足其一，就属于直接产生减贫效应的惠农政策，其余则为间接产生减贫效应的惠农政策。这三个因素也是惠农政策减贫效应的指标。

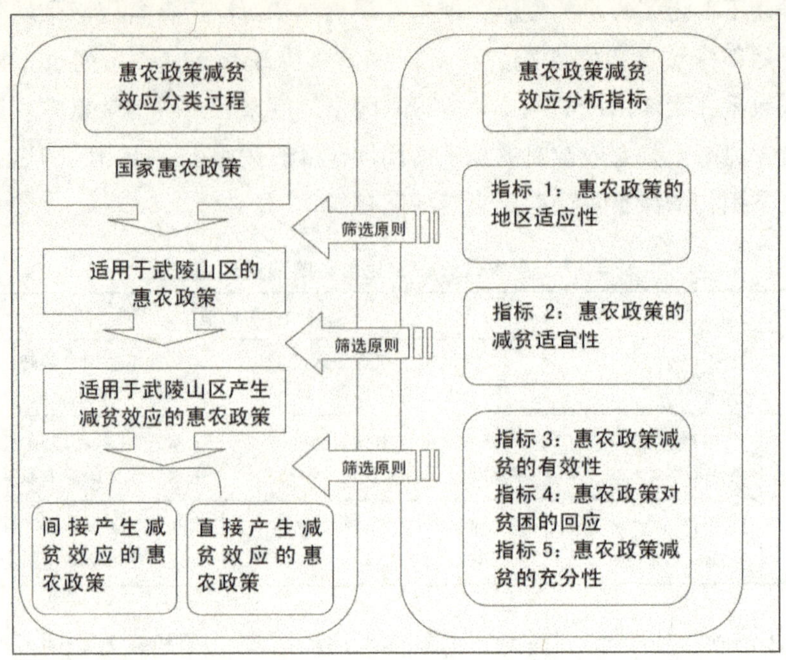

图 2－1　武陵山区惠农政策减贫效应的政策分类流程

根据对武陵山区惠农政策减贫效应的政策分类过程也可以看到，分析惠农政策的益贫效应有 5 个重要的指标，分别是：惠农政策的地区适应性；惠农政策的减贫适宜性；惠农政策减贫的有效性；惠农政策减贫的充分性；政策对贫困的回应。

表 2－2　直接产生减贫效应惠农政策益贫分析

序号	惠农政策具体内容	益贫有效性	对贫困的回应	益贫充分性
1	农村“水电路气房”等民生工程资金投入	√	√	√
2	农民直接补贴、农资综合补贴、良种补贴、农机具购置补贴	√	√	√
3	完善农业保险补贴政策	√		
4	加大家电下乡实施力度	√		
5	扩大农村危房改造试点	√	√	
6	完善动物防疫补贴政策	√		
7	加强农民就业创业培训	√	√	
8	开展农民培训和农村实用人才培养	√		
9	完善新型农村合作医疗制度	√		
10	教育“两免一补”政策	√	√	√

自2003年以来，国家颁布了很多惠农政策并且在不断完善这些惠农政策，这些惠农政策产生了巨大的减贫效应。从国家惠农政策“目标—预期产出”的益贫分析可以看出，国家惠农政策为武陵山区减贫提供了强有力的发展支持。从政策目标预期产出来看，农村“水电路气房”等民生工程资金投入、农民四项补贴的益贫性最强，预期产生的减贫效应最大。这两条惠农政策通过直接补贴和整合推进的方式对农村地区发展做出了直接回应，其政策的实施对于武陵山区贫困地区减贫发展产生直接的作用。其次是农村危房改造试点和农民就业创业培训政策。2009年国家安排40亿元的资金对国家扶贫开发重点县、贵州省全部县、西部地区民族自治地方县解决农村困难群众危房改造试点项目。武陵山区涉及到的贵州铜仁、重庆东南部民族地区、湖南湘西土家族苗族自治州、湖北恩施土家族苗族自治州范围内，大部分地区在这项政策目标范围之内，可见国家惠农政策惠及武陵山区绝大部分地区。

这些政策之所以能够充分地发挥减贫效应，是因为：第一，这类政策瞄准的群体和地区之中包含了贫困人群和贫困地区，政策预期产出能够带来减贫效应；第二，这类政策中的内容包含了如何应对贫困人群特殊需求以及贫困地区发展的需要；第三，益贫效应是惠农政策的重要功能，其普遍地存在于惠农政策的目标、效果和影响之中。

（二）武陵山区惠农政策的减贫结果

在过去的10年间，得益于国家的区域发展政策、强农惠农政策和扶贫开发政策，武陵山区迎来了发展机遇。一是在西部大开发的区域发展战略中，国家加大了对中西部地区的扶持力度，从财政转移支付、基础设施建设项目倾斜、税收支持等方面为发展营造良好的环境；二是中央密集出台的一系列体现“多予少取”原则的强农惠农政策的实施，为农村地区的整体面貌改变提供了强有力的支持；三是国家的扶贫开发工作，针对重点贫困领域的发展基础培育、可持续发展能力建设等政策支持，推动着贫困地区经济社会发展水平的提升。在这些一揽子政策的推动下，武陵山区各族人民团结奋进，经济建设方面，保持了持续地快速增长。

1. 贫困人口持续减少

贫困人口减少是评价武陵山区扶贫开发工作效果的重要指标，是武陵山区扶贫开发工作的现实成效之一，很多农民通过政府的支持和自己的努力过上了富裕的生活。

经过长时期的扶贫实践，武陵山区的贫困人口数量逐渐减少，人均收入不断提升。武陵山区地方政府通过拓展经济渠道，调整经济结构，完善经济模式，有效的发展了本地经济，提升了经济实力，为武陵山区的扶贫工作提供了物质支撑。自扶贫开发工作开始以来，武陵山区贫困人口逐步减少，农村发展后劲显著增强，州域经济较快发展，县域经济逐步形成特色，加快发展，整体经济步入加快复苏、健康发展的轨道。

以湖南省凤凰县和贵州省思南县为例，2009 年凤凰县农民实现人均纯收入 3145 元，比 2005 年增加 1377 元，增长 77.9%，农村贫困人口从 11.8 万人减少到 9.77 万人，年均减少贫困人口 0.5 万人。[①] 从 2006 到 2010 年，贵州省思南县县委、县政府高度重视扶贫开发工作，从调查研究入手，制定扶贫规划，瞄准扶贫对象，突出扶贫重点，按照“一体两翼”的扶贫战略，着力抓好整村推进、劳动力转移培训和产业化扶贫，促进了农业产业结构的调整，改善了贫困地区的生产生活条件，提高了农村贫困人口的综合素质。有力地推进了全县扶贫开发工作进程，使全县的扶贫开发工作取得了较大成果：全县贫困人口从 2005 年的 141100 人减少到 2010 年的 102200 人，平均每年减少 7780 人；农民人均纯收入从 2005 年的 1506 元增加到 2010 年的 2839 元，平均每年增加 266.6 元。[②]

2. 农村基础设施不断完善

武陵山区地处边远山区，远离中心城市，交通不便，区位优势缺乏。在国家和各级政府的支持帮助下，虽然铁路、公路、水运、航空最基础的交通网络体系基本建立，但是与发达地区相比，与这一地区经济发展的要求相比，还相差甚远。基础设施落后已成为制约武陵山区经济社会发展的主要障碍之一。

武陵山区基础设施落后主要表现在：第一，道路交通设施建设落后。武陵山区的贫困落后在很大程度上是因为道路交通建设的落后，目前区域性公路网络尚未形成，而且路网密度稀疏、通达性不佳、道路等级低。第二，农田水利设施多年失修。武陵山区大部分是喀斯特地容地貌，境内虽然溪水河流很多，但是水利设施的修建比较落后。大部分的水利设施都是在 20 世纪 60 年代修建的，已经严重老化损毁，有效灌溉率不足 40%，人均旱涝保收面积不足 0.5 亩。由于水利设施建设的落后，种植业养殖业的发展受到很大限制。基础设施的薄弱已成为制约

① 《凤凰县扶贫开发工作汇报》
② 《思南县十一五扶贫工作评估报告》

武陵山区经济社会发展和扶贫开发的“瓶颈”，落后的基础设施建设使得整个武陵山区长期处于贫困落后的境地而难以快速的发展。

近几年来，武陵山区的基础设施项目建设取得巨大成效。通过中央政府的建设投入，相关部门提供资金、物资、技术和人才等方面的支持，地方自筹，农民投工投劳等方式，武陵山区加大基础设施建设力度。基础设施建设一般包括水、电、路和农田水利建设；农产品流通重点设施建设，商品粮棉生产基地，用材林生产基础和防护林建设；农业教育、科研、技术推广和气象基础设施等方面的建设。在武陵山区的调查过程中，我们发现，大部分基层政府都将加强基础设施建设作为扶贫开发工作的重点，他们认识到，只有将基础设施建设的工作做好才能更好的发展产业，也才能更好的提升扶贫开发工作的成效。

以湖南省湘西州为例，从 2005 到 2010 年，湘西州完成固定资产投资 633 亿元，年均增长 26.3%，大力推进交通、水利、能源、城镇等基础设施。常吉高速通车，吉茶、吉怀、张花、凤大高速和水龙等 9 条骨干道路、县乡公路加快改造和建设。完成了 380 多座病险水库除险加固，实施了竹篙滩电站、雷公洞水库、酉水大型灌区续建配套与节水改造工程，新建了高家坝水库，实施了 4 个 22 万伏和 15 个 11 万伏输变电站、城乡电网改造等工程。州府和 7 个县城扩容提质加快，全州城镇化水平达 35.5%。农村基础设施不断改善，全州 100% 的行政村通了电和广播电视，92% 的行政村通电话，91% 的行政村通公路，湘西干部群众深切地感受到了发展距离在拉近，地理困境在破解，人流物流在聚集。

3. 居民收入快速增加

过去的 10 年间，武陵山区的居民收入都有持续的增长，武陵山区内的城乡居民收入增长率都在 9% 以上。例如：2009 年，黔江区全年城市居民人均可支配收入 12670 元，比上年增加 1538 元，增长 13.8 %；城市居民人均消费支出 9519 元，增长 12.3 %。铜仁地区全区城镇居民人均可支配收入（铜仁市）9647 元，比上年增长 11.9%。人均消费性支出 6193 元，下降 4.6%；全区农村居民人均纯收入 2742 元，增长 11.6%。人均生活费支出 2248 元，增长 13.4%。湘西全州城镇居民人均可支配收入 10947 元，增长 10.5%；农村居民人均生活消费支出 2379 元，增长 6.3%。恩施州全州农村居民人均纯收入 2810 元，比上年增加 291 元，增长 11.6%；城镇居民人均可支配收入 10307 元，比上年增加 861 元，增长 9.1%；人均生活消费支出 7550 元，增加 456 元，增长 6.4%。由此可见，武陵山区内的居民收入总体上呈现持续增长的趋势，城乡居民的人均纯收入额在不断增加。

表 2-3　2009 年武陵山区内地市级区域范围内居民收支情况[①]（元,%）

地区	城镇居民					农村居民				
	收入		支出		恩格尔系数	收入		支出		恩格尔系数
	金额	变化率	金额	变化率		金额	变化率	金额	变化率	
黔江	12670	13.8	9519	12.3	32.1	3750	12.5	3343	12.5	50
铜仁	9647	11.9	6193	-4.6	42.2	2742	11.6	2248	13.4	45.3
湘西	10947	10.5	7772	8.7	34.8	2858	11	2379	6.3	60.5
恩施	10307	9.1	7550	6.4	40.2	2810	11.6	2583	4.5	53.7

4. 经济保持增长

尽管武陵山区内的经济总量距经济发达地区尚有很大的差距，但是近几年武陵山区经济实现了持续较快增长。2009 年，武陵山区内的各地市级行政区域的生产总值的增长速度均在 10% 以上。例如 2009 年，铜仁地区全区实现生产总值 251.74 亿元，按可比价格计算，比上年增长 12.1%。[②] 恩施州全州实现生产总值 294.26 亿元，扣除价格因素，比上年增长 12.8 %，按年均常住人口计算，人均生产总值达 8436 元，比上年增加 939 元。[③] 湘西州全州生产总值为 268.97 亿元，增长 11%。[④] 黔江区全区实现地区生产总值 79.10 亿元，比上年增长 16.1%。[⑤] 从武陵山区内四个地市级行政区域的经济统计情况来看，经济总量的增加速度都相对较快。

---

① 该表的数据是分别根据相关地区、州、区的国民经济统计数据综合而成。具体的资料来源分别是，铜仁地区统计局：《铜仁地区 2009 年国民经济和社会发展统计公报》，资料来源：铜仁日报：2010-04-08，第 05 版经济新闻；恩施州统计局：《2009 年恩施州国民经济和社会发展统计公报》，2010 年 05 月 11 日，资料来自湖北省统计局网站，网址：http://www.stats-hb.gov.cn/structure/xxgk/tjgb/sztjgbzw_191530_1.htm；湖南统计局：《湘西土家族苗族自治州 2010 年国民经济和社会发展统计公报》，2009 年 3 月 28 日。资料来自湖南省统计局网站，网址：http://www.hntj.gov.cn/tjgb/szgb/200903/t20110324_83662.htm；黔江区统计局：《重庆市黔江区 2009 年国民经济和社会发展统计公报》，资料来源：黔江区统计局网站，网址：http://tj.qianjiang.cn/www/news/web_show_7568.shtml。

② 铜仁地区统计局：《铜仁地区 2009 年国民经济和社会发展统计公报》。铜仁日报，2010-04-08，第 05 版经济新闻

③ 恩施州统计局：《2009 年恩施州国民经济和社会发展统计公报》，2010 年 05 月 11 日，资料来自湖北省统计局网站，网址：http://www.stats-hb.gov.cn/structure/xxgk/tjgb/sztjgbzw_191530_1.htm

④ 湖南统计局：《湘西土家族苗族自治州 2010 年国民经济和社会发展统计公报》，2009 年 3 月 28 日。资料来自湖南省统计局网站，网址：http://www.hntj.gov.cn/tjgb/szgb/200903/t20110324_83662.htm

⑤ 黔江区统计局：《重庆市黔江区 2009 年国民经济和社会发展统计公报》，资料来源：黔江区统计局网站，网址：http://tj.qianjiang.cn/www/news/web_show_7568.shtml

表 2-4　2009 年武陵山区内地市级行政区域的产业结构与增长情况①

地区	三次产业结构	第一产业		第二产业		第三产业	
		增加值（亿元）	增长率	增加值（亿元）	增长率	增加值（亿元）	增长率
铜仁	32. 8∶26∶41. 2	82. 57	6%	65. 43	17. 9%	103. 74	14. 2%
恩施	32. 6∶26. 9∶40. 5	96. 01	5. 1%	79. 05	22. 5%	119. 20	13. 5%
湘西	16. 5∶40∶43. 5	44. 34	4. 9%	107. 56	11. 6	117. 07	12. 6%
黔江	11. 7∶48. 7∶39. 6	79. 10	16. 1%	38. 53	18. 7%	31. 31	15. 8%

从武陵山区内的产业结构及其增长情况来看，第三产业的增加值高于第二产业和第三产业，三次产业的结构偏向于第三产业。例如 2009 年，铜仁地区第一产业占经济总量的比重继续下降，第二、三产业占经济总量的比重继续上升，第二、三产业占经济总量的份额达 67. 2% 。三次产业对经济增长的拉动分别为：第一产业 2. 1 个百分点，第二产业 3. 9 个百分点，第三产业 6. 1 个百分点。第一产业实现增加值 82. 57 亿元，增长 6. 0% ；第二产业实现增加值 65. 43 亿元，增长 17. 9% ；第三产业实现增加值 103. 74 亿元，增长 14. 2% 。人均生产总值 6748 元，净增 906 元，按可比价计算，同比增长 11. 3% ，按人民币汇率（2009 年末）折合 988 美元。恩施州第一产业增加值 96. 01 亿元，增长 5. 1% ；第二产业增加值 79. 05 亿元，增长 22. 5% ；第三产业增加值 119. 20 亿元，增长 13. 5% 。② 湘西第一产业增加值 44. 34 亿元，增长 4. 9% ；第二产业增加值 107. 56 亿元，增长 11. 6% ；第三产业增加值 117. 07 亿元，增长 12. 6% 。按常住人口计算，人均生产总值为 10724 元。③ 黔江区全区实现地区生产总值 79. 10 亿元，比上年增长 16. 1% ，其中第一产业实现增加值 9. 26 亿元，增长 5. 4% ；第二产业增加值 38. 53 亿元，增长 18. 7% ；第三产业增加值 31. 31 亿元，增长 15. 8% 。三次产业

---

① 本表数据分别根据相关地区、州、区的国民经济统计数据综合而成。具体的资料来源分别是：铜仁地区统计局：《铜仁地区 2009 年国民经济和社会发展统计公报》。资料来源：铜仁日报，2010 - 04 - 08，第 05 版经济新闻；恩施州统计局：《2009 年恩施州国民经济和社会发展统计公报》，2010 年 05 月 11 日，资料来自湖北省统计局网站，网址：http：//www. stats - hb. gov. cn/structure/xxgk/tjgb/sztjgbzw_ 191530_ 1. htm；湖南统计局：《湘西土家族苗族自治州 2010 年国民经济和社会发展统计公报》，2009 年 3 月 28 日。资料来自湖南省统计局网站，网址：http：//www. hntj. gov. cn/tjgb/szgb/200903/t20110324_ 83662. htm；黔江区统计局：《重庆市黔江区 2009 年国民经济和社会发展统计公报》，资料来源：黔江区统计局网站，网址：http：//tj. qianjiang. cn/www/news/web_ show_ 7568. shtml。

② 恩施州统计局：《2009 年恩施州国民经济和社会发展统计公报》，2010 年 05 月 11 日，资料来自湖北省统计局网站，网址：http：//www. stats - hb. gov. cn/structure/xxgk/tjgb/sztjgbzw_ 191530_ 1. htm

③ 湖南统计局：《湘西土家族苗族自治州 2010 年国民经济和社会发展统计公报》，2009 年 3 月 28 日。资料来自湖南省统计局网站，网址：http：//www. hntj. gov. cn/tjgb/szgb/200903/t20110324_ 83662. htm

对经济增长的贡献率分别为3.6%、56.8%和39.6%。按常住人口计算的人均GDP为18090元。①

5. 社会事业继续发展

武陵山区作为贫困山区，社会公共事业发展的滞后是其一大致贫原因，由于以教育、医疗和社保为主要内容的公共事业长期发展落后，由此而导致当地人口受教育水平低、疾病发生率高等问题突出，而贫困的产生与这些问题之间有着直接的关系。但是近几年武陵山区的社会公共事业投入逐年增加，在教育、医疗卫生和社会保障等方面的投入在不断加大。例如2009年铜仁地区全区各级财政对教育事业的投入达20.07亿元，比上年增长2.9%。全区城镇从业人员13.87万人，比上年增长8.1%。下岗失业人员再就业5470人，比上年增长6.0%，其中，安排"4050"人员再就业2992人，增长1.03倍；全区参加基本养老保险人数78424人（不含中央及省驻铜单位和行政事业单位），比上年增长9.6%，参加失业保险人数72187人，比上年增长2.9%，参加基本医疗保险人数145859人，增长4.3%，参加工伤保险人数53103人，增长10.0%，参加生育保险88609人，增长13.4%；全区享受最低生活保障人数47.18万人，其中，城市最低生活保障人数6.70万人；农村最低生活保障人数40.48万人。社会福利和社会救助健康发展。全区共有各类社会福利院、敬老院110个，增加3个，床位3587张，增加975张，收养2471人，增长42.9%。② 可见，武陵山区内公共事业的投入在不断加大，但是由于地区发展一直都很落后，基础设施的底子薄，需要投入的量很大，因此武陵山区的公共事业还有很大的发展空间。

三、武陵山区惠农政策的益贫机制

社会发展与惠农政策是促进贫困地区发展的重要保证和手段。其中社会发展是重要保证，惠农政策是主要手段。武陵山区社会发展与惠农政策的益贫机制就是指惠农政策能够在多大程度上减轻贫困户和贫困地区的贫困状态的运作方式，表示了减贫目标与惠农政策运作之间的一种相关或可能的因果关系。

---

① 黔江区统计局：《重庆市黔江区2009年国民经济和社会发展统计公报》，资料来源：黔江区统计局网站，网址：http://tj.qianjiang.cn/www/news/web_show_7568.shtml

② 铜仁地区统计局：《铜仁地区2009年国民经济和社会发展统计公报》。铜仁日报，2010-04-08，第05版经济新闻

（一）政策的地区适应机制

政策的地区适应机制指的是地方政府与中央政府保持一致的基础上，发挥地方政府的自主性和积极性，根据当地农村贫困地区发展的需求做出适当的政策调整。由于国家惠农政策面向的是全国的三农问题，而在政策的实施过程中，地方政府会根据地方发展的特点以及地区发展能力进行完善，以便国家惠农政策能够更有效地发挥作用。

在具体的实施过程中，政府部门通过运用诸如整村推进策略发展优化当地的农业生产基础设施为产业发展提供基本保障，以连片开发战略整合地区产业特色并培育产业发展链条，以科技扶贫为契机推动产业发展技术创新等方式发展贫困地区的特色经济并逐渐形成一定规模的特色产业，以期带动经济发展，并通过农户在产业发展中的参与提升贫困农户的劳动生产率并增加收入。

例如，武陵山区由于受到自然因素与地理环境的制约，难以发展规模农业，而由于多样化的生态结构与农业发展模式，在该地区适合发展特色农业与旅游业。但是，由于农户在市场经济中处于弱势，单一的个体发展和经营虽然能够解决贫困农户的日常生活开支，却不能保证农户在市场上获得持续的经济收益，并且难以通过个体的单一经营摆脱贫困的困境。因此，扶贫工作中通常会寻找适合贫困村发展的农业产业，然后通过政策、资金、农户合作社等方式进行整合推动贫困村的经济发展，并增加农户收入与可持续发展能力。通过培育山区特有的药材、林果、茶叶、蔬菜、畜牧业等主导产业或特色产业，推广防灾抗灾技术。扶持龙头企业，引导农民土地流转并成立专业合作组织，开展互助资金试点、小额信贷试点等带动农户增收致富。

武陵山区基层政府结合山多地少、人多钱少、设施落后、生态脆弱等特点，着重发挥产业化扶贫模式的功效。武陵山区在扶贫工作实践中，初步形成了“政府扶持科学化、优势产业集聚化、村落农民组织化、公司企业带动化、市场链条高端化、农民增收多元化”的产业发展之路，形成了“政府、市场（公司）、村落（专业合作社）和农户”四元主体合作互动、协商处事、互惠多赢的多元治理和良性经营格局，为未来武陵山区的扶贫开发工作提供了很好的借鉴。但目前来看，产业发展机制还是存在一些问题，一是农产品加工企业带动力弱。恩施现在有农产品加工企业 125 家，数量虽多，但大都规模小，实力弱，科技含量不高，辐射农户面狭窄；二是农村合作社组织化程度不高，示范作用不强。目前成立的一些合作社虽有运行良好的，但多数存在着组织松散、管理混乱的问题，合作社没有与农户形成真正的利益共同体，未能给入社的农户带来发展好处，因此很多农户都还是单干，一家一户的自己种植经营。

总而言之，中央惠农政策进入武陵山区之后，地方政府在与中央保持高度一致的基础上，根据中央政策的目标和要求，结合地方的发展特点以及发展经验，在政策落实过程中不断创新，调动起各方面的积极性提高惠农政策的减贫效应，推动武陵山区农村贫困地区的减贫发展。

（二）政策的整合推进机制

政策的整合推进机制指的是当地政府针对武陵山区贫困的多元性和复杂性特点，以地方政府为主要实施主体，整合各项惠农政策与扶贫资源，将政策的惠及目标准确地瞄准贫困群体，提高政策益贫的效率。2000 年以来，在减贫形势的变化的现实背景下，我国的扶贫开发政策模式发生了一次重大的转变。从贫困人口的分布来看，在实施《国家八七扶贫攻坚计划》之初，592 个国定贫困县覆盖了全国农村 72.6% 的贫困人口。随着对这些贫困县的连续扶持，到 2000 年底，贫困人口在中西部地区的分布越来越分散于贫困村而非集中于贫困县。为了更好地瞄准贫困人口，《中国农村扶贫开发纲要（2001 ~ 2010 年）》明确要求将扶贫开发的具体措施落实到贫困乡村。[①] 为了因应这一变化，采用了“整村推进”式扶贫开发的做法。整村推进是社区发展理念在扶贫开发领域中的应用，强调以贫困村为基础，广泛动员群众参与，制定规划，分年实施，分期投入，分期分批解决问题。整村推进理念认为，贫困村的致贫因素是复杂的、多方面的，需要通过农村基础设施建设、社会事业发展、产业培育、基层组织建设、劳动力技能培训等方式，综合治理贫困村的落后面貌。同时，在国家出台一系列惠农政策的基础上，整村推进项目的实施，要求以扶贫开发资金带动各方面的资金和力量，发挥综合效益。各部门的惠农政策按照“统一规划、集中使用，渠道不乱，用途不变，各负其责，各计其功”的原则，充分调动各部门积极性，整合不同渠道资源，集中向贫困村和贫困人口投入。

武陵山区的贫困现象，呈现出致贫原因多元性和复杂性的特征，单纯依靠扶贫部门的专项扶贫项目实施，很难完成减贫和发展的任务，必须依靠多部门协作的共同治理、将各项惠农政策资源进行整合，采用综合治理的方式，从整体上解决制约贫困农村经济社会发展的因素。过去的 10 年中，扶贫开发领域中，创造

① 张磊主编：《中国扶贫开发历程 1949 ~ 2005》，中国财政经济出版社，第 107 页。

性地提出了“县为单位、整合资金、整村推进、连片开发”的政策思维，将扶贫开发资源与各项惠农政策整合使用，各级政府部门也在惠农项目的安排上有意识地向贫困农村和贫困人口倾斜。以湖北省恩施州为例，2010年国家和省级财政扶贫资金投入恩施州的月均资金为1.4783亿元，按可比口径，比2009年增长了18.7%。牵引捆绑社会帮扶资金近30亿元投入农村扶贫帮困，累计减少贫困人口10.2万人，农民人均纯收入增长15.8%，达到3255亿元。

通过将各项惠农政策、资源与扶贫开发有机结合起来，各部门的项目设置向贫困村贫困人口倾斜，这样就能够比较好的实现惠农政策的益贫性。整村推进项目的实施，取得了巨大的成就，多部门协作的方式被证明为有效的减贫模式，同时也是惠农政策体现包容性增长的重要内容。值得一提的是，在整村推进式扶贫开发以外，围绕着贫困地区发展，还形成了其他一些采用多部门协作、整合资源、整体推进的政策模式，例如2007年开始在中西部22个省份开始试点的连片开发式扶贫模式。再如针对具有某些共性致贫原因的区域，实施的综合治理项目等。

（三）针对贫困的回应机制

惠农政策在政策目标中和政策预期产出中包含了对武陵山区农村贫困地区减贫发展的需要，从政策的产出来看，惠农政策回应了武陵山区农村地区贫困人群与其他农村地区非贫困人群的需要。例如政策直接补贴农民减轻农民的负担，教育“两免一补”帮助贫困家庭子女就学入学，雨露计划提升贫困农民的人力资本等。

政策补贴是惠农政策益贫方式中最直接，也是对贫困农户而言效果最直接的方式。惠农政策中包含了大量直接补贴农户、减轻农民负担的政策，体现了“多予少取”的惠农观念。例如，为了确保粮食生产的积极性和粮食生产的稳定性，2004年开始，国家对种粮农民实行了“三补”，一是粮食直补，对国家规定的粮食品种以计税土地面积或计税常年产量为依据核算补贴金额，并将补贴直接发到农民手中；二是良种补贴，对小麦、玉米和水稻良种进行补贴；三是安排专项资金对部分地区农民购置大型农机具给予补贴。2006年开始实施规模更大，数额更多的农资综合补贴。此后，农业补贴的范围不断扩大，如测土配方施肥补贴、抗旱补贴等。中央政府2001年开始进行试点，2003年全面推行了农村税费改革，取消乡五统筹，改革村提留，取消屠宰税，取消统一规定的劳动累计共和义务工。2004年，进一步加大了农村税费改革力度，明确提出要逐步降低农业税税率直到彻底取消农业税。2005 年，全国免征农业税的省份已有 28 个。与农村税费改革前的 1999 年相比，农民每年人均减负 120 元左右。2006 年，全国已经全部取消了农业税。

对农户的直接补贴和减轻农民负担，直接增加了农户的收入，根据武陵山区八个县开展的调查显示，该地区贫困农户每年享受国家相关补贴户均达到近 800 元。这些补贴的意义不仅在于农户手中可支配的资金数额的增加，更深层的意义在于，可以通过补贴的形式调动农户改善生产条件，提高生产效率的积极性。此外，新型农村合作医疗的实施，也极大地提升了贫困人口应对疾病的能力，不仅提高了贫困人口的健康水平，因病返贫的现象也有了一定程度的缓解。“两免一补”政策的落实，保障了更多贫困学龄儿童能够接受到九年义务教育，从长期来看，这必将对其生产与发展能力的建设起到积极的作用。

2001 年以来，我国政府对农村义务教育阶段贫困家庭学生就学实施“两免一补”的资助政策。主要内容是对农村义务教育阶段贫困家庭学生“免杂费、免书本费、逐步补助寄宿生生活费”。其中中央财政负责提供免费教科书，地方财政负责免杂费和补助寄宿生生活费。在武陵山区的很多农村地区，由于地方财政有限，无法完全做到免杂费和补助寄宿制生活费。这里上学的学生依然要缴纳相当的费用。例如在湖南省在凤凰县，每个初中学生（非寄宿制）每学期大约缴纳 150 元左右的各项费用，每年就是大概 300 元。这里一般每个家庭都 3 个或以上孩子，而且年龄差距小，如果同时上学的话，对一个湘西贫困家庭来说是难以承受的，所以因教返贫（出现借贷）也普遍存在。此外，由于贫困地区的教育水平受到地区发展限制很大，留不住老师是贫困农村教育发展的一大瓶颈，目前的主要措施有两个，一是加大对贫困地区教师待遇和福利的投入，宣扬奉献农村的艰苦精神；二是对农村贫困生的补贴和帮助。例如在湖南湘西州在 2010 年成功举办了第 26 个教师节庆祝表彰活动，表彰了 100 名“乡村优秀教师”，并为 55 名“特困教师”发放每人 3000 元的救助金；认真做好“特岗教师”招聘，完善教师补充机制；认真做好农村小学教师公费定向培训工作；每年委托吉首大学师范学院为全州各县市偏远地区定向培养初中起点五年制大专层次农村小学教师 100 人，州财政按照省定每生每年 4000 元的标准纳入年度财政预算；全州共筹措落实各项助学资金 1.17 亿元，资助学生 37 万余人。其中义务教育阶段免费教科书 4221 万元，资助学生 34.9 万人，补助义务教育阶段贫困寄宿生生活费 3600 余万元，资助学生 5.7 万人，下拨中等职业学校国家助学金、免学费资金 2296 万元，资助学生 2.5 万人次，通过社会捐赠、部门救助等多方筹措资金 1050 万元，其中普通高中阶段助学金718万元，资助普通高中贫困生7000余人。资助贫困大学新生2129人共计403万元，发放生源地助学贷款183万元，资助学生311人。

雨露计划扶贫模式是指政府通过实施劳动力培训，提升劳动力素质，推进农民就业和再就业计划。对贫困家庭劳动力开展务工技能和农业实用技术培训，实现劳动力转移就业，提高增收能力的扶贫模式。在雨露计划扶贫模式中，武陵山区地方政府全面推进培训力度，拓展培训方式，提高贫困农民素质的扶贫方式。例如，重庆市酉阳县，把提高贫困人口素质和推进劳务经济作为“十一五”扶贫开发的重点，坚持“培训技能—外出就业—增收脱困”“培训技术—就地创业—增收脱困”培训扶贫模式，有效促进了贫困人口转移就业和增收致富，累计实施扶贫培训2.72万人以上。通过实施各种农民培训，使贫困群众从基础文化、思想意识和法制观念上得到了根本性改变，切实提高了贫困群众整体综合素质，取得了较好的社会效益和经济效益，为实现贫困村经济社会发展奠定了基础。“扶贫先扶智，治穷先治愚”，加强培训工作是治贫除根的关键。通过雨露计划加强文化、技能培训，提高劳动者的整体素质，提高劳动力的人力资本水平，为劳动力的转移培训做好重要的准备，为农村剩余劳动力寻找就业机会，增加农民收入。例如，贵州省思南县在劳动力转移培训工作上用行之有效的措施抓好劳动力转移培训工作，为了使培训与就业有机结合，县扶贫办与县职校专门派人到杭州、江苏、上海、广州等地考察，与各地人才市场及用工单位签订了劳务输出合同，使该县的劳动力转移培训实现了订单培训，定向输出；三是完善制度，狠抓管理。一方面抓好在训学员的档案管理、教学质量管理；另一方面对外出务工人员进行全程跟踪管理。对在每一个工厂的务工人员都组成一个团支部，由团支部—用工单位—县培训中心组成三级管理模式，负责解决外出务工人员所遇到的劳务纠纷及其他困难。

（四）惠农政策的间接推动机制

惠农政策的间接推动机制主要是指惠农政策对武陵山区并不直接产生减贫效应，但所产生的政策结果促进了武陵山区农村贫困地区的基础设施建设，推动农村发展，为农村减贫奠定了基础。

基础设施建设对于贫困村的发展和农户生计改善而言意义重大。基础设施建设是农村发展的重要内容；通过农田基础设施建设能够有效改善贫困村农业生产中的工程性缺水、农业灾害预防并提高农业生产效率；通过农村基础设施建设为村庄脱贫奠定基础。因此，在扶贫工作中，突出村庄道路和水利设施建设的整村推进是基础设施激励机制的主要内容。贫困山区的交通状况、人畜饮水、水利灌溉、通讯通电等基础设施，教育、卫生、社会保障等社会事业以及公共服务能力，既会影响人们的日常生产生活，也会影响当地的经济社会发展，尤其是产业发展。条件不仅是农村生产生活的基础条件，也是一个地方经济社会发展的基础条件。农民要进行生产，发展产业，必定需要相应的配套设施。在此次调研中发现，农村落后的基础设施条件、社会事业和较低的公共服务能力，是制约贫困地区发展，实现脱贫致富的重要因素之一。

武陵山区的生产生活设施普遍落后，基础设施和公共服务设施建设的覆盖面仍然很小，即使部分地方普及面已达一定规模，但水平低、质量差，贫困村和贫困群众脱贫致富仍受制约。例如，2010 年底的武陵山区基线调查显示：该地区每个村庄平均有 2 个村民小组没有通公路，其中，有个别村竟然有 18 个村民小组没有通公路；每个村平均有 78 户没有通公路，其中，有个别村竟然有 3616 户没有通公路。调研发现，虽然经过多年的扶贫开发，大幅改善了该地区农村的基础设施条件，但由于受自然地理条件和资金投入不足等因素制约，贫困农村地区的基础设施条件亟待进一步改善。例如，除了道路以外，武陵山区的水电基本生产生活设施明显不足。居民饮水困难问题大量存在，平均每个村有 127 户饮水特别困难，平均每个村有 440 人饮水特别困难，个别村庄竟然有 1047 户饮水特别困难，有 3423 人饮水特别困难。饮用水相当部分没有经过安全净化处理，平均每个村只有 104 户使用的饮用水安全达标，占村均总户数的 25.6%；平均每个村只有 382 人使用的饮用水安全达标，占村均总人数的 23.8%。部分地区通过实施安全饮水整乡推进工程，虽然解决了大量农村人口饮水安全问题，但许多地处偏远、水源不足、人口居住分散的地方，农民群众的饮水困难问题仍未得到有效解决，解决饮水安全问题更是一项长期而艰巨的任务。武陵山区的通讯、广播电视等尚未实现全部覆盖，贫困农村地区信息闭塞现象仍然不同程度地存在。

四、武陵山区惠农政策益贫机制的挑战

在国家惠农政策的支持下，武陵山区的减贫工作取得了很大的成绩，但是，武陵山区的扶贫开发也面临一些新挑战，对惠农政策提出了一些新要求。

（一）惠农政策的益贫性有待提升

惠农政策对于推进农村发展、农业转型、农民增收的作用是有目共睹的。并且，在惠农政策密集推出与大力实施的近 10 年间，综合性地推动农村社区发展的整体思路已经逐渐明晰，惠农政策在直接的补贴之外，还涉及基础设施建设、产业扶持、社会事业发展、基层组织建设、社区文化发展等方面。惠农政策的实施，使得农村的面貌发生了巨大的变化，但同时也应该看到，惠农政策的益贫性质有待提升。这表现在几个方面：首先，惠农政策涉及的过程中，往往侧重于普惠性质，而对贫困人口的特殊需求考虑不足。贫困人口在经济状况、受教育水平、健康状况等方面，处于总体的弱势地位，普惠性质的强农惠农政策，实际上很难真正有效地使贫困人口的贫困农村同等程度的受益。例如，由于农业生产自然条件的限制，关于农机具购置、农业良种补贴等很难使得这些贫困群体得到好处。其次，强农惠农资源的投入，也存在成本收益的考量，尤其是基础设施建设、农业发展能力培育方面的政策，一些自然地理条件较为优越，资源较为丰富的地区，更容易得到政策资源的支持，相反，贫困地区的投入往往被视为是不经济的。其三，在农村人口结构整体变动的趋势下，农村的基础教育、医疗卫生等公共设施的投入，往往采用相对集中建设的方式，这对于居住分散、地处偏远的贫困村落和贫困人口是不利的。以基础教育为例，虽然教育部门着力推进农村教育资源质量的提升，大力发展寄宿制学校，但在实践层面，贫困儿童的就学，面临着很大的挑战，一些村里面没有“完小”，儿童到了高年级的时候，只能跋涉很远到中心小学就读。因此，很多家庭在原本经济条件薄弱的情况下，依然需要抽出劳力专门照顾学生的学习生活。最后，强农惠农资源的投入往往要求贫困人口和贫困农村自筹一部分资金。这在调动发展主体积极性，促使其关注公共事务、关注社区发展方面，原本无可厚非，但由于贫困人口和贫困社区的投入能力十分有限，遂导致这些群体反而难以得到政策的支持。

（二）惠农政策的益贫机制还需完善

惠农政策的益贫机制，大致而言，包括直接的补贴和减免，以及通过扶贫开发整合相关强农惠农资源投入贫困农村两种形式。尤其以后者为代表，是中国扶贫开发道路中的重要创造之一，同时也是政策推动贫困地区发展基本经验之一。2000 年开始，国务院扶贫办启动了“县为单位、整合资源、整村推进、连片开发”的扶贫机制，以村落和区域为单元，从基础设施建设、公共服务发展、产业培育、基层组织建设等方面，综合推动贫困农村的面貌改变。在整村推进和连片开发项目实施的过程中，农业、林业、畜牧、交通、水利、电力、教育、卫生等多部门的涉农资源进行整合投入，以此建立惠农政策益贫的管道，和推动贫困农村综合发展的合力。实践证明，这种政策机制取得了良好的效果，整村推进和连片开发项目实施以后，贫困农村的面貌得到了巨大的改变。

然而，这种多部门合作的政策机制，也存在着潜在的问题。首先，项目资金专项化管理与整合推进要求之间的矛盾。各部门的资源在管理和使用方面，都有自己的效率要求和实施范围要求，2008 年以来，各部委加大了对资金的专项化管理，资金整合使用方面，就需要在各部门交叉的地域才可能实现，而很难根据贫困农村的发展需求来自下而上地要求资金的使用。其次，部门之间的整体协作还存在着障碍。虽然各个贫困村落和贫困地区都会形成自己的减贫与发展的规划，但规划中的项目是否能最终得以实施，还是要看与部门年度计划的契合程度。这就导致了很多项目不能开展，而开展的项目又可能存在着匹配的困难。最后，整村推进和连片开发开展过程中，基层的能动性不足，贫困人口的主体性体现不充分，因而导致了政策依然是自上而下地实施，而贫困人口、贫困农村的诉求，很难传递到政策资源分配的决策系统之中。

（三）惠农政策的地方特色亟待加强

1991 年，费孝通先生在武陵山区开展了 14 天的调研。在调研报告中，费老指出，以前我们研究民族问题，研究农村问题，在这里（武陵山区）这两个问题碰头了。究竟该怎么做？如何思考武陵山区的发展？是费孝通先生留下的重要命题之一。实际上，武陵山区的自然地理环境复杂性和经济社会文化多元性，还涉及更多的变量，例如多元的民族、多元的农业、多元的地理特征、多元的致贫原因、多样的潜在资源等。如何因地制宜地寻找武陵山区减贫与发展的道路，已经成为政府和知识界的共同使命。

2003 年以来，国家密集出台的一系列强农惠农政策，在总体上促进了我国农村地区的发展，但就政策设计而言，政策的普惠性质是根本的。这对于扭转整个农业部门的结构性弱势地位固然是必要的。然而，在新的时期，农村发展的攻坚领域在以武陵山区为代表的特殊类型困难地区，这些区域的内在特点，民族、社区、贫困人口的主体性和特殊需求如何体现在强农惠农政策中，是有待探索的重要课题。首先，这些地区有独特的资源禀赋，要充分调动这些资源，使之成为区域减贫和发展的基础，需要特殊的政策支持。其次，这些地区生态高度脆弱，承载着中西部地区重要生态屏障的功能，发展道路选择因此受到了很大的限制，如何建立适当的补偿机制，是值得认真思考的。其三，这些地区灾害多发，受喀斯特地形的影响，常年受到水旱灾害的影响，此外还有山洪、冰雹和泥石流等自然灾害。在应对灾害方面，贫困地区的基础和能力是十分薄弱的，而既有的强农惠农政策在这方面，有针对性的支持还是一个空白。其四，武陵山区属于多民族聚居区，如何强化少数民族文化保护，少数民族文化资源开发，使之服务于区域发展，是该地区对未来发展政策的重要需求之一。最后，必须认识到，这些地区的发展水平还十分低下，发展的基础依然十分薄弱，未来的挑战依然是多方面的。

五、武陵山区惠农政策益贫机制的创新

近年来，在国家、省、州县各级政府的大力支持下，武陵山区各族人民团结奋斗，经济社会发展取得了长足的进步，经济总量都有了很大程度的提升，区域经济社会发展基础有了明显的改善。然而，不容忽视的是，该地区经济社会发展过程中暴露出“内部二元性”的现象，即县域经济发展的不均衡问题十分突出。通过调研，我们发现，武陵山区各县，在县城及其周边区域，经济社会发展水平较好，居民收入和生活水平较高，而偏远的山区、中高海拔地区，贫困现象依然触目惊心。这些地区远离经济中心，自然地理条件差，基础设施薄弱，贫困现象呈现为集中连片的特征。扶贫部门及各涉农部门，在践行国家惠农政策和扶贫开发政策方面付出了持续而艰苦的努力，但由于这些地区贫困程度深、贫困面积大，减贫任务依然十分艰巨。结合相关理论研究和本次调查的发现，我们提出如下建议：

（一）明确减贫发展的总体目标，制定总体发展规划

第一，武陵山区在未来的发展中，需要有一个统领各项具体事务的总纲领。

区域经济社会发展总体规划的制定，既是国家新时期“科学发展观”在中西部发展战略部署在实际工作的体现，又是基于武陵山区自身特征的发展需求的凝结。武陵山区是新时期我国贫困人口集中分布的特殊类型困难地区，加大扶持力、整合资源，促进区域经济社会发展水平走向一个新台阶，是总体规划的基本目标；武陵山区是少数民族人口聚居的地区，促进少数民族地区发展，保护少数民族文化，探索少数民族地区减贫并实现新型现代转型的道路，是总体规划的核

心价值；同时武陵山区属于我国中部地区重要的生态屏障，在新阶段的国家主体功能区划分中，具有明晰的发展定位，这一定位既是国家经济社会发展总体布局的要求，又是体现武陵山区特点，和未来发展道路的选择的参照基准。

第二，总体规划的制定要结合武陵山区自身特点和发展现状。

新时期的经济社会发展总体规划，需要追求经济社会协调发展的总目标，不仅关注城镇经济发展，同时更多关注区域内生态脆弱地区、贫困地区、灾害多发地区的发展；需要体现绿色发展、绿色增长的总体要求，发展绿色经济，绿色产业；需要坚持多元性发展道路的总思路，根据区域自然地理条件复杂性、经济社会文化多元性的基本特点，因地制宜地选择发展道路，依托资源优势、发展特色产业，走多元化发展道路。要突出对少数民族文化传统的保护和发展，促进地方性知识等少数民族优秀文化资源为区域发展事业服务。

第三，总体规划的制定要指明武陵山区经济社会发展的总体思路。

将区域脱贫、生态治理、防灾减灾、文化发展四项基本内容，结合起来思考，形成区域“综合治理、综合发展”思路。调研发现，武陵山区的贫困、生态脆弱、灾害多发、文化传承四者之间，具有较为紧密的内在联系，这些问题需要在未来经济社会发展过程中同步推进，整体治理，而不能以条条式的治理思维，孤立地看待。总体规划，要更多体现未来发展项目设置益贫性要求、生态友好要求、防灾减灾要求和文化发展要求，将这些现实中存在内在关联的要素，体现到总体规划的条文中。

（二）建立政策评估指标，发展综合评估体系

其一，评估体系的建立，要综合考虑发展经济效益、社会效益、文化效益、生态效益。

区域发展规划的制定、发展项目的设置、发展成果的评估、政府部门工作的考核，都应该建立在促进经济社会协调发展、推动经济价值、社会价值、文化价值、生态价值共同实现这样一个基本点。为了保障总体规划的切实贯彻，有必要建立一套科学合理的“发展综合评估体系”。这一评估体系的建立要能够统筹经济社会发展目标，能够契合地域特点和发展需求，能够反映百姓发展的真实愿望。综合评估体系不仅关注经济发展，同时也关注社会发展；不仅关注县城及其周边地区发展，同时关注广大贫困地区发展；不仅关注发展的速度，同时关注发展的质量；不仅关注项目实施的经济效益，还要关注项目实施的社会效益、文化效益和生态效益。

其二，评估体系用于摸清区域经济社会发展底数，设定阶段性发展目标和总目标。

综合评估体系的建立要形成一系列的指标，反映区域经济社会协调发展的总体要求，并在摸清底数的基础上，寻找差距，制定未来工作的整体方案。在确定区域发展总体目标的前提下，结合区域发展现状，评估内外部的推动力量，科学合理地设定阶段性的发展目标。每一个阶段，需要做什么工作，怎么去做，实现什么样的目标，都有确定的方向和标准。将标准细化、分解，成为每一个政府部门资源配置、工作目标的具体要求。这样就避免了干部更替等因素对区域发展目标造成的干扰，使得区域发展工作始终围绕着总体规划目标的方向前进。

其三，评估体系各项指标的要求，要体现在对相关部门工作的考评之中。

评估体系的建立将推动武陵山区经济社会协调发展的总体规划中的各项内容和要求，以制度化的形式体现，应成为评价相关部门推动区域经济社会发展事务的核心标准，以有效激励相关部门的积极性，约束与总体发展规划相背离的不当行为。

（三）推动相关政策机制的创新，完善政策益贫机制

第一，以减贫为导向，围绕发展规划，不断完善政策制度与投入。

建立并逐渐完善以改善贫困人口生活状况、促进贫困地区经济社会发展为目标的社会政策制度：实现差别化的主体功能区配套政策；建立和实施对武陵山区的生态补偿机制；建立因病、因灾致贫的常态化补偿救助机制；建立与扶贫相衔接的低保制度。围绕着减贫、生态治理、文化发展这样几个困扰区域经济社会发展的问题群，创造性地整合政策资源，建立协作平台。建立以改善贫困人口生活状况、促进贫困地区经济社会发展为目标的社会政策制度，如实现差别化的主体功能区配套政策；建立和实施对武陵山区的生态补偿机制；建立因病、因灾致贫的常态化补偿救助机制；建立与扶贫相衔接的低保制度。

第二，下放地方发展自主权，体现自下而上的参与式发展。

武陵山区的自然地理条件复杂性和经济社会文化多元性，决定了不可能用整齐划一的自上而下的发展布局来决定区域发展的政策和规划。需要充分体现地域特点，体现少数民族、社区、农户、地方性知识、地域资源在发展中的独特价值。应当在试点区内赋予地方政府制定扶贫相关政策的权限，如特色产业发展政策、生态移民政策、金融扶贫政策、微型保险政策、人力资源培养与开发政策。

第三，以政策益贫的功能为导向，推动相关政策与部门整合。

一方面，未来武陵山区经济、社会、文化、生态协调发展的关键在于解决贫困人口集中连片分布区，同时也是少数民族聚居区和生态脆弱区的这一重点和难点问题。必须承认，这一问题是复杂的，表现为贫困问题、生态问题、文化发展问题的“耦合”特征，难以通过单一的途径孤立地寻求突破。唯一可行的解决策略是将区域的生态治理、防灾减灾、文化保护与发展和扶贫开发工作结合起来，形成多部门合作，共同推动、综合治理的局面。这一过程中，人的问题是关键，通过扶贫开发引导专项资源、社会资源、行业资源的整合投入，帮助少数民族贫困人口提升能力，实现可持续生计，进而实现人与自然、经济与社会的和谐发展。

另一方面，要推动政策部门的合作交流，促进扶贫政策的功能整合。促进有关农业发展的部门政策、地方政策的有效协调，必将能够推动武陵山区未来发展规划的良好实现。在既往的工作中，各部委加大了对武陵山区少数民族贫困地区的扶持，如教育、民政、水利、交通、发改委等，出台了包括生态补偿（退耕还林政策）、产业发展、移民搬迁等一系列政策。新时期，在这些既有工作的基础上，如果能形成各部门合作，以科学的规划统领各项工作，共同服务于武陵山区经济社会发展，必将能收到更好的成效。新时期，武陵山区经济社会发展面临着诸多现实的挑战。为了有效回应这些挑战，有必要在政策交流机制上，加强创新，因此，推动部门政策的整合与落实政策的地方政府部门的交流势在必行。

（四）提升武陵山区减贫战略地位，探索大扶贫格局

首先，将“武陵山区少数民族经济社会发展试验区”作为国家发展战略的重要内容。

武陵山区是我国新时期贫困人口分布的重点区域之一，同时又是少数民族聚居区和中部地区重要的生态屏障。武陵山区问题的解决，已经超出了地方发展的内容和能力，需要上升到国家发展战略的高度。历史上，武陵山区山同脉、水同源、资源禀赋相似、经济同类、发展水平相近、内部民族虽多，但文化上分享着很多共同基因，具备建立试验区的自然基础、经济基础和文化基础。此外，武陵山区的发展经验，也将为推动我国中西部其他少数民族聚居区的经济社会发展提供宝贵的经验参照。目前重庆与成都成为了我国统筹城乡发展试验区；湖北省武汉市启动了两型社会建设；湖北省恩施自治州开始了“武陵山少数民族经济社会发展试验区”建设，并在国家发改委牵头开展了《武陵山区经济协作区发展规划》编制工作；国家民委提出了支持和促进“一区（武陵山区）九族（人口在

10 万人以上、50 万人以下的 9 个少数民族）”发展的战略构想；国家文化部批准设立中国武陵山区（湘西）土家族苗族文化生态保护实验区，这是我国第六个国家级文化生态保护实验区；湖北省在恩施州、宜昌（五峰、长阳）开展了“616”对口支援工程和“1+1”对口帮扶行动；湖南省以湘西、张家界、怀化、邵阳为重点，提出“大湘西”开发战略；重庆市给予黔江区“比照民族自治地方享受国家、市规定的民族优惠政策和扶贫开发政策”的特殊政策。

其次，加大政策扶持力度，体现其“中西部减贫与发展试验区”先行先试的特点。

在过去的减贫与发展历程中，国家从民族政策、区域政策、扶贫开发政策等方面给予了武陵山区特殊的照顾。然而，武陵山区地方财政困难，经济社会发展基础薄弱，尚存在大面积贫困人口聚居区，很难通过自身力量实现减贫和发展；同时，在现有的政策资源配置方式（如资金配套的要求）下，也很难争取到更多的发展项目。因此，有必要对其加大政策扶持力度，体现其“中西部减贫与发展试验区”先行先试的特点，给予武陵山区类似西部大开发的特殊政策和专项资金，加大财政投入，给予财税优惠政策，取消武陵山区项目建设地方配套资金要求，促进武陵山区基础设施建立和产业发展，加快武陵山区社会事业建设的步伐。在试点区内赋予地方政府制定扶贫相关政策的权限，如特色产业发展政策、生态移民政策、金融扶贫政策、微型保险政策、人力资源培养与开发政策。

再次，强化扶贫部门的地位，推动“大扶贫”格局的实现。

要解决减贫、生态治理、文化发展等问题组成的问题群，人的因素是关键，整合资源是保障。在过去的工作中，各级扶贫部门致力于推动人的能力建设和提升，推动多部门的合作，取得了很好的经验和效果。未来武陵山区经济社会发展重点问题的解决，有赖于“大扶贫”格局的搭建，有效整合专项资源、社会资源、行业资源形成整体推动的局面。

专题报告三：武陵山区“生态扶贫”研究报告

栾胜基

【摘要】武陵山区集中连片特殊困难地区的形成是高山地理环境、少数民族社会因素和传统经济发展模式共同作用的历史过程。

纵观武陵山区地理演变过程和该地区的社会发展历程，武陵山区的贫困多发生在地理位置偏僻的行政区划的边缘连接处。根据地理环境论研究发现，贫困的集聚与地理的区位有很高的相关性。武陵山区地理环境复杂，很多农村处于偏远深山和高寒地带，粮食产量不高；山地林地多，耕地分散，且生产能力低，土地承载力较弱。少数民族聚居特点使得该地区在文化、语言和生活习惯等方面具有特殊性，这些也影响了武陵山区的经济开发，导致其发展迟缓。这些因素使得该地区的贫困发生呈现出“区域致贫”的特殊性。因此，解决武陵山区的发展与贫困的问题，既要有历史发展的视角，又要有区域整体性的发展观。

武陵山区的贫困具有个体致贫的普遍性与区域致贫的特殊性相结合的特征，表现为“贫穷跨界、风险共生、脆弱连片”。

武陵山区的贫困村在行政管理上多数被边缘化，由于行政区划分割，使该地区处于四大行政中心的环形空洞区，交通不便，产业同构，有限资源难以实现优化配置，经济社会发展水平相对滞后。由于区域性的贫困导致贫穷跨界，地理环境的演变导致生态环境脆弱、资源禀赋不足等结构性因素与社会可行能力缺失的个体因素相叠加，自然风险与社会风险相伴生，生态脆弱性与贫困脆弱性相耦合，使得武陵山区的贫困呈现高度复杂性，也使得该地区形成风险共生；武陵山区经济增长缓慢，且内部各区域间经济发展失衡，越靠腹地越贫穷。当地社会交往狭窄、社区参与不足，影响着社会资本的形成和居民参与发展的热情。因此，可行能力的缺失使得武陵山区的贫困具有“个体致贫”的普遍性。武陵山区的贫困个体致贫的普遍性与区域致贫的特殊性相结合的特征，使得这一地区的地理性脆弱与社会性脆弱高度吻合，形成了脆弱连片的现状。“贫穷跨界、风险共生、脆弱连片”是武陵山区扶贫规划编制面临的基本现状之一。

山地生态系统的补偿机制是武陵山区水土涵养主体功能区划的基本前提和保证。

武陵山区的山地生态系统主体功能区生态补偿是一种以主体功能区为主体，以主体功能塑造为方向，以生态保护为目标，以公共服务均等化为标尺的生态补偿方式。作为一种新型生态补偿方式，主体功能区生态补偿旨在通过经济、政策和市场等手段，促进限制开发区和禁止开发区生态修复，并调动其生态保护积极性；旨在通过激励性和协调性制度安排，实现生态补偿的社会化、市场化和法制化。从环境经济学角度看，它是一种将主体功能区社会经济活动外部内化的机制，是一种激励保护行为的手段，同时兼具融资功能；从资源经济学角度看，它是将环境资源和生态服务功能价值化与市场化的方法，是使自然资本不断增值的制度安排；从社会学角度看，它是调整环境行为背后经济利益关系、促进社会公平的工具。

武陵山区可持续生计发展的扶贫规划是区域性发展的基础性工作，是脆弱性地区发展不可或缺的必要条件。

武陵山区作为生态脆弱和社会脆弱性共生的区域，解决贫困问题既需要合理配置和利用当地的资源条件，也需要社会经济结构的调整。所以，必须开展“生态扶贫”的规划。规划的主要内容应该针对山地生态系统的特征和扶贫生计的开发制定功能区划。将武陵山区的土地空间划分为不同功能区，施以不同的产业政策和政绩考核体系，对武陵山区脱贫和扶贫的发展具有重大战略意义，它将有效缩减贫穷跨界的差距，促进人口、经济、资源环境的空间均衡，实现可持续性扶贫生计的发展。然而，这样一个规划在现实中将面临非常复杂的挑战。首先，谁是武陵集特困区域功能区规划的主体？在这个跨越三省一市行政区划的特困区域，需要协调好行政区划与功能区划的关系。地方的发展冲动或脱贫的欲望将使各级政府在功能区规划上必有各自的考虑。在此情况下，尊重地方发展意愿的“民主性”，同时必须保证规划的“科学性”。如何保证规划的科学性？在武陵山区进行功能区规划，势必起到牵一发而动全身的效应，其科学性能在多大程度上得到保证，是规划生命力的根基所在。通常，科学的功能区划分主要依据现有经济开发程度、资源环境承载能力、未来发展潜力。功能区划的基本单元应该是村庄，村庄的分类是功能区划的重要基础性工作。

构建以“国家级武陵山地生态系统扶贫规划区”为主体政策，以武陵山区生态扶贫综合管理机构为核心，集扶贫资金运作、扶贫规划落实、可持续生计项目设计于一体的政策体系。

生态扶贫是解决武陵山区集中连片特殊困难地区贫困村和贫困人口的思路之一。落实生态扶贫的理念需要技术措施和项目投入，但也需要具体的政策保障。实现武陵山区生态扶贫所需要的政策保障，应构建以“武陵山地生态系统扶贫实验区的管理机构”的区域的管理政策、以“山地生态系统补偿”的资金投入政策和以“山地生态系统分功能区”合理开发生态系统资源的可持续生计的规划。

序

贫困是一个全球性难题，在世界范围内具有其特有的广泛性，在国家层面上既有普遍性又有特殊性。同时，不同的学科领域，根据各自的研究目的，对贫困的形成与发展的关注点有所不同，对脱贫和扶贫的途径研究也表现出各自学科领域的特点。本研究正是基于环境科学领域研究的方法和认识论，探讨武陵地区集中连片的特殊贫困与其地理生态环境的关系、武陵山地生态系统多样性对该地区扶贫开发规划工作的启示等，由此提出适合武陵山区“生态扶贫”的政策建议。经过十几天对武陵山区的实地考察和入户调研，以及各类资料的收集、整理与分析，本研究形成了对武陵山区贫困与发展问题的独特认识，但仍不能反映该地区的整体情况，研究的结论和建议难免受到学科和调研资料限制的影响。

一、问题的识别

如何认识武陵山区集中连片特殊困难地区是本研究的前提。只有对武陵山区“集中连片特殊困难地区”形成的历史和现实原因，生态资源和社会发展的约束等问题进行分析，才有可能厘清扶贫开发与生态环境保护之间的关系。

（一）武陵山区集特困地区的形成——综合因素下的客观形成

纵观武陵山区地理演变过程和该地区的社会发展历程，武陵山区的贫困多发生在地理位置偏僻的行政区划的边缘连接处。根据地理环境论研究发现，贫困的集聚与地理的区位有很高的相关性。武陵山区地理环境复杂，很多农村处于偏远深山和高寒地带，粮食产量不高；山地林地多，耕地分散，且生产能力低，土地承载力较弱。少数民族聚居特点使得该地区在文化、语言和生活习惯等方面具有特殊性。这些影响了武陵山区的经济开发，使其发展迟缓。这些因素使得该地区的贫困发生呈现出“区域致贫”的特殊性。其主要特征是，地理位置偏远、生态环境脆弱、资源禀赋不足等结构性因素与可行能力缺失的个体因素相叠加，自然风险与社会风险相伴生，生态脆弱性与贫困脆弱性相耦合，使得武陵山区的贫困呈现高度复杂性。

因此，贫困之所以“集中连片”，并非都是扶贫工作需要而人为划定。该区域贫困的形成既有历史与现实的作用，也有生态条件和社会发展的约束。因此，解决武陵山区的发展与贫困的问题既要有历史发展的视角，又要有区域整体性的发展观。

（二）“生态致贫”的现状——贫穷跨界、风险共生、脆弱连片

环境科学领域研究贫困的视角，往往集中在环境资源约束条件下的农户经济行为。武陵山区在地理位置、生态环境、资源禀赋等方面具有其典型特征。该地区属于渝、鄂、湘、黔四省（市）交界的一个自然区域，是国家西部大开发和中部崛起战略交汇处，是我国跨省交界人口最多的少数民族聚居区之一，也是国家重点扶持的集老、少、边、穷山为一体的贫困片区之一[①]。整体上看，武陵山区贫困发生率高，贫困程度深，脱贫难度大，且脱贫后极易返贫，而这在很大程度上是由其特殊的地理位置、脆弱的生态环境及资源禀赋所引发的。

武陵山区的贫困发生在行政区划的边缘连接处，在行政管理上有被边缘化的可能。武陵山区在地理环境、民俗文化、经济社会发展等方面具有较强的同一性，但由于行政区划分割，使该地区处于四大行政中心的环形空洞区，交通不便，产业同构，重复建设严重，有限资源难以实现优化配置，经济社会发展水平相对滞后[②③]。近年来，武陵山区经济增长缓慢，且内部各区域间经济发展失衡，越靠腹地越贫穷。

同时，该地区生态环境脆弱，资源禀赋较差。武陵山区属于云贵高原边缘地带，以喀斯特地貌为主，山石林立，山脉多褶皱和断裂，具有原发性的脆弱山地

① 冯佺光，地缘经济区视角下的行政区边缘山地经济协同发展——以渝黔湘鄂结合部的武陵山区为例．山地学报，2009（02）：第166－176页．

② 邓正琦，渝鄂湘黔交界民族地区经济联动的体制障碍及破解．探索，2009（03）：第104－108页．

③ 邓正琦，“武陵山民族地区经济社会协调发展研讨会”综述．重庆师范大学学报（哲学社会科学版），2007（04）：第91－94页．

生态系统。脆弱的生态环境给当地社会经济发展带来许多直接的和间接的影响。

第一，生态环境和资源严重制约着人们的生产生活。该地区地下暗河、岩溶漏斗发育，导致地表降水漏失严重，干旱多发；植被破坏、土壤侵蚀和水土流失严重，造成大面积石漠化现象；水土流失和石漠化使得耕地数量和质量不断下降，造成土地资源稀缺；很多农村处于偏远深山和高寒地带，粮食产量不高；山地林地多，耕地分散，且生产能力低，土地承载力较弱①②。脆弱的地理生态环境导致自然灾害频发，干旱、霜冻、山洪、泥石流、地陷、塌方等自然灾害，使得原本脆弱的社会经济发展受到更加严峻的挑战。

第二，地理位置、生存环境等限制因素也对当地的人力资本和内在发展能力等造成了影响，而这些后天性要素又反过来使得人们的生存环境更加恶劣。地理位置、自然环境特点，使得当地交通通讯建设成本高，严重制约了公共基础设施的发展和与外界的信息交流，进而导致信息闭塞和教育不足，居民文化素质偏低、思想观念落后、小农意识严重。山地地理环境限制使得农业结构单一，效益低下，导致居民收入低且来源失衡，表现为年轻人外出打工收入较多，内生性经济收入缺乏，而与此相伴的劳动力流失、耕地荒废，以及留守妇女、老人和儿童等异质人口能力缺失成为当地突出的问题。同时，结构性因素导致武陵山区现实的贫困表现为长期持续性和很强的代际传递性。另外，当地社会交往狭窄、社区参与不足，影响着社会资本的形成和居民参与发展的热情。因此，可行能力的缺失使得武陵山区的贫困具有“个体致贫”的普遍性。

第三，地理位置和环境也使该地区面临着历史文化因素的制约。一方面，少数民族聚居特点使得该地区在文化、语言和生活习惯等方面具有特殊性，另一方面，历史上武陵山区的开发较晚，发展迟缓，偏远闭塞，受当地传统文化习俗影响较大，社会经济落后。这些因素使得该地区的贫困发生呈现出“区域致贫”的特殊性。

简言之，武陵山区的贫困具有个体致贫的普遍性与区域致贫的特殊性相结合的特征。地理位置偏远、生态环境脆弱、资源禀赋不足等结构性因素与可行能力缺失的个体因素相叠加，自然风险与社会风险相伴生，生态脆弱性与贫困脆弱性相耦合，使得武陵山区的贫困呈现高度复杂性，也使得该地区的扶贫规划编制需要有其特殊意义，而“贫穷跨界、风险共生、脆弱连片”是武陵山区扶贫规划

---

① 杨胜刚潘佑堂，武陵山区水土流失亟待治理．中国水土保持，1994（11）．

② 权芳，破解武陵山民族地区贫困的思考．中共贵州省委党校学报，2008（06）：第95－96页．

编制面临的基本现状之一。

（三）“生态扶贫”的优势——山地生态系统多样性的价值

生态系统的多样性对农户生计的决策选择有着决定性的作用。这也是为什么武陵山区的村民能在这样脆弱的环境条件下繁衍生息的原因。合理开发利用生态系统的价值符合生态学的理论，也满足现实农业生产的需要。武陵山区合理开发生态系统多样性的价值，也就存在由“生态致贫变为生态扶贫”的机遇，即与生态环境建设相结合的扶贫方式。该地区生态环境复杂，自然地理差异性和生态系统多样性明显，具有丰富的森林、动植物资源和矿产资源。虽然武陵山区社会经济发展滞后，但其受现代工业文明的影响较小，形成了该地区的“后发优势”，同时山地生态系统多样性和生物多样性为该地区的发展提供了可利用的价值。

武陵山区属中亚热带季风湿润气候，独特的气候资源为发展禽畜养殖、反季节蔬菜栽培、山区有机云雾茶生产，烟草、薯、芋、野菜等高山作物培育以及地道中药材的驯化栽培创造了适宜的气候条件。由于武陵山区地形复杂，气候特殊，因而生物种类繁多，堪称生物宝库，是亚热带、温带生物栖息繁殖的胜地。武陵山区水能蕴藏量大，矿产资源种类丰富、储藏量大。而且，该地区还拥有厚重的历史文化、浓郁的民族风情和神奇的自然风光。特色资源，尤其是茶叶、药材、烟草、竹木和旅游等优势十分明显①。

武陵山区扶贫开发的目标应当是发掘该地区内生发展动力，使得贫困居民加快脱贫步伐，并能依靠自身的力量维持和巩固扶贫成果。因此，可以围绕生态系统多样性和生物的多样性打造可持续生计的发展模式，将该地区潜在的比较优势发展为现实的经济优势。要充分发挥武陵山区内部不同区域丰富的自然资源优势，发掘特色资源，使得本地区资源得到充分利用，同时避免产业同构，重复建设造成的资源浪费；充分发掘当地生态环境的非物质形态价值，例如服务、美学和精神价值等；因地制宜地打造高效生态农业模式，例如旅游观光、多样化养殖、高附加值的农产品深加工、绿色产品生产和加工等，延伸当地的农业产业链；以村落为尺度，根据其生态环境特点，量身打造其稳定增收的主导生计模式等。

---

① 王习花等，武陵山区农业资源特点及其可持续利用战略．山地农业生物学报，2007（02）：第161－165页．

同时，开发武陵山地生态系统的经济，要与其丰厚而独具特色的民族文化相结合。武陵山民族文化是楚文化、蜀文化、陕晋文化和黔贵文化的“文化沉积带”，是民族文化与民族经济的聚合体。[①] 尽管在一定程度上，传统文化习俗成为制约当地社会经济发展的因素之一，然而，这同时也能转化为发展的动力，因为优秀的民族文化也是增强谋生能力的要素。因此，要寻求具有武陵山区区域特色的“生态扶贫”模式。

（四）“生态扶贫”的基础——武陵山区可持续生计发展的扶贫规划

规划是区域性发展的基础性工作，生态规划是脆弱性地区发展不可或缺的必要条件。武陵山区作为生态脆弱和社会脆弱性共生的区域，解决贫困问题既需要合理配置和利用当地的资源条件，也需要社会经济结构的调整。所以必须开展“生态扶贫”的规划，规划的主要内容应该针对山地生态系统的特征和扶贫生计的开发制定功能区划。将武陵山区的土地空间划分为不同功能区，施以不同的产业政策和政绩考核体系，对武陵山区脱贫和扶贫的发展具有重大战略意义，它将有效缩减贫穷跨界的差距，促进人口、经济、资源环境的空间均衡，实现可持续性扶贫生计的发展。然而，这样一个规划在现实中将面临非常复杂的挑战。首先，谁是武陵集特困区域功能区规划的主体？在这个跨越三省一市行政区划的特困区域，需要协调好行政区划与功能区划的关系。地方的发展冲动或脱贫的欲望必将使各级政府在功能区规划上有各自的考虑。在此情况下，尊重地方发展意愿的“民主性”，同时必须保证规划的“科学性”。如何保证规划的科学性？在武陵山区进行功能区规划，势必起到牵一发而动全身的效应，其科学性能在多大程度上得到保证，是规划生命力的根基所在。通常，科学的功能区划分主要依据现有经济开发程度、资源环境承载能力、未来发展潜力。功能区划的基本单元应该是村庄，村庄的分类是功能区划的重要基础性工作。

二、研究的视角

基于武陵山区贫困与环境关系的认识，我们不难发现，贫困村的存在与武陵山区的地理环境、山地生态系统的条件以及少数民族社会发展的现状有着最紧密

---

① 邓正琦，“武陵山民族地区经济社会协调发展研讨会”综述．重庆师范大学学报（哲学社会科学版），2007（04）：第91－94页

的关系。因此，破解武陵山区扶贫与保护生态的难题，必然要求在地理环境、生态条件与贫困的相互关系、生计发展等方面开展理论和方法的创新性研究，并将研究成果用于指导武陵山区扶贫开发的实践。

（一）地理环境因素对武陵山区历史和现实发展的影响

武陵山区的贫困多发生在地理位置偏僻的行政区划的边缘连接处，地理环境复杂，很多农村处于偏远深山和高寒地带。地理环境因素对武陵山区区域性贫困的形成具有不可忽视的影响。这种影响不仅表现为对当地农户生产生活的直接作用，还体现在对该地区居民长期的发展能力，乃至该地区历史文化形成的制约上。尽管地理环境决定论自产生以来就受到各种质疑和批判，但地理环境对社会经济发展的影响不容忽视。

地理环境在概念上有狭义和广义之分。狭义的地理环境主要是指自然地理环境，是由岩石、地貌、土壤、水、气候等自然要素构成的综合体。人类活动依赖于所处的自然环境，同时又对自然环境施以影响，人类活动方式、规模和强度的不同，对自然环境改变的趋势和程度不同。广义的地理环境除了自然环境以外，还包括经济环境和社会文化环境。经济环境是生态环境和自然资源经人类开发利用后形成的生产经济综合体，包括工农业、交通、居民点等。社会文化环境包括人口、民族、语言、文化、民俗等的地域分布特征和组织结构关系。[①] 武陵山区地理环境的特殊性体现在地理位置的偏远闭塞、生态环境脆弱、社会经济发展滞后尤其是贫困多发、少数民族聚居等方面。

对于地理环境与发展的关系的讨论由来已久。亚当·斯密早在1776年的经济学著作《国富论》中就提出了当时世界不同区域之间的社会与地理因素或许是地区富裕和贫穷差距的原因。他指出了以海洋为基础的贸易对欧洲资本主义经济增长的决定性意义，而对当时非洲内陆、俄罗斯及中亚大部分地区的发展持悲观态度。在《国富论》发表200多年后，20世纪90年代中期，经济学家杰弗里·萨克斯等在其论文《气候、临海性和发展》中，继承了亚当·斯密有关地理位置与地区经济发展表现的思想脉络，并关注了气候条件对疾病、农业、人类生理、人类资本积累和劳动生产率等的不利后果，以及对经济发展造成的广

① 王水泉，地理环境：人类可持续发展的基础．西安石油学院学报（社会科学版），2002（04）：第83－86页

泛影响。①

系统的地理环境决定论产生于18、19世纪，代表人物有法国的孟德斯鸠，英国的巴克尔和德国的拉采尔。其中德国地理学者拉采尔给出了一个经典的论述，即环境以盲目的残酷性统治着人类的命运。他在其著作《人类地理学》(1891) 中将环境对人的影响归纳为四方面：直接的生理影响、心理影响、人类社会组织和经济发展的影响、人类迁移和分别的影响。他认为人类同其他生物，都是环境的产物，其生存和发展都由地理环境决定。地理环境决定论过于强调环境对人的作用和影响，具有极强的片面性。

随着对地理环境决定论的批判，描述人地关系的或然论、适应论和协调论等逐渐产生和发展。或然论学者主张自然环境为人类提供了多种可能性，利用什么和如何利用完全取决于人的选择能力，他们承认环境对人类的影响，但强调人在利用自然方面具有能动性，能够改变和调节自然环境，且人类改变自然的程度越深则两者之间的关系越密切，代表人物是19世纪初法国地理学家白兰士。适应论学者认为人类需要主动、不断地适应环境对人类的限制，而这种适应与生物遗传意义上的适应不同，是通过文明发展对环境及其变化的适应，人对自然的调整和适应对人类的生存状况具有重要的实际意义，在一定自然环境约束下，适应能力强的人群能够较好地从环境的利用中满足生存的物质资源需求，代表人物是20世纪英国地理学家罗士培。协调论是20世纪70年代发展起来的，这种观点认为人类对环境的适应和改造必须遵循环境自身的演变规律，人类社会与地理 环境两个系统相互影响、相互作用，人类必须通过约束自身的行为取得人类社会与地理环境关系的协调。

20世纪后期，可持续发展理念的提出，进一步深化了人们对环境与发展关系的认识。可持续发展是一种以可持续利用资源和环境物质为基础的发展战略，包括社会经济的增长和以可持续方式使用资源，在发展中提高社会生活质量和改善环境质量等。它是一个关于社会、经济和环境问题三者相互影响的、综合的、动态的概念，包含两个基本内容：第一，发展首先是满足生存需要，是消减贫困，不能为了保护环境，而使贫困者的生存状态恶化，也不能因为某些人的生存需求而损坏了其他人和后代人的发展能力；第二，发展不能超过环境的承载能力，要提高资源的利用效率，降低资源的消耗水平，减少环境污染物的排放。因

① Clark, G. L., Feldman, M. P. 与 Gertler, M. S., 牛津经济地理学手册. 刘文等译. 2005：北京：商务印书馆

此，可持续发展可以说是环境保护、消减贫困和适度经济发展的合称。落实到贫困问题，可持续发展就是将满足贫困者的最低生存/生活需要和保护环境作为控制变量的社会经济发展。

近年来，许多学者对贫困的空间分布问题开展了案例研究，在一定程度上反映了地理环境与贫困的关系。例如，Nicholas 等人对越南贫困的空间类型研究发现，越南的贫困发生率在偏远的东北和中部高山地区最高，在东南和大都市中心最低。① Amarasinghe 等对斯里兰卡农村贫困空间集聚的研究表明，以营养为基础划定的贫困在空间上具有两个统计层面上的集聚：一是低贫困农村地区集聚在一些低贫困都市地区周围，以低农业就业率为重要特征；另一个是高贫困农村地区集聚，在这些集聚区，农业是主要的经济活动，空间集聚与影响农业生产的因素相联系。② 而 Kam 等对孟加拉国农村贫困的空间类型及其与影响福利因素的关系研究发现，具有高贫困发生率的社区与生态恶化区相一致。③

而我国当前的农村贫困在空间分布上也呈现出明显的地域性特征，在自然条件恶劣及生态环境脆弱的中西部地区，贫困发生率高，并长期难以脱贫。武陵山区集中连片特殊困难地区就是一个典型的例子。贫困的空间分布特征必然要求加强论证地理位置对贫困和发展的影响，并在发展规划中将地理环境作为一个重要维度来考虑。如何认识、适应并利用当地的地理环境条件，是提高自身发展能力的重要一环。

（二）武陵山区脆弱生态环境与贫困的相互关系及其干预机制

武陵山区属于云贵高原边缘地带，以喀斯特地貌为主，山石林立，山脉多褶皱和断裂，具有原发性的脆弱山地生态系统，生态环境脆弱，资源禀赋较差。在此生态环境条件下，武陵山区贫困发生率高，且贫困人群具有脱贫波动性，脱贫—返贫具有时间短、脆弱性强、返贫率高的特点，发展能力缺失成为该地区贫困的重要特征。

同时武陵山区又面临着生态环境恶化和贫困长期存在的局面。一方面该地区

---

① Minot, N. and Baulch, B. , Poverty Mapping with Aggregate Census Data: What is the Loss in Precision? Review of Development Economics, 2005. 9 (1): p. 5 - 24.

② Amarasinghe, U. , Samad M. and Anputhas M. , Spatial clustering of rural poverty and food insecurity in Sri Lanka. Food Policy, 2005. 30 (5 - 6): p. 493 - 509.

③ Kam, S. , et al. , Spatial patterns of rural poverty and their relationship with welfare - influencing factors in Bangladesh. Food Policy, 2005. 30 (5 - 6): p. 551 - 567.

生态环境脆弱、资源条件差。地下暗河、岩溶漏斗发育，导致地表降水漏失严重，干旱多发，山地林地多，耕地分散，且生产能力低，土地承载力较弱，粮食产量不高，诸多生态和资源条件严重制约着人们的生产生活，导致贫困的发生和长期存在。另一方面，贫困人群为了摆脱贫穷的困境，对生态环境资源过度和不当开发利用，导致植被破坏、土壤侵蚀和水土流失更加严重；水土流失和石漠化加剧了耕地数量和质量的下降，造成土地资源更加稀缺；同时脆弱的生态环境和密集的人类活动，导致自然灾害频发，使得原本脆弱的社会经济发展受到更加严峻的挑战。

武陵山区脆弱的生态环境与贫困之间是否存在相互作用的关系？影响和制约的程度如何？具有怎样的表现形式及作用方式？如何对二者的相互作用进行干预，使其均向良性的方向发展？这些问题有利于认识武陵山区贫困的深层次原因，以及寻求生态环境保护和扶贫开发相结合的有效途径。生态环境与贫困之间的关系十分复杂，其理论认识是指导生态环境保护和扶贫实践的基础。

关于环境与贫困的早期认识是将贫困看作是环境退化的原因。这种观点认为，贫困农民缺乏资本和财产，有的只是劳动，穷人要生存与维持生计不得不依赖自然资源。此外，穷人的人口增长缺乏必要的控制，为维持新增人口的生计需要，必然新垦土地、饲养家畜、砍割柴薪以及向环境排放废弃物等，于是对环境造成压力，导致环境恶化。[①]

也有学者认为环境退化同样导致了贫穷，贫困和环境之间的关系是由贫困程度和面临的环境问题决定的[②]，贫困者几乎无法选择自己的生产行为或消费方式，而自然条件与自然资源的贫乏、自然灾害等外部冲击也是造成贫困的原因[③]。其中，长期贫困（又称慢性贫困）问题研究将环境风险或环境脆弱性作为贫困动态的一个重要因素来看待。同时认为，环境因素不是孤立的，是社会、经济和政治多元化共同运行的结果。在“环境风险—灾害—长期贫困”的分析框架下，贫困研究强调自然风险和自然冲击是长期贫困的主要驱动和关键性因素，包括与气候条件相关的风险和冲击，如洪水、干旱等，与地理环境因素相关的，如滑坡、泥石流等，与生物因素相关的，如农作物病虫害等。由环境引发的健康

---

① 世界银行，中国战胜农村贫困．2001，北京：中国财政经济出版社．

② W, C., Empirical Regularities in the Poverty - Environment Relationship of Rural Households: Evidence from Zimbabwe. World Development, 2000 (11): p. 1979 - 2003.

③ Killeen, D. and S. R. Kban, Poverty and Environment, in Survival for a small planet: the sustainable development agenda. 2004.

问题是长期贫困的关键维持性因素。健康状况不佳会导致人力资本损失。环境退化如土地退化、森林砍伐和环境污染等，不但会影响当代人的生活，而且对未来那些以自然资源维持生计的人产生影响，并使他们遭到更大程度上的环境冲击，进一步的影响还包括群体边缘化、深陷脆弱生存环境及由环境带来的信息、知识、投入、技术方面的障碍等。①② 而低劣的自然资源，包括干旱地、沼泽地、盐碱地、山地以及陡坡地等，是长期贫困发生的重要影响因素。由于穷人主要依赖实物财产而不是收入，自然资源的质量及其可得性便成为衡量这类特定地域的贫困发生风险的重要因素。不利的生态条件和缺乏有选择的自然资源限制了穷人获取生计的机会并导致贫困多元化。因为从贫瘠的土地中难以获得较大产出，穷人们不得不将其生产活动延伸至非农产业，然而，对极端贫困的农民来讲，由于十分缺乏金融资产和人力资本，非农产业获取的劳动报酬并不高。③④ 偏远性与难获取性是长期贫困的重要原因，很多农村地区贫困的特征体现为地域隔绝、道路缺失、基础设施薄弱、制度供给不足等。⑤

而环境与贫困的相互作用往往表现为互为因果的关系，对这种关系进行描述的一个典型模式是“PPE 怪圈”，即“贫困（Poverty）—人口（Population）—环境（Environment）”怪圈。“PPE 怪圈”充分体现了农村贫困人口的生存方式：贫困导致人口增长和生态环境趋向恶化；反过来人口快速增长又使贫困加剧，致使生态环境更加脆弱；脆弱的生态环境使贫困程度进一步加深，成为一种恶性循环。由于“PPE 怪圈”在发展中国家尤其是贫困地区存在的普遍性，PPE 怪圈已经作为解释贫困地区贫困机制的最重要的理论模式。⑥ 国际社会对环境与贫困的恶性循环关系十分关注，例如，1993 年联合国环境规划署确定当年的世界环境日主题就是“贫困与环境——摆脱恶性循环”。

---

① Moore, K., Frameworks for Understanding the Inter - Generational Transmission of Poverty and Well - Being in Developing Countries. Chronic Poverty Research Centre Working Paper No. 8. 2001.

② Shah, A., Poverty and Natural Resources: Understanding the Dynamics in the Content of Dryland Regions in Western India. Chronic Poverty Research Centre Working Paper. 2005.

③ Shah, A., Poverty and Natural Resources: Understanding the Dynamics in the Content of Dryland Regions in Western India. Chronic Poverty Research Centre Working Paper. 2005.

④ Sen, B. and D. Hulme, Chronic Poverty in Bangladesh: Tales of Ascent, Descent, Marginality and Persistence.. 2004.

⑤ Mehta, A. K. and A. Shah, Chronic Poverty in India: Overview Study Chronic Poverty Research Centre Working Paper No. 7. 2001.

⑥ 张惠远，蔡运龙与赵昕奕，环境重建——中国贫困地区可持续发展的根本途径．资源科学，1999（03）.

也有学者认为贫困本身并不一定会导致环境退化。例如，挪威学者斯泰恩·汉森分析了与世隔绝的乡村社会的所有权制度，认为那些传统低收入乡村社会的所有权与支配权一直建立在强有力的共有基础上，其规定和习俗发展起来的各种社会机制，始终有效地限制着当地的人口增长，很少有外部世界的人口进入“资源基地”。而随着交通的发展，以及与外部世界的交往，对地方社会的压力增大，许多农村边沿地区环境发生了改变，原本处于有效控制的公共土地变成了可以自由进出的、开放的区域，控制与管理能力的下降导致资源被大规模地开掘、侵蚀乃至耗尽。因此，环境退化的主要原因不是贫困，而是当局调节性干预产生的商业化和垄断，使得一个持续的、有节制的、有规律的依靠当地自然产品的地方社会的需求，变成疯狂的、自由的满足外来的、几乎毫无限制的需求，而外来者对保护当地社会、环境及资源却不负有任何责任。[①]

贫困是否会导致生态环境恶化，还取决于贫困人口拥有多大的选择余地以及他们对外界压力和刺激的反应方式。然而，当身处贫困的人们被问及什么是他们急需解决的问题时，他们很少会把环境问题或可持续发展放在前面，他们主要关心住房、吃饭、穿衣、子女教育、养老等问题。他们的就业方式（或生产方式）和消费方式都由这些基本需求来决定，很少有长远打算。[②] 特别是在农村地区，加上不恰当和不平等的经济和社会政策，贫困迫使人们以非持续的方式，掠夺性地利用土地和森林资源，从而造成土地退化、森林破坏、生物多样性丧失等生态破坏和环境退化。[③]

穷人对外界压力和变化的反应时间有限，加之贫困又剥夺了穷人作出反应并采取行动的能力，这两方面决定了贫困与环境之间总是呈现为恶性循环。恶劣的环境尤其是贫瘠的土地使农民因农作物产出水平低下，收入微薄而陷入贫困；收入低下使他们在教育、医疗等人力资本投资方面水平下降；低下的人力资本使其通过人力流动获得非农产业就业的机会偏少；于是，他们对当地自然资源和环境的依赖增加，不得已而依赖大量消耗自然资源维生，从而使环境变得更加脆弱。但是，也正基于对生存环境和自然资源的依赖，穷人也会倍加珍惜和保护赖以生存的物质基础，有可能以可持续的方式利用自然资源并保护生态环境。

因此，如何逆转环境与贫困恶性循环，使得经济的发展过程成为一个贫困逐

---

① 斯泰恩－汉森，发展中国家的环境与贫困危机．1994：商务印书馆国际有限公司．

② 李小云等，环境与贫困：中国的实践与国际经验．2005，北京：社会科学文献出版社．

③ UNDP，中国人类发展报告 2002 绿色发展，必选之路．2002，北京：中国财政经济出版社．

步缓解、环境逐步优化的过程，成为当前研究的热点。例如，Sara 和 Scherr 打破了以前贫困和环境“螺旋下降”的模式，认为地方捐赠、影响资源保存的技术和地方机关对贫困的扶持是调节贫困与环境相互作用的关键因素。① Chokor, B. A. 指出，社会公正公平的关键是确保贫困地区的可持续发展，他们必须利用这些资源直接贡献社区建设，来提高社会经济活动并保护环境。②

而武陵山区山地生态系统长期承担着多样性资源输出与环境屏障的作用，生态环境的变化和当地剧烈的人类活动相叠加造成的自然与社会共生风险，使得山地生态系统具有高度脆弱性。生态环境脆弱、资源禀赋不足等结构性因素与贫困人口可行能力缺失的个体因素相叠加，高度的共生风险导致高度的共生脆弱性，使得该地区的生态环境保护和扶贫开发面临非常复杂的局面，因此武陵山区脆弱生态环境与贫困的相互关系及其干预机制研究具有理论的和现实的必要性和紧迫性，也是具有前瞻性的政策创新的基础。

（三）武陵山地生态系统多样性与可持续生计发展

武陵山区的山地生态系统具有原生脆弱性，但同时也具有原生的生态系统多样性，后者是武陵山区开发值得利用的最好资源。生态系统多样性和生物多样性是武陵山区发展可持续生计的基础和优势。同时，武陵山区可持续生计发展应实现贫困村外部资源整合管理和内部活力激发的内生式发展相结合，尤其要探索具有主体参与和文化自立特征的内生式发展路径。

所谓生计（livelihood）就是谋生的手段或方式，或者说是一个家庭为获得维持家庭人口生存和发展所需的基本物质资料而进行的活动。生计理念的提出把单纯以收入或消费来衡量净产出的方式转向了对生活需要的描绘，更有利于展现穷人生存状态的复杂性。

20 世纪 80 年代以来，以罗伯特·钱伯斯和戈登·康威（Chambers, R. and Conway, G.）为代表的众多国外研究学者发展了生计研究的理论空间，提出了“可持续生计”（sustainable livelihoods）的概念。一个被广泛接受的对生计的界定是：生计是谋生的方式，建立在能力、资产（包括储备物、资源、要求权和享有权）和活动的基础之上。如果人们能应对胁迫和冲击，并从中恢复、维持和增

① Sara, J. and A. Scherr, Downward Spiral Research Evidence on the Relationship Between Poverty and Natural Resource Degradation. Food Policy, 2000 (4): p. 479 - 498.

② Chokor, B. A., Perception and response to the challenge of poverty and environmental resource degredation in rural Nigeria: Case study from the Niger Delta. Journal of environmental psychology, 2004. 24: p. 305 - 318.

加资产，保持和提高能力，并且为下一代生存提供机会，在长期和短期内以及在当地和全球范围内为他人的生计带来净收益，同时又不损坏自然基础，那么该生计具有持续性。[①] 英国著名环境学者伊思·斯库恩斯（Scoones, I.）认为，生计由生活所需要的能力、有形和无形资产（包括物质资源和社会资源）以及社会行动组成。如果能够应付压力和冲击并恢复，并且在不过度消耗其自然资源基础的同时维持或改善其能力和资产，那么这种生计是可持续的。在分析可持续生计时，关键的问题是：考虑特定的背景（政策制定，政治学，历史学，农业生态学，和社会经济条件），生计资源的组合（不同类型资本）引起的能力产生不同结果的生计策略组合（农业集约化，生计多样化，移民）。[②]

近年来，可持续生计理论思想在实践领域得到重视，产生了多个可持续生计分析框架。例如，斯库恩斯1998年提出的可持续农户生计分析框架，安东尼·贝宾顿1999年提出的以资本和能力为核心，综合分析农户生计、脆弱性和贫困的框架；埃利斯2000年提出的生计多样性分析框架；美国非政府组织CARE提出的以基本需要和权利为基础的生计途径，英国国际发展署（DFID）提出的可持续生计分析框架（SLA）等，可持续生计综合了对贫困、脆弱性、风险处理、农村个体和农户对变化的环境和打击的适应等方面的内容，目前在国际发展研究和实践中，特别是扶贫领域得到越来越广泛的应用。[③] 其中DFID的SLA框架最具影响力，该框架体现了可持续生计研究的几个重要原则，包括：可持续生计是建立在农户或者社区层次上的微观研究；可持续生计分析是在一定时间序列之上的，结构的、历史的、制度的大框架下进行的；可持续生计框架应该以人为中心，是整体性的、是动态的；可持续生计分析是从能力分析出发，而不是从需求分析出发；可持续生计的维度是多维的，包括环境、经济、社会和制度的方方面面。[④]

著名农村扶贫与发展研究学者弗兰克·埃利斯（Ellis, F.）认为，资产（自然的、物质的、人力的、金融的和社会的资产）、行动和获得这些的权利受到制度和社会关系的调节，这一切决定了个人和农户获得收入的活动。他特别强调了

---

① Chambers, R. and G. Conway, Sustainable rural livelihoods: Practical Concepts for the 21st Century, IDS Discussion Paper 296. Brighton: Institute of Development Studies, 1992.

② Scoones, I., Sustainable rural livelihoods: a frame work for analysis. IDS Working Paper 72. Brighton: Institute of Development Studies, 1998.

③ 黎杰等，可持续生计分析框架下西部贫困退耕山区农户生计状况分析．中国农村观察，2009（5）．

④ Murra, C., Livelihoods research: some conceptual and methodological issue. Chronic Poverty Research Centre Background Paper, 2001.

农村生计多样化的广泛策略，即为了生存和改善生活水平，农户建立生计的过程是一个活动和资产日益多元化的组合。① 贫困农村地区农户生计的多样化有利于促进农户生计的可持续性发展，他们之间是相辅相成的。生计多样化能够促进农户收入的多样化和生计的可持续性，包括耕作多样化（农作物、牲畜和其他以自然资源为基础的活动作为测量依据），也包括在家庭投资组合中耕作外和非农活动的多样化。②

可持续生计发展的一个重要基础是发展模式的选择。农村发展主要有以下几种模式③：（1）外生式发展。指当地农村通过加强与外界市场的联系，交换人力资源与技术，分工协作，发展经济。外生式发展模式又称为农村地区理论，即当地农村的发展不只依靠其地理位置，还要依靠整个社会网络。（2）内生式发展。落后地区的社会经济的有序发展可以由充分认识和利用地区自身资源实现。劳什科认为，农村发展的关键是“地区自身创造力量”的解放。根据雷易的观点，内生式（或参与式）发展主要有三个特征：首先，它把生产活动建立在地发的基础上而不是作为国家部门的基础上；第二，经济和其他发展活动的新定位在于通过稳定物价和开发地区资源——包括物力和人力资源，来实现地区利益的最大化；第三，发展应着力于地区人民的需求、能力和前途，即地区应该具备承担实现自身社会经济发展责任的能力。基恩指出了内生发展模式区别于外生发展模式的两个主要方面：首先，它不仅是一种经济观点，也是处理人们整个生存状况的过程；第二，它接受各种具有可行性的发展观，并且在地方的高度上选择合适的发展目标和途径。它象征了一个重要转变，即对物质资本的投资将转化为对当地人民的教育、培训等的培养上。（3）农村综合发展模式，即涉及到外部干涉和地区热情的发展。它以实现农村地区居民的良好生活状态和维持并改进农村价值为目的；以对中心资源的再分配，减少竞争的相对劣势以及寻找新方法来使用和补充农村资源为手段。它强调发展应由地方控制和管理，但除了地区资源，也依靠中央的专业化指导和财政支持。地方发展以及农村资源再配置，如何能够借助中央的帮助，为农村争取利益，同时又保持未来农村价值的实现潜力。

武陵山区生态系统的脆弱性和多样性，决定了生计多样化尤其是引入非农活

---

① Ellis, F., Rural livelihoods and Diversity of Developing Countries. 2000, New York: Oxford University Press.

② Cramb, R., T. Purcell and T. Ho., Participatory assessment of rural livelihoods in the Central Highlands of Vietnam. Agricultural Systems, 2004. 81: p. 255 - 272.

③ 古斯托 - 内梅什与苏珊娜 - 法洁卡什，庞娟（译）. 欧洲新农村的发展范式. 复印报刊资料：农业经济导刊，2007.

动是当地贫困农民生计策略的发展趋势。土地作为农户长远的生活保障，土地利用的不稳定可能直接造成农户生计的不稳定。具体而言，一方面，粗放型的土地利用方式、落后的土地利用技术制约农户进行多样化生计的选择，农业基础设施的缺乏影响农户生计多样化的进程；另一方面，农户生计资本的不均衡分布和生计方式的单一会对土地利用的类型和可持续性造成影响。基于生态环境保护和生计多样化保障，武陵山区规划过程中应该根据功能和结构的特点提出分类的土地可持续利用规划。此类规划，应该综合考虑该地区不同类型土地的可持续发展指标情况（包括生物多样件、景观质量、美学和传统价值、到达基础设施、劳动力市场和农产品市场的距离、是否有利于保护生态环境和自然资源等）。

武陵山区贫困人口发展能力缺乏，要求在充分利用外部资源的同时，重点探索能够激发当地贫困村和贫困人口能力建设和激情内源动力的内生式可持续生计发展模式，发挥村民的主体性，依靠贫困村自身力量，找到经济、社会和环境发展的目标以及实现途径，使得村民的精神价值得以实现，村民意愿得到充分反映。

武陵山区少数民族聚居的特点及其独特的历史文化，要求可持续生计发展应该从贫困村的生态环境和文化传统出发，适应固有文化和传统，尊重和保护其固有生态形式和文化形式，立足于贫困村自身的自然环境和资源，寻求自立式发展模式。

（四）武陵山区生态补偿与缓解贫困相结合的机制

“生态补偿”是国内学者提出的概念，其内涵和外延随着我国生态补偿的实践而逐步丰富和发展。王兴杰等（2010）通过分析人类活动对生态系统作用的类型，解析出了生态补偿的基本属性和概念。其研究认为，生态补偿是按照受益者付费、受损者得到补偿的原则，调节相关方的利益关系，使保护、恢复、维持、改善和利用生态系统服务的行为外部效应内部化，以可持续提供生态系统服务、促进代内和谐（人与人的和谐，人与自然的和谐）和代际公平的一种手段或制度安排。①

国际上与国内生态补偿概念相近的是“环境服务支付”（Payments of Environmental Services，PES）和“生态效益支付”（Payment for Ecological Benefit，

① 王兴杰等，生态补偿的概念、标准及政府的作用——基于人类活动对生态系统作用类型分析．中国人口、资源与环境，2010（05）：第41－50页．

PEB)，其概念丰富多样，基本框架包含四个条件：交易是自愿的；具有明确定义的生态环境服务或可能保障这种服务的土地利用；具有生态系统服务的提供者和购买者；服务提供者能够保证有条件的服务供给。① 生态补偿政策面临的理论和实践中的问题是，区域边界如何划定；特别是强调受益区与供给区的直接补偿，如果边界对应的不清楚，补偿资金落实的难度非常大。国家的税源中没有明确包括有生态补偿的成分，因此发达地区的税源无法流向生态脆弱的不发达地区；生态价值如何计算，目前主要实施的机会成本方法、研究结果不够用且缺乏基础性的支撑制度。

生态补偿特别是政府付费的生态补偿项目，常常在保护生态环境的目标下，包含缓解贫困的副目标，因为能为人类提供生态系统服务的区域往往偏远闭塞，基础设施和公共服务差，社会经济发展滞后。生态补偿一方面能够促进提供环境服务的贫困者的收入增加，另一方面还能促进非收入方面的改善，例如稳固土地使用权，增加参与发展的机会，提高人力资本和社会资本等。同时，生态补偿也会对贫困人口尤其是没有土地的绝对贫困人口的生计造成很大的影响，其可能产生的副作用不容忽视。同时，副目标过度或过多会对生态补偿项目的实施造成负面影响。②

很多学者认为，生态补偿对缓解贫困的作用更多是积极的和正面的。生态补偿与缓解贫困对于生态服务富集的贫困地区非常重要。西部山区是我国生态环境的重要屏障，而西部今后的可持续发展面临着生态环境退化和贫困化的双重挑战。武陵山区是全国重要的生态功能区和资源富集区。该区域不仅是我国内陆难得的生态良好地区，而且是长江中下游地区重要的生态屏障。因此，建立适合武陵贫困山区的生态补偿机制刻不容缓。

武陵山区的生态补偿机制应该是体现山地生态系统和水土涵养生态功能区特征的创新型机制。主体功能区生态补偿是一种以主体功能区为主体，以主体功能塑造为方向，以生态保护为目标，以公共服务均等化为标尺的生态补偿方式。作为一种新型生态补偿方式，主体功能区生态补偿旨在通过经济、政策和市场等手段，促进限制开发区和禁止开发区生态修复并调动其生态保护积极性；旨在通过激励性和协调性制度安排，实现生态补偿的社会化、市场化和法制化。武陵山生

① Engel, S., S. Pagiola and S. Wunder, Designing payments for environmental services in theory and practices: An overview of the issues. Ecological Economics, 2008. 65 (4): p. 663-674.

② Wunder, S., Payments for environmental services and the poor: concepts and preliminary evidence. Environmental and Development Economics, 2008. 13 (1): p. 279-297.

态功能区补偿的主体、补偿标准、绩效和补偿形式，以及生态补偿对贫困参与者的生计资本影响核算，对非贫困参与者的衍生影响等，都将成为山地生态系统补偿机制研究的重要部分。武陵山区集特困地区生态补偿机制对我国中西部其他类似贫困地区也具有示范意义。

三、主体政策建议：建立“国家级武陵山地生态系统扶贫规划区”（简称规划区）

生态扶贫是解决武陵山区集中连片特殊困难地区贫困村和贫困人口的思路之一。落实生态扶贫的理念需要技术措施和项目投入，但也需要具体的政策保障。建立“国家级武陵山地生态系统扶贫规划区”，是实现武陵山区“生态扶贫”所需的基本政策保障，该政策的实施大致可以分为区域的管理机构、生态扶贫资金运行和管理以及可持续生计的规划等。

（一）政策的内容

以扶贫为目标，通过规划，合理开发山地生态系统，实现可持续性的脱贫生计。

（二）政策的设计思路

这一地区的贫困之所以“连片”，是因为有着地理、生态、社会的相似性，由此而形成了“贫穷跨界、风险共生、脆弱连片”的基本特征的区域性特殊困难。在“生态扶贫”理念下破解这一难题的关键，是必须在这个“连片区”实现统一规划的管理区。

（三）拟解决的关键问题

（1）该地区的扶贫——发展问题，是如何将资源优势变为经济优势，真正实现可持续生计。武陵山区的资源特点主要表现为生态系统的多样性、存量较多、但过于分散。若没有综合管理，导致无序过度开发，不仅不能解决贫困人口的基本生活需求和可持续发展的扶贫生计，也破坏了当地的山地生态系统多样性的生态资源。

（2）该地区的扶贫与生态建设问题，是如何实施国家水安全的重大战略要求。武陵山区作为国家水土涵养的生态功能区，中国水安全将是本世纪的重大生态风险，必须从国家生态安全的角度认识维持武陵山区水土涵养生态功能区划的重大意义。通过管理区的建立可以调节该地区的休养生息的功能，为类似流域水资源的管理提供经验。

（3）该地区扶贫资金投入问题，一是扶贫资金多元化，同时整合各类分散扶贫资金的管理和使用，提高扶贫资金的效用。扶贫是全社会的工作，目前多主体扶贫带来许多好处，加大了扶贫的力度，但同时也造成扶贫资金使用的非合理性增加。设立管理机构，制定扶贫规划，整合资源，申请国家专项基金。

（四）政策的实施

（1）建立“规划区”管理机构。该机构以扶贫为根本目标，调动专项、行业和社会扶贫资金，开展片区的综合管理统一指挥。该机构非隶属现在行政区，而是以山地生态同一性特征为区划的片区，将属于这一片区内贫困村的开发与生态系统的修养生息进行综合管理，以期正确处理好经济—文化—资源—生态环境之间的关系，实现山地可持续发展。利用跨界山地生态经济特区合作协调机制，针对武陵山区的贫困与生态脆弱问题交织的敏感区开展工作。

（2）制定可持续生计扶贫规划。武陵山区贫困农户生计状况与武陵山地生态系统多样性的特征相互影响，农户生计的改善往往驱动着山地生态系统的正向演替。同样，贫困农村地区农户生计的多样化有利于促进农户生计的可持续性发展，他们之间是相辅相成的。因此，规划中，首先明确规划区的范围。这是政策建议的基础，在这个明确的范围内可以实行各项相关的政策、项目的投入以及扶贫的绩效考核。其次，明确扶贫的期限和阶段性目标。第三，可持续性扶贫生计的发展设计。

（3）编制基于“生计多样化”的山地生态系统可持续利用分类指导。武陵山区山地生态系统的脆弱性和多样性，决定了生计多样化尤其是引入非农活动是当地贫困农民生计策略的发展趋势。生计策略是农户所采取的追求生计目标的活动、选择及其组合。不同的生计策略选择受其所处的脆弱外部环境制约，不同的环境条件会产生不同的生计方式，从而产生不同的生计后果和生计状况。而各种生计策略对山地生态系统又产生不同的影响，通过分类指导最大限度降低这种影响。

（4）规划区专项“山地生态系统”补偿基金运行与管理。根据规划的内容和要求，设立国家级“山地生态系统”专项补偿基金，可以定义为主体功能区生态补偿。这不是一般意义上的扶贫基金，而是强调生态意义的扶贫，将该地区的生态致贫转为生态扶贫。一方面，提供必要的生态风险担保，保护农户或合作社发展适合该区域的生态系统多样性的产业的积极性；另一方面，鼓励开发适合山地生态系统休养生息的可持续生计。作为一种新型生态补偿方式的尝试，旨在通过激励性和协调性制度安排，实现生态补偿的社会化、市场化和法制化，它是一种将主体功能区社会经济活动外部内化的机制，是一种激励保护行为的手段，同时兼具融资功能；从资源经济学角度看，它是将环境资源和生态服务功能价值化与市场化的方法。强调一下特点：首先，用于抵抗该山地生态系统的原生态脆弱给农户带来的贫困。其次，填补国家的生态主体功能区划补偿机制不明确，尽管国家已经在主体功能区划预留了生态补偿机制的空间架构。第三，利用激励机制鼓励农户发展生态友好产业，保护山地生态系统的多样性。避免由于注重扶贫中的公平性，而忽略了扶贫的效益，从而导致扶贫过程中农户对扶贫资金的盲目攀比现象。

参考文献：

[1] 冯佺光，地缘经济区视角下的行政区边缘山地经济协同发展——以渝黔湘鄂结合部的武陵山区为例．山地学报，2009（02）：第166－176页．

[2] 邓正琦，渝鄂湘黔交界民族地区经济联动的体制障碍及破解．探索，2009（03）：第104－108页．

[3] 邓正琦，“武陵山民族地区经济社会协调发展研讨会”综述．重庆师范大学学报（哲学社会科学版），2007（04）：第91－94页．

[4] 杨胜刚潘佑堂，武陵山区水土流失亟待治理．中国水土保持，1994（11）．

[5] 权芳，破解武陵山民族地区贫困的思考．中共贵州省委党校学报，2008（06）：第95－96页．

[6] 王习花等，武陵山区农业资源特点及其可持续利用战略．山地农业生物学报，2007（02）：第161－165页．

[7] 王水泉，地理环境：人类可持续发展的基础．西安石油学院学报（社会科学版），2002（04）：第83－86页．

[8] Clark，G. L.，Feldman，M. P. 与 Gertler，M. S.，牛津经济地理学手册．刘文等译．2005：北京：商务印书馆．

[9] Minot，N. and Baulch，B.，Poverty Mapping with Aggregate Census Data：What is the Loss in Precision? Review of Development Economics，2005. 9（1）：p. 5－24.

[10] Amarasinghe，U.，Samad M. and Anputhas M.，Spatial clustering of rural poverty and food insecurity in Sri Lanka. Food Policy，2005. 30（5－6）：p. 493－509.

[11] Kam，S.，et al.，Spatial patterns of rural poverty and their relationship with welfare－influencing factors in Bangladesh. Food Policy，2005. 30（5－6）：p. 551－567.

[12] 世界银行，中国战胜农村贫困．2001，北京：中国财政经济出版社．

[13] W，C.，Empirical Regularities in the Poverty－Environment Relationship of Rural Households：Evidence from Zimbabwe. World Development，2000（11）：p. 1979－2003.

[14] Killeen，D. and S. R. Kban，Poverty and Environment，in Survival for a small planet：the sustainable devel-

opment agenda. 2004.

[15] Moore, K., Frameworks for Understanding the Inter – Generational Transmission of Poverty and Well – Being in Developing Countries. Chronic Poverty Research Centre Working Paper No. 8. 2001.

[16] Shah, A., Poverty and Natural Resources: Understanding the Dynamics in the Content of Dryland Regions in Western India. Chronic Poverty Research Centre Working Paper. 2005.

[17] Sen, B. and D. Hulme, Chronic Poverty in Bangladesh: Tales of Ascent, Descent, Marginality and Persistence.. 2004.

[18] Mehta, A. K. and A. Shah, Chronic Poverty in India: Overview Study Chronic Poverty Research Centre Working Paper No. 7. 2001.

[19] 张惠远，蔡运龙与赵昕奕，环境重建——中国贫困地区可持续发展的根本途径．资源科学，1999 (03)．

[20] 斯泰恩－汉森，发展中国家的环境与贫困危机．1994：商务印书馆国际有限公司．

[21] 李小云等，环境与贫困：中国的实践与国际经验．2005，北京：社会科学文献出版社．

[22] UNDP，中国人类发展报告 2002 绿色发展，必选之路．2002，北京：中国财政经济出版社．

[23] Sara, J. and A. Scherr, Downward Spiral Research Evidence on the Relationship Between Poverty and Natural Resource Degradation. Food Policy, 2000 (4): p. 479 – 498.

[24] Chokor, B. A., Perception and response to the challenge of poverty and environmental resource degredation in rural Nigeria: Case study from the Niger Delta. Journal of environmental psychology, 2004. 24: p. 305 – 318.

[25] Chambers, R. and G. Conway, Sustainable rural livelihoods: Practical Concepts for the 21st Century, IDS Discussion Paper 296. Brighton: Institute of Development Studies, 1992.

[26] Scoones, I., Sustainable rural livelihoods: a frame work for analysis. IDS Working Paper 72. Brighton: Institute of Development Studies, 1998.

[27] 黎杰等，可持续生计分析框架下西部贫困退耕山区农户生计状况分析．中国农村观察，2009 (5)．

[28] Murra, C., Livelihoods research: some conceptual and methodological issue? Chronic Poverty Research Centre Background Paper, 2001.

[29] Ellis, F., Rural livelihoods and Diversity of Developing Countries. 2000, New York: Oxford University Press.

[30] Cramb, R., T. Purcell and T. Ho., Participatory assessment of rural livelihoods in the Central Highlands of Vietnam. Agricultural Systems, 2004. 81: p. 255 – 272.

[31] 古斯托－内梅什与苏珊娜－法洁卡什，庞娟（译）．欧洲新农村的发展范式．复印报刊资料：农业经济导刊，2007.

[32] 王兴杰等，生态补偿的概念、标准及政府的作用——基于人类活动对生态系统作用类型分析．中国人口．资源与环境，2010 (05)：第 41 – 50 页．

[33] Engel, S., S. Pagiola and S. Wunder, Designing payments for environmental services in theory and practices: An overview of the issues. Ecological Economics, 2008. 65 (4): p. 663 – 674.

[34] Wunder, S., Payments for environmental services and the poor: concepts and preliminary evidence. Environmental and Development Economics, 2008. 13 (1): p. 279 – 297.

专题报告四：武陵山区农民合作、流动、治理与扶贫战略研究

邓大才

【摘要】武陵山区，是以武陵山脉为中心的渝、鄂、湘、黔四省交界区域，是国家重点扶持的集“老、少、边、穷、山”为一体的贫困片区之一。2011 年 3 月，笔者随同国家扶贫办武陵山区战略研究专家组对武陵山区的黔江区、秀山县、建始县、宣恩县、凤凰县、花垣县、松桃县、印江县等八个国家级贫困县进行了深入调查研究。

笔者认为：“武陵山区的扶贫开发虽然取得了巨大成就，但要从根本上解决山区的贫穷落后问题，需要突破传统的以政府为主导、以经济发展为中心的传统扶贫模式，需要紧紧围绕农民这个主体来思考政策、制定对策，突破传统扶贫不脱贫的困境；笔者调查发现，武陵山区的扶贫开发可以尝试从促进农民合作、健全农民流动机制、加强村庄治理等方面来完善相关政策措施，以此实现武陵山区的脱贫减贫。”

一、农民合作流动治理研究综论

（一）农民流动与扶贫研究

1. 农民合作的特点

从农民合作组织的主体角度来看，农民合作的主体与当地的农民流动情况相关。在农民流动规模较大的地区，妇女、老人成为农民合作的主要主体；在人口流动性弱的地区，农民合作主体的性别、年龄差异不明显。另外，在武陵山区农民合作组织当中，农村种养大户、技术能人等在合作组织的建立与发展过程中起

着重要作用。从合作形式情况来看，武陵山区以专业合作社为最主要的合作形式，占全区的70%以上，种植与畜牧业为最主要合作领域。

2. 农民合作的问题与潜力

农民合作呈现代表性不强、管理不善、效益不高等困境。在农民合作经济组织中，龙头企业、种植、养殖大户以及村干部占有主导作用，普通参合农民难以通过合作取得较大的收益。在管理上，农民合作组织除了受到农业部门、民政部门、科技部门等的管理约束之外，还会受到基层的一些相关行政部门的管理，造成多头管理、行政化管理的局面。从组织效益来看，由于交通不便、地域阻隔、农产品的市场价格不高等因素影响，难以进行区域性的联系与合作，难以产生规模效应，难以生产附加值较高的产品，在国内、国际的市场竞争中也难以形成自己的优势地位，导致其经济效益普遍不高。

尽管存在这样那样的问题，农民合作还是对武陵地区扶贫开发产生了重要的作用，包括以下几个方面：能够将分散的个体小农组织起来，促进了农民之间的协作；农民合作组织通过在农副产品的生产、加工、运输、销售等环节协作互助，降低了流通成本，提高了产品附加值，促进了各类资源的开发利用。

3. 提高农民合作的三点对策

（1）通过科学选择项目、建立信息交流机制来加强组织培育

一是在合作项目的选择上，应引导组织选择适合本地发展并能够切实带来经济效益的项目；二是在合作主体的选择上，按分类指导的原则，可以根据不同产业类别选择召集不同的农民群体组织成社；三是建立信息交流平台，促进农户之间、合作社之间、合作社与企业的联系与交流。

（2）通过完善基础设施、建立政府扶持机制来优化合作环境

首先，国家要大力扶持，通过加大建设投资促进山区公路交通网络设施建设；其次，地方政府要做好工业建设用地的规划与平整，为产业化经营的纵深发展，即为产销一体化的合作组织发展提供基础条件；通过完善土地流转制度，使企业得到建设用地，农民得到稳定工作，促进农民向产业工人的转变；再次，政府应建立起扶持机制，如为合作组织提供启动和运转资金，为合作组织参加保险提供补贴，引导企业与合作社共担风险等。

（3）通过打造产品品牌、创新组织发展模式来实现长效发展

一是建立收益共享机制。把从合作经营所得的利润根据每个农民对合作组织

的贡献率以一定的比例返还给所有参加合作经营的农户；二是通过挂靠政府、依靠知名企业、参加大型展销会等途径提升产品与组织的知名度，创建产品品牌；三是通过建立“公司+专业合作社+基地+农户”“股份制林场”等合作发展模式来鼓励公司尤其是一些龙头企业参与农民组织的合作经营，带动农民增收。

（二）农民流动与扶贫研究

1. 农民流动的特点

从笔者调查情况来看，武陵山区外出务工主要以青壮年男性农民为主体。流动农民工接受教育程度较低，大部分只接受过初中教育，甚至初中尚未毕业就被迫外出务工。武陵山区的农民所流向区域以省外、沿海为主。就外出务工目的而言，主要是增加家庭收入、缓解家庭经济困难。在流动过程中，主要以血缘、地缘和人缘为纽带，以“老乡带老乡，一带一大片”的传统方式进行组团流动。从目前农民工返乡情况来看，武陵山区的农民流动具有临时性特点，呈现“年轻在城市，养老回农村”的状况。一般而言，40岁以上的农民工因身体及就业条件限制，在城市的就业机会越来越少，随着年龄增长，他们不得不逐渐回流返乡务农。

2. 农民流动的问题与影响

农民素质不高、政府缺位、制度不配套是制约农民流动的主要问题。农民素质不高主要表现在文化素质低和专业技能缺乏两个方面。武陵山区接近九成的劳动力是初中以下文化水平，甚至还有部分是文盲，大部分农民流向外地务工前并未接受职业培训，即使参加过培训，也存在不能适应工作技能要求的问题；政府管理服务滞后主要表现在劳动力市场建设滞后，未形成一个有效的中介机制，使绝大部分农民流动仍处于无序之中，增加了农民的流动成本；另外，由于户籍制度、农民工子女接受教育、社会保险等制度不完善，使得进城农民无法真正融入城市，仍在就业、上学、社会保障等方面受到不公正待遇。

农民流动对当地社会产生了一系列影响，具体如下：一是留守在农村的主要是儿童、老人等弱势群体，其生活难以得到有效照顾；二是农业劳动力外流，承包田地出现被抛荒现象，农业生产受到影响；三是相对素质较高的农民外流，使得农村出现人力资源“贫瘠化”现象，造成基层组织根基不牢、村庄建设内生动力不足等问题。

3. 促进农民工流动的三大对策

（1）强化信息管理、加强素质培训，履行好政府职责

一是建立农民信息数据库，通过摸清流动人口底数，强化网络信息管理等方式，加强对流动人口管理工作，发挥政府中介服务作用。二是加强农村基础教育和农村文化基础设施建设，提高农民文化素质。三是通过构建“培训技能—外出就业—增收脱困”、“培训技术—就地创业—增收脱困”等培训扶贫模式，扩大实施“雨露计划”等来开展职业技能培训，提高农民技能素质。

（2）发展订单劳务、完善保障体系，促进农民顺利流动

可以通过建立培训学校与企业合作方式，共建校企合作活动培训基地；可以与企业签定长期合作协议，建立长期就业安置基地，形成订单式劳务模式，促进农民对口就业；加强对留守儿童、空巢老人进行妥善照顾，使农民“安心”流动；加快完善农民工社会保险、医疗保险、失业保险和生育保险等社会保险制度，使农民工社会保障实现“全覆盖”；破解“贡献在城市，保障靠农村，年轻在城市，养老回农村”的困局。

（3）发展非农产业、加速城镇经济发展，实现农民就近就业

一是充分利用武陵山区的生态资源、民俗风情来发展生态旅游、民族风情旅游等，促进酒店、导游、交通运输等相关服务行业的发展。实现农民的就业转移。二是推动发展城镇经济，实现农民临近就业。通过逐步改善城镇投资环境，号召本地经济强人投资家乡建设，引导返乡农民工返乡创业来加快城镇经济的发展，推进城镇化建设进程，促进劳动力的就近就业。

（三）村庄治理与扶贫研究

1. 村庄治理的特点

一是政府主导村庄治理，村民参与有限。政府通过整村推进、产业培育等扶贫方式来促进村庄的基础设施建设与经济水平的提高；通过开展定点帮扶、对口支援工程等科学引导企业赞助、社会捐赠、国际社会资助贫困村庄的脱贫减贫。二是通过衔接两项制度来优化村庄服务水平，实现农村最低生活保障制度和开发式的扶贫政策制度的有效衔接和良性互动，做到“应扶尽扶”和“应保尽保”。三是以提高农民素质来改善村庄内生发展能力，即通过制定实施雨露计划等，加强劳动力培训，提升劳动力的职业技术素质。

2. 村庄治理的问题与潜力

在村庄治理过程中其主要问题体现在以下方面：一是政府主导村庄治理，在政绩工程的驱使下，不顾村庄的治理基础，忽视村民的切实需求而盲目开发。二是村民组织培育不够，形成村委会的一元治理格局。农民之间缺乏互助合作，导致单个弱小的农户在激烈的市场竞争面前处于不利地位。三是村民政治参与不足，村庄的民心民智难以汇聚。由于村民自身素质不高、农民流动以及村委会不够重视、不放权等原因，村庄民主徒有形式而缺实质。

在长期的扶贫开发中，武陵山区的许多村庄在基础设施、民生事业、民族文化以及生态环境保护等方面取得了巨大的成就，为该地区村庄的有效治理打下了坚实的基础。如村庄内水、电、路和农田水利建设有了较大改善，农业教育、科研、技术推广等基础设施也逐步完善，工业发展迅速，贫困人口数量明显下降。武陵山区在重视经济建设的同时，文化保护、生态保护的也取得了重要的成绩。

3. 完善村庄治理的四点建议

（1）明确村庄治理基础，因地制宜科学治理

第一，建立贫穷村庄的分类机制，根据交通情况、资源占有情况、劳动力素质、可行的产业等变量将村庄分类，将村庄分为生存型村庄、致富型村庄、搬迁型村庄等类型，明确“哪些该开发、哪些要保护”。第二，完善生态补偿制度，对生态环境保护较好的村庄予以财政鼓励与补偿，对在村庄开发中损害了生态环境的村庄收取生态损害费。第三，建立统筹保障体系，村干部工资由“基本补贴＋功能补贴”构成，根据不同村的定位、功能划分来划分考核村干部的履职情况，如定位为保护型的村庄，则以生态发展和保护的成绩作为衡量发展的最重要成绩，并根据生态保护成果给予奖励。

（2）协调多元治理主体，构建复合治理结构

一是保障村民主体地位。通过加强山区基础教育投入，组织“送法下乡”“政策宣传下乡”“技术指导下乡”等活动，增强村民的法律意识与政策了解程度。通过组织政府干部下乡，增强领导干部对农村农民的了解。二是培育村民合作组织。通过政府给政策、给资金，在乡镇一级成立合作组织专项培育基金，乡镇政府的担保贷款等方式维护组织正常运转。三是通过建立村级事务契约化管理与村民票决村干部工资机制等来完善村委会管理。四是通过把政府机构设置从过去“向上相对应”转为“向下相适应”，组建村庄内政府公共服务平台等促进政

府职能转变。

（3）整合村庄治理资源，提高村庄治理能力

一是整合村庄内自然和人文资源。如开发少数民族文化资源，利用村庄内的本土资源、非正式制度等促进村庄治理。二是整合村庄人力资源。对于村庄中的一些老党员、老干部、退伍军人、退休教师等，可以借助他们的威望维护社会风气、调解村民纠纷等。三是整合社会资源，建立城乡定点扶贫机制，政府部门、企事业单位与村庄结对扶贫机制，建立企业与村庄结对扶贫机制等促进村庄的治理开发。四是通过发挥扶贫办的主导作用，在县级实现资源整合来整合政府资源。

（4）构建村民参与机制，改善村庄治理方式

一是利用宣传单、广播、标语等加强基层民主的宣传教育，通过提高留守在村庄里的老人、妇女的村庄政治参与能力等方式促进村民参与。二是赋权于民，做到民主决策。对于村内的经济发展项目的引进、村庄的重要决策必须以农户签字方式进行公决。三是通过成立村务公开观察员制度，利用手机短信、宣传单、村务上网等方式促进村务公开，落实民主监督。四是构建村民参与保障救济机制。如实行村民代表四年制任期制，村民代表会议固定制，乡镇政府救济制等。

二、武陵山区农民合作与扶贫研究

（一）农民合作的特点

武陵山区农民合作特点主要可以通过五个方面来考察：合作主体、合作对象、合作范围、合作形式、合作趋势。

1. 合作主体

（1）合作主体组成受区位条件的影响。

武陵山区交通十分不便，由于山地地形，铺路成本十分高昂，大部分村庄根本没有水泥路，有的村落即使有道路通往，地势也非常的险峻，车辆行驶的安全隐患大。故受交通条件的制约，该地区人流的进入和出离都十分的困难。据当地农民反映，不同区位条件的农民对外出务工持不同态度，区位条件较差，偏远地区的农民一般持保守态度，不愿意外出，大都在家守着一亩三分地，以务农为职业；区位条件较好的地区农民大都极度渴望外出，并且很多人一出去就不愿意回

来了，或者在外面一呆就是很多年。

由于武陵山区农民特殊的流动性特点，农民合作组织的主体也呈现出区别于其他地区的特征。在交通状况较好，有道路通往的地区，由于男性青壮年大都外出务工，故妇女、老人为农民合作的主要主体；在交通状况较差的地区，由于人口流动性弱，导致农民合作主体的性别差异不明显。

(2) 以低学历、低收入人员为主体。

武陵山区经济贫困，教育事业发展滞后，农民大都只接受过初中以下水平的教育，故整体素质不高。农民整体素质的偏低导致农民大都只能在本地务农，收入水平较低，这部分农民构成了农民合作的主力军。

由于农民合作主体的低学历、低收入特征，农民合作存在着失败的风险。具体表现为合作运行的管理人才缺失、技术人才缺失、投入资本缺失、原始积累缺失等。

2. 合作对象

(1) 以农民自发组织为主。

基于武陵山区区位条件不佳、缺乏招商引资的硬性条件，农民合作组织大都是在基层农技服务站、供销社、科协的帮助下组织成立的，大都以农民自发组织为主，其他经济主体参与较少。农民自发组织的主体大都为生产同类同质农产品的农民，以便于生产、销售等环节的合作。

(2) 种养大户发挥了重要作用。

武陵山区大部分农民合作组织是由农村种养大户、技术能人、经纪人等牵头兴办的，特别是一些有威信、有专长的种养大户发挥了重要作用。恩施州建始县红岩寺镇蒿坝坪村的烟农大户自发成立了烟生产专业合作社，并选举产生了理事长、秘书长和理事会成员，组建了机耕队、运输服务队等，制定了生产专业合作社章程，推进了合作组织的规范发展。

3. 合作形式

(1) 形式多样，以农民专业合作社为主。

在合作形式上，武陵山区大部分农民合作组织既有基层专业合作社、专业协会，也有区域性的联合社、联合会以及农产品行业协会等，其中专业合作社为最主要的合作形式，占全区的70%以上。恩施州宣恩、重庆黔江在龙头企业的带动下，采取了“公司+专业合作社+基地+农户”的合作形式；贵州印江则主要通过农村经纪人队伍的建设提高农村专业合作社的市场竞争力，调整优化农业结构；各类农产品行业协会为湖南湘西地区的农民专业合作经济组织发展提供了重要平台，该地区主要采用“协会+龙头企业+专业合作社+专业农户+专业生产基地”的合作形式。

（2）股份合作形式有所发展。

股份合作经营方式在武陵山部分地区开展得如火如荼。恩施宣恩的一些农民专业合作社采取农民入合作社股份的方式，把农民的资金集中起来，建立、壮大农产品种植基地；重庆黔江地区以农村土地承包经营权作股，把土地集中起来，根据产业发展规划，统一经营。

4. 合作范围

武陵山区资源丰富，目前，各项农民专业合作经济组织的合作领域主要涉及种植业、畜牧业、销售业、技术创新等领域，其中种植与畜牧业为最主要合作领域，由于交通条件的限制，其他领域的合作目前尚处于发育阶段。武陵山区各地政府鼓励把蔬菜、水果、药材、畜牧等作为农业的支柱产业来抓，鼓励农民创办专业合作组织。

5. 合作趋势

近年来，在国家和各级政府的大力扶持下，农民专业合作经济组织的发展呈现出“一村一品，一乡一业”的产业高度集中化趋势。产业覆盖乡村、农户的范围不断扩大，合作内容从单纯的生产环节扩大到产前、产中、产后的所有环节。合作组织的服务范围从只提供部分单项服务到发展为产销一体的一条龙的综合性服务。宣恩县各农民专业合作社根据市场需求和当地实际，围绕烟、茶、畜、果、药、菜六大主导产业，组织农民从事专业生产，促进了特色农业产业的发展，增加了农民的收入，加速了当地农民减贫、脱贫的进程。

（二）农民合作存在的问题

武陵山区农民合作组织的成立，对吸纳当地剩余劳动力，促进农民增收，帮助农民摆脱贫困发挥了重要作用，但也存在着一些不容忽视的问题。下面主要从合作的主体、合作的管理、合作的效益这三个方面论述农民合作对减贫、脱贫的重要影响。

1. 合作主体

（1）合作主体的代表性不强，对减贫、脱贫的贡献率低。

首先，武陵山区的农民合作经济组织在其成立初期规模一般较小，参与的农户人数较少，代表性不强。成立后的示范效应不明显，经济效益不高，难以吸引足够的农民与资本投入参与其中，如此一来便形成了“农民不参与—合作难开展—产业难发展”的恶性循环。

其次，由于龙头企业、种植、养殖大户以及村干部在参与农民合作经济组织时享有一定的优先权与优惠政策，故其对于合作经营所带来的收益总是享有一定的优先占有权与决定分配权，普通参合农民难以通过合作取得较大的收益，只能眼巴巴地看着这些企业，大户“拿大头”，自己只能“拿小头”或者“拿零头”，有时甚至连自己应得的权益与收入也得不到保障与落实，故导致农民参与专业合作组织成为大户、村干部的组织，普通农民难以从合作中得到实惠。

（2）合作主体的诚信度不高，合作发展遇瓶颈。

武陵山区处于亚热带地区，资源丰富，气候宜人，优越的条件吸引着一批实力雄厚的企业驻足，但这些企业也只是驻足，虽然他们怀有与农民合作的美好愿望，但却不会轻易地踏上这块土地，给这片热土带来经济发展的活力。因为除了交通不便外，农民的诚信问题一直是困扰合作企业的大问题。与沿海经济发达地区不同，武陵山区农民的收入水平低，整体素质不高，故在合作过程中容易出现一些利己主义行为，尤其是一些不诚信的行为，从而破坏了合作的基础。企业家会有这样的担心：“生产资料给农民了，农药化肥给农民了，前期服务也给农民了，但是农产品不卖给我们怎么办”，“当合作企业的收购价高于市场价时，农民是很乐意的，但是如果一旦低于市场价，合同对于农民来说就是一张废纸”。故诚信问题严重制约了农民合作的发展空间，给合作带来不稳定因素，使农民合作难以得到持续的发展。

2. 合作管理

（1）多头管理主体，增加了合作的交易成本，减少了农民增收的空间。

按照现行程序，农民专业合作经济组织的登记成立需要农业部门、民政部门（有的还需要科技部门）行文，方可办理有关手续。基于武陵山地区各类农民合作组织大都是在基层农技服务站、供销社、科协的帮助下组织成立的，具有发育还不是很完善等特点，故该地区的农民合作组织除了受到农业、民政、科技等部门的管理之外，还会受到基层一些相关行政部门的管理。这些管理部门之间没有明确到底谁是该地区最主要的主管部门，造成多头管理的局面。管理主体一多，各种行政的非行政的审批、约束就多，既降低了合作组织办事的效率，也增加了合作组织的交易成本，减少了合作组织的盈利空间与农民的增收空间。

（2）行政化管理方式束缚了合作组织的发展，导致农民参与不足。

受经济发展的影响，武陵山地区政府管理发展水平较低，管理方式单一。各个管理主体大都以行政手段对农民组织进行管理，有的根据一些宏观的国家政策及相关文件，有的则直接以行政指令的方式。这种僵化的管理方式束缚了合作组织的发展活力，使作为独立的市场经济体的合作组织变得死气沉沉，让农民逐渐对合作失去了兴趣与信心，导致农民对合作的参与严重不足。

3. 合作效益

（1）经济效益不高，农民增收缓慢。

从区位条件来看，目前，武陵山区的农民合作经济组织只是存在于部分自然资源较丰富、交通较便利的地区，在资源匮乏，交通不便的地区根本看不到这类组织的身影。故即使是同类的经济组织之间由于地域的阻隔而被分割为不同的经济主体，难以进行区域性的联系与合作，在农业生产中不能形成规模效应从而有效地降低成本，在国内、国际的市场竞争中也难以形成自己的优势地位，从而制约了合作社的发展，导致合作生产的经济效益不高。

从合作领域来讲，武陵山区农业专业合作社的生产领域主要分布在市场化程度较高的生猪、水果、蔬菜、中药材等产业，占组织总数的九成左右，稻谷等大宗农作物领域分布较少。由于地处山区，交通不便，运输成本较大，加上农产品的市场价格不高，农业产业的经济效益普遍不高，致使农民增收缓慢甚至增收停滞。

（2）社会效益不高，对减贫、脱贫的带动作用不明显。

农民合作组织是农民自愿联合、民主管理的互助性经济组织。与一般的市场经济不同，农民合作组织是一种互助性的组织，不是以利润最大化为追求目标，而是以实现全体社员的共同福祉为最高准则。故合作组织在追求经济效益的同时，应顾及社员们的福祉和利益。武陵山地区剩余劳动力基数大，各种基础设施不完备，农民还处于比较原始的生活状态，素质较低，故要真正实现农民的减贫、脱贫，必须提高农民的素质，通过教育、培训转移大量的剩余劳动力到第二、三产业就业，完善各种基础设施，为农民的生活、就业提供与创造良好的条件。但到目前为止，武陵山地区的农业合作大都停留在组织第一产业的简单再生产状态，只能通过暂时的经济利润增加农民的收入，对农民摆脱贫困帮助不大。故武陵山区农民合作组织的社会效益不高，仍需进一步的发展。

（三）农民合作的潜力

农民合作为武陵地区扶贫开发创造了巨大的潜力价值，是推动扶贫工作取得实质性进展的关键。其对扶贫开发的潜力影响具体表现在如下几个方面：

1. 提供经济发展的内在动力

（1）为产业经济的发展提供组织基础。

农民合作组织的建立能够使武陵山区一盘散沙的个体小农组织起来，以合作经济法人而不再是以单个的自然人形式出现在市场经济舞台上，通过相关的技能培训，农民拥有了一定的技能，为产业经济的发展提供了丰富的人力资源。农民通过参加农民合作组织拥有了相对平等的法律地位和社会经济地位，为农民发展产业生产提供了相对平等的市场环境，为当地的产业发展提供组织基础。

（2）从根本上保障农民的增收。

农民合作组织在农副产品的各个储存、加工、运输、销售以及农业生产资料的订货、运输、购买和质量检验等诸多环节，根据市场经济利益最大化的原则，为农民最大限度地减少中间环节、节约成本、减少浪费，确保农副产品保值增值以及农用产品售后服务和产品质量，达到合作经营利润最大化的目的，从而从根本上大幅度的增加农民的收入。

（3）为各类优势资源提供增值机会。

武陵山区资源丰富，拥有丰富的山地资源、水能资源、矿产资源以及旅游资源等。但由于交通不便，信息不畅，这些丰富的资源大都没有得到合理的开发与利用，不能为当地的农民带来收益。农民合作组织的成立能够为这些资源的开发与利用提供中介功能，使外部的公司与本地的资源相对接、使市场与农户相对接。本地的资源对于外部市场来说为稀缺资源，故具有十分可观的经济价值，如林木、矿产、民俗风情等。通过合作组织的中介功能能够使这些稀缺资源得到合理的开发并实现其价值的增值，带动武陵山区的优势产业的发展，促进农民增收。

2. 促进剩余劳动力的转移就业

武陵山区耕地条件恶劣，人地关系高度紧张。山区的耕地大多为坡地，面积十分狭小，耕地面积的有限性与家庭人口数量的不断扩大造成了劳动力的严重过剩。由于交通不便及其农民的传统保守思想，武陵山区的农民大都不愿意外出务工，而是留在当地务农，进一步导致了资源的紧张与生活水平的下降。

农民合作组织的成立与发展为武陵山地区的剩余劳动力提供了正规的工作场所。他们既不用外出务工又不用担心占用已非常紧张的耕地资源，可以安心地工作，由于长期的低水平生活，这部分农民想要改变自己的生活状态、提高经济收入的愿望强烈，故给农民合作提供了潜在的人力资源与人气聚集效应。由此，剩余劳动力与农民合作组织形成了良性的互动发展。

3. 带动了农民的全面发展

农民在合作组织中通过接受技能培训，参与合作组织的管理以及参与企业或者其他组织的合作，自身能力得到了锻炼，素质得到了加强。这为农民脱离简单的农业生产，转移到第二、第三产业就业，从而获得较高经济收入，摆脱贫困状态创造了有利条件。

（四）以农民合作带动扶贫的建议

农民合作是推进武陵山区经济发展、产业发展的重要组织形式，对当地农民的生产、生活造成巨大影响。因此，将农民合作与武陵山区的扶贫工作联系起来是十分有必要的。下文将从农民合作组织的发育与发展两个角度来考察农民合作与减贫、脱贫之间的关系，并在此基础上提出相适应的对策。

1. 推进农民合作组织的发育与减贫

（1）加强组织培育，做好前后服务。

由于武陵山区经济发展落后，农民组织的发育存在先天的不足，故政府及有关部门对农民合作组织的培育工作就显得尤为重要。政府应加强对农民合作组织的培育，做好产前、产中、产后工作与服务。具体可从以下几个方面着手：

一是在合作项目的选择上，应引导组织选择适合本地发展并能够切实带来经济效益的项目，如本地优势资源或市场上的稀缺产品。被评为“全国十佳茶叶专业合作社”的湖北宣恩县晓关侗族乡维民茶叶合作社，2007 年 10 月，在当地政府的的培育下成立了维民茶叶专业合作社，由于市场需求旺盛，一批茶园、茶叶基地随之建立起来，当地一些未入社的农民也纷纷加入其中，改种粮为种茶，提高了收入水平。

二是在合作主体的选择上，按分类指导的原则，可以根据不同产业类别选择召集不同的农民群体组织成社。对于一些技术性较强的项目，如药材的生产，为了保证产品的质量，该类生产合作组织的主体选择应首先鼓励当地的大户入社，然后通过示范作用和技术的传播带动更广泛的农民入社；对于一些技术性较低的项目，可以通过组织大规模、标准化的培训，使参合农民达到基本的标准后即可组织入社。

（2）加强人员培训，提高会员素质。

武陵山区农民学历普遍较低，素质较差，成为制约农民合作的主要因素之一，也是造成当地农民贫困的重要原因。加强对农民的培训不仅是开展农民合作的需要，更是使农民摆脱贫困，走上富裕小康的生活之路的需要。可以从这几方面全面提高农民的素质，提升农民的就业竞争力。

一是全面落实九年义务教育制度。加强农民的基本理论知识素养，使农民具备基本的文化知识，为以后的深造与技能培养创造条件，打好基础。

二是加强各项专业技能的培养。由于农民是合作组织的主体，除了担任产品的生产者角色，承担生产任务之外还要担任一定的组织者、决策者的角色，故应加强农民各项专业技能的培养，如专业的生产技能的培养、专业的销售技能的培养、专业的组织管理技能的培养等。只有通过农民的全面发展，农民才能成为新型的农民，才能彻底摆脱贫困的处境。

（3）引入市场机制，优化投资环境。

由于武陵山区交通闭塞，市场的开放程度很低，很多企业根本无法对该地区的情况进行了解或者考察，导致武陵山区错失了许多招商引资的机会，这也是导致目前农民合作组织无法真正做大、做强，农民增收缓慢的主要原因，因为缺乏与企业之间的合作，市场的拓展往往受到限制。故当务之急是要加快市场引入机制的步伐，建立与企业之间的联系，促进与企业间的合作。具体措施如下：

一是建立信息交流平台。通过建立农民合作组织的门户网站或成立相关论坛让农民合作组织的各类信息面向市场，设立专门的交流版块用于企业与农民合作组织之间的联系与交流。

二是寄出资料给相关企业，邀请企业派遣技术人员前来考察。由于仅仅依靠网上公开的交流平台无法完全展现出农民合作组织的具体情况，也不能很好地与当地的社会情况联系起来，故可以通过主动与相关企业联系，通过寄出部分资料给企业的形式，或者邀请企业派遣人员前来考察的形式与企业之间展开全面的互动与交流。

三是完善基础设施建设，优化投资环境。武陵山地区基础设施建设严重滞后，制约了产业化的发展。为优化投资环境，吸引各类经济主体参与投资，政府应及时地投入资金，完善当地的基础设置建设。主要应从如下几个方面入手：

①道路的修缮

“要致富，先修路”，武陵山地区道路崎岖，交通不便，铺路的费用高昂，地方政府与农民根本无力承担如此大的费用，故道路的修缮需要国家的大力扶持，国家可以首先完善一些区位条件较好、产业效益较强地区的公路设施建设，待时机成熟再逐步推进到全区大部分地区。

②工业建设用地的规划与平整

在武陵山区目前的条件下，要促进农民合作组织获得更好的经济效益，使农民增加更多的收入，产业化经营必须向纵深发展，即必须从单纯的生产型农民合作组织向产销一体化的合作组织发展。要加快加工产业的发展，就需要大量的工业建设用地。因此，政府应通过民主的方式合理规划出此类工业建设用地，可以通过土地流转，流转出所需面积的耕地，通过相关法律政策的规定把该面积的土地经营权卖给或租给需要用地的企业。这样失地的农民不仅可以拿到一笔补偿资金，还可以在在建的厂房里打工，挣得工资，从而改变贫困的生活状态。

③建立社会保障机制，预防投资风险

武陵山区的主要农民组织形式为农民自发组织成立的农民专业合作社，此类合作社具有规模小、资金少、人才缺等特征，为避免此类企业经营不善导致农民破产，陷入更加贫困的境地，应建立健全农民合作组织的社会保障机制，预防市场投资风险，可以采取如下做法：

一是对于初创的农民合作组织，政府可以根据组织性质与类别给予一定的启动资金，一般来讲，技术类合作组织的启动资金要高于普通生产型合作组织的启动资金；规模较大的合租组织的启动资金要高于普通规模合作组织的启动资金；重点扶持产业组织的启动资金要高于一般合作组织的启动资金。值得注意的是，对于启动资金的确立，应参照有关法律规定，通过民主的方式，如召开村民代表大会的方式给予通过。普通参合农民应享有资金的知悉权与监督权。

二是对于初具规模且形式独立的农民合作组织来讲，可以通过向保险机构投保的方式预防投资风险，但政府应该给予一定的保费补贴。可以通过对农民合作组织的实力进行评估，具体测算出政府的补贴率，然后进行补贴。

三是鼓励合作企业与合作社共担风险。企业在规避市场风险方面具有经验优势，企业与合作社共担风险有利于企业对合作社进行市场化运行的指导，培育合作社的市场竞争力。具体来说，可以采取“企业＋合作社”或者“企业＋合作社＋农户”的资金贷款模式，分散产业的投资风险，减少损失。

2. 推进农民合作组织的发展与脱贫

（1）提供制度保障，保障农民所享有的增值收益。

农民是农民合作组织的主体，理应享有合作经营增值收益。但由于武陵山地区农民的文化素质较低，权利意识淡薄，故存在着一些侵吞农民增值收益的现象，产生了非常不好的影响。故保障农民应当享有的增值收益是帮助农民摆脱贫困处境的第一步。对此可以通过建立如下两个机制予以解决：

一是利润返还机制。把从合作经营所得的利润按照一定的比例，比如70%的比例按人口总数平均返还给所有参加合作经营的农户。可以采取召开返利大会的形式，确保每个参会农民都得到增值收益。

二是贡献率机制。即按照每个农民对合作组织经营的贡献率来确定其增值收益的大小，应先通过民主的方式，如召开全体参会农民大会或代表大会的形式确定贡献率的评价标准与监督组织，然后严格按照这个标准执行，确保农民增值收益的公平性。

（2）突出“品牌”效应，打造知名度。

农民合作组织作为独立的经济实体，在我国市场环境中具有特殊的地位，但与企业相比则明显显得实力不足、知名度不高、市场竞争力不强，武陵山区的农民合作组织尤其如此。故在市场竞争中时常会受到不公正的对待或遭受其他市场经济主体的不公平待遇，导致组织的市场拓展举步维艰。因此，突出“品牌”效应，打造产品的知名度显得尤其重要。具体来讲，可以通过以下三种方式提升知名度：

第一是通过形式上挂靠政府相关部门，如各类科技协会等得到相关挂靠部门的支持，获得市场经济主体的尊重与认可。

第二是通过与当地的一些龙头企业、知名企业的合作提升自己的知名度。可以把与大型企业进行合作的材料、影像等资料装订成册，作为农民合作组织经济合作的重要成果展示给其他经济主体，以获得其认可，提升知名度。

第三是通过参加一些大型展销会提升产品与组织的知名度。如今国内的一些大型的商场、展览会与交易会的准入条件都十分严格，农民合作组织生产的产品往往被排斥在门外。不过，我们可以借鉴重庆秀山县的“农产品展示展销中心”的运营模式，农民合作组织通过联合建立了自己的产品展销会，并且同样吸引到了各类市场经济主体的投资眼光，为农民合作组织的发展提供了机遇。

（3）创新发展模式，带动产业多元化发展。

目前，武陵山区农民合作组织大都为农民自发组织与大户领办的组织形式。形式较单一，且大都为传统的经营方式，造成农民增收途径单一，收入增长缓慢的现象。针对这种情况，可以在消化吸收的基础上部分地学习、借鉴本地区与其他省份、地区的先进经验。第一是借鉴恩施建始县“公司 + 专业合作社 + 基地 + 农户”的合作发展模式，鼓励公司尤其是一些龙头企业参与农民组织的合作经营，因为这些公司的融资能力很强，专业合作社通过与其的合作能有效增强辐射带动农民增收的能力，拓宽农民增收的渠道，使农民的收入来源更加多样化，彻底地脱贫致富。第二是试行“股份制林场”的合作发展模式。武陵山区林地资源丰富，山地面积占山区总面积的 70% 以上，森林覆盖率高，生态环境极佳。林权改革之后，农民实现了“分林到户”，拥有了对所有林地的经营权，这无疑给农民合作创造了机会，给农民增收带来了契机。因为与耕地相比，工业发展对木材的需求量大，故林地的潜在产业价值较高，但靠单家独户经营林业十分困难，且效益低下，故农民可以通过股份制合作林场的方式，流转林地的经营权，比如把整片林地承包给木材商经营等。由于林地生长具有循环性，农民的收入有了稳定的保障，贫困状态得到了减轻。

（4）突出农民合作组织的社会性服务。

农民合作组织是农民互助性组织，故自从其诞生之日起就必然会承担一定的社会责任。武陵山区作为国家的重点扶贫地区，扶贫任务艰巨，故该地区的农民合作组织的发展应切实与扶贫、减贫、脱贫联系起来，农民合作组织在发展规模经济的同时也应搞好社会性服务。针对武陵地区的实际情况，农民合作组织的社会性服务应主要表现在如下两个方面：

其一是切实保护农民的经济利益。由于产品的价格受市场供需状况的影响并随之产生波动，故经常会出现如下情况：合作组织当初承诺农民的生产价格高于市场价格，造成合作组织的亏损经营。合作组织如果遇到上述情况，在一般条件下应履行与农民之间的承诺，以保护农民经济利益为先，至于经营亏损可以通过融资或者别的途径解决。

其二是帮助农民实现个人的全面发展。农民作为合作组织的一员，应该与合作组织共同成长。当合作组织实力增强时，应投入一定比例的资金用于其社员的技能培训，使农民能够得到全面发展，具备更高的能力与素质，具有完全摆脱贫困，勤劳致富的能力。

三、武陵山区农民流动与扶贫研究

（一）农民流动的特点

对于武陵山地区农民流动的特点，我们主要从流动主体、流向区域、流动目的、流动途径、流动趋势等维度来考量，具体特点如下：

1. 流动主体

（1）青壮年男性是流动的主力军。

从笔者调查情况来看，武陵山区外出务工主要以青壮年男性农民为主体。这主要受制于以下两个原因：一是外出务工的农民工所从事的大部分属于“脏”“重”“累”的体力活，工作环境不佳、劳动强度大，对劳动者的身体素质有较大要求。二是大部分女性由于需要抚养照看小孩而难以外出。据中国国际扶贫中心、德国技术合作公司（GTZ）、华中师范大学社会学院联合课题组的一项调查显示：铜仁地区2004年转移的劳动力中，年龄在19～40岁的占比达八成，湘西州2006年流动农民中，20～40岁的多达27.77万人；2006年，恩施州逾八成的流动农民为男性。

（2）以初中以下学历人员为主体。

受制于当地落后的经济教育影响，武陵山区的农民整体接受教育程度不高，大部分农民只接受过初中教育，甚至初中尚未毕业就被迫外出务工，小学或初中毕业就外出打工的情况较为普遍。由此可见，加大武陵山区的基础教育支持力度，加强对农民工的职业技能培训显得极为迫切。

2. 流向区域

总体而言，武陵山区的农民流动区域较广，以省外、沿海居多。因历史、地理位置原因，武陵山区生产力发展水平较低，经济发展环境不佳，第二、三产业发展极为缓慢，这些限制了本地对本地区农村劳动力的吸纳能力，造成大量富余劳动力流向省外和沿海区，其中，经济较发达的浙江、广东、福建三省，成为湘西州农民外出务工的主要地区。如铜仁区、恩施州、湘西州等地区自2004年开始的一系列对农村剩余劳动力流动进行的调查报告都显示，超过八成的农民多在浙江、广东、福建等沿海一带务工。

3. 流动目的

以务工来缓解家庭经济困难是流动的直接目的。武陵山区存在因“灌溉难、资源开发难、耕作困难”导致的生产难困境。因此，由于土地贫瘠、基础设施条件落后，这些限制了农业生产的增收潜力，许多农民通过流向非农产业就业来增加收入，而在武陵山地区非农产业发展还十分落后的情况下，其主要出路就在于迁移到城市务工。

目前，在武陵山区，打工收入和非农业经营收入是其家庭收入的主要来源和重要支撑，农业反倒成了副业，一些地方的农田甚至出现了抛荒。迫于生计而流动的经济目的是武陵山区农民基于家庭收益最大化的理性选择。通过部分劳动力流动来进行人力、生产资料的有效配置，可以起到增加家庭收入，缓解家庭贫困，改善家庭生活状况的作用。

4. 流动途径

以血缘、地缘和人缘为纽带的组团流动。因目前劳动力市场机制不够健全，劳务输出的组织化程度不高，武陵山农民外出务工多数以自发形式为主，通过先行或已在外地工作老乡带动。即“老乡带老乡，一带一大片”的传统方式是农民流动依靠的主要途径，至今仍未发生较大变化。血缘、地缘、人缘的“三缘”关系对于农民流向外省务工作用很大，许多外出务工农民均是通过老乡介绍到外面去务工。

5. 流动趋势

流动具临时性，“回流”现象增多。因城乡二元对立的结构特点，农民流向省外及沿海地区务工后，并不能长久定居外地，而是“年轻在城市，养老回农村”的状况。武陵山地区农民流动从其生命周期看，是临时性的，且最终会于不同时期内“回流”。首先，一部分40岁以上的农民工因身体及就业条件限制，在城市的就业机会越来越少，随着年龄增长，他们不得不逐渐回流返乡务农。其次，政府积极鼓励引导流向外地务工或从事其他职业的农民返乡就业创业，来带动武陵山区经济的发展。部分外流农民在掌握一定技术，积累充足资金、经验后，返回武陵山地区就业创业。再就是，部分外流农民因家庭原因，如留守老人和小孩的合理安置照顾等而“回流”。

（二）农民流动的问题

武陵山地区的农民流动已经具备一定规模，对转移剩余劳动力、增加农民收入、改善农村产业结构、提高农民素质等发挥了重要的积极作用，但也存在一些不容忽视的问题。主要有以下几方面：

1. 农民流动过程中反映出的问题

（1）农民自身素质不高，农民务工收入受限。

主要表现在文化素质低和专业技能缺乏两个方面。武陵山区接近九成的劳动力是初中以下文化水平，甚至还有部分是文盲。与此同时，调查资料显示，大部分农民流向外地务工前并未接受职业培训，即使参加过培训，也存在不能适应工作技能要求的问题。因此，武陵山地区农民外流后客观上会受到劳务市场需求的限制，就业空间狭小，待遇不高，工作环境不佳。这所带来的连锁反应就是，另外部分农民因所受教育水平较低，而畏首畏尾，害怕冒风险，宁愿呆在故土，死守产出率低的山区薄田生活。农民综合素质不高，既使农民向非农业流动的过程中，面临重重困难，个人合法权益保护意识较弱，也在一定程度上使农村劳动力转移陷入窘境，制约武陵山地区劳务经济的发展。也就是说，劳务经济发展因受人力资源较低的影响，对武陵山区扶贫开发的贡献一度受到限制。

（2）对农民流动的管理、服务滞后，制约劳务经济的发展。

一是劳动力市场不完善，政府中介作用未发挥。作为生产要素最活跃的劳动力市场是市场经济的重要组成部分。武陵山区因经济发展水平较低，劳动力市场建设起步晚，与之相适应的配套设施、管理机构、规章制度等尚未建立或健全，使绝大部分农民流动仍处于无序之中，缺乏必要的组织和信息指导。这主要表现在，农民流动的途径主要依靠“三缘”——血缘、地缘、人员，而呈现出一定的盲目性、无序性和自发性，导致就业困难，就业岗位、工资待遇不理想的状况。大多数农民都是在对流向目的地是否需要民工、出去后能否找到事做无太大把握的情况下，凭借“老乡带老乡，亲戚携亲戚”的方式向外流动的。与此同时，部分以盈利为最终目的的民营劳务输出中介，在缺乏中介服务的条件下，担当起农民流动的中间桥梁。在这过程中，产生了坑骗求职者，扰乱劳动力市场秩序的现象。这使得农民流动的成本增加，还承担一定风险。

二是相关制度不配套，农民权益难保障。首先，流动至外地务工农民的正当权益得不到保障。主要表现在：①一些地方对农民务工就业的职业、工种等进行限制，针对民工设置的各种收费项目繁多，如暂住证费、务工证费、子女入学借读费、卫生费、治安管理费等；②企业用工和劳动管理不规范，劳动合同签约率低，履约率更低，企业强迫民工接受无效条款和“霸王条款”；③劳动岗位不稳定，报酬无保证；企业实行歧视性规定，农民工与正式工同工不同酬，工资克扣、拖欠现象严重；④安全和身体健康缺乏保障；⑤基本社会保险普遍缺失，大部分没有办理养老保险、工伤保险和失业保险，更谈不上医疗和生育保险；⑥子女接受义务教育、劳动保障程度低。其次，户籍制度始终是农民临时性流动的最主要原因。由于传统户籍体制的惯性，武陵山区流动进城农民无法真正融入城市，仍在就业、上学、社会保障等方面受到不公正待遇。这也造成农民年轻力壮时作为有效劳动力在武陵山区和沿海城市间流动，而在年老力衰或受到金融危机等客观原因影响之时，回流到故土。

2. 农民流动对武陵山地区的影响

（1）农民流动对其家庭的影响。

在武陵山区，农民流向沿海地区务工从而获得比从事农业更高的收入是其家庭摆脱贫困的重要方式。在经济发展较好区，农民流向沿海地区务工是对农业的一种补偿。而在武陵山区这样的贫困地带，外出打工一直被当地人看成是快速致富、缓解生存压力、减轻贫困程度的好门路，甚至可以称之为是对农业的替代。但对其家庭来说，会导致以下问题：

首先，家庭生产受影响，承包田地被抛荒。因耕地流转制度不够完善，外出务工的流动农民一方面可能要蒙受因转让承包权而造成的额外经济损失。另一方面，大部分外出务工的家庭选择“兼业”的经营方式，而这可能造成外出农民承包土地粗放经营，甚至弃耕抛荒的问题。另外，金融危机也使得部分外出务工农民成为失业农民，使得这部分家庭在断掉外出务工这笔最重要的收入来源后，重新返贫。

其次，留守弱势群体得不到好的照顾，尤其是留守儿童。由于流向外地的农民大都是青壮年劳动力，从而使留守的“613899”部队生活较为困难。尤其是外出农民子女的教育得不到保障。由于农村外出打工的大多是青壮年农民夫妇，子女在成长过程中享受不到父母的悉心照顾，其教育问题也只得依靠年迈的留守老人，而这可能导致的一个直接后果就是，留守儿童厌学，早龄辍学，从而形成文化贫困的代际传递。

（2）农民流动对当地社会经济发展的影响。

农民外流导致武陵山区目前存在的客观事实是农村劳动力少，在扶贫开发上力不从心。农村青壮年劳力大都外出务工，部分剩余劳动力因自身素质所限，在扶贫开发上无能为力，使得部分扶贫项目无法实施或者实施的质量不高。另一方面，村庄“空心化”现象，村庄以及村民的贫困就不仅仅是经济贫困的问题，还表现为能力贫困和权利贫困问题。具体来讲，农民流动使当地经济发展受到的负面影响有以下两个方面：

一是农民流动使农业发展停滞不前。正是由于武陵山区农村农民外流以年轻力壮、文化程度较高的男性为主，其在改善家庭福利的同时也必然会影响到家庭的农业生产。武陵山区流动人口大多是当地青壮年劳动力，而且流动人口与农村劳动力的平均水平相比，受教育程度较高，流动人口整体人力资源相对较高。随着农民的外流，改变了原来农业生产经营状况，单从人力数量上讲，就降低了农业生产能力。一些地方出现耕地撂荒现象，同时也进一步导致对农业的投入较少，粗放耕作经营，这不利于农业结构调整和深度开发。

武陵山区的农业土地要素流动较为微弱，这使得有外出劳动力外流的家庭来说，无外出劳动力家庭的农业发展基本处于“停滞”状态，这种“停滞”主要表现在生产方式的稳态、产量的停滞及结构的固态方面，而在农业技术方面可能会发生一些微小的变化，例如机械对劳动力的替代、现代农业投入品的少量增加、新品种的选用等。但总体来看，贫困地区农村劳动力外出还未达到对农业经济发展具有明显促进作用的阶段。

二是农民流动使农村社区建设内生动力不足。大量青年农民外出务工，使得高素质的人力资源流失。一方面，村落里基础公共设施的建设也因劳动力的大量外流而受阻。如修路、水利建设需要投工投劳，因劳动力外流而取消或拖延。另一方面，这也还造成基层组织根基不牢，使得村庄发展的后备力量不足，组织发展因缺少合适对象而面临困难。劳动力外流给农村基层工作造成困难，不能正常开展。另外一方面，这些劳动力外流地区人力资源的匮乏也制约了其当前村落的发展。内生动力的缺乏，导致武陵山区这些贫困区参与式的扶贫开发工作无法充分有效展开。贫困农民只能通过“等、靠、要”的方式，单纯依赖政府的扶贫款和救济金生活，既加大了政府的财政负担，又影响了村民社区参与的意识和发展社区的能力。

（三）农民流动的潜力

不可否认，武陵山区农民特别是劳动力的大规模流动，为这一带经济社会发展产生了积极效应，也为其扶贫开发工作提供了一些有利条件。主要表现在以下两个方面：

1. 农民素质有所提高，发展动力得到增强

外出劳动力在积累了一定的资金和经营管理经验、掌握了技术和准确的市场信息以后，部分返回武陵山区，而这部分回流的农民会为武陵山区当地经济发展带来新的人力资本。

与此同时，已外流农民年末返乡之时，会将其在外所接受的生活新理念、经济发展的新信息、工作的新经验和新体会带回家乡，给留乡人员带来积极影响。这种积极影响包括，带动更多的武陵山区剩余劳动力外流。另外，外流农民认识到知识的巨大作用，会更注重对其子女的教育培养，在对其子女的教育经费上也能投入更大。由此而使下一代文化素质提高，在人力资本的提升方面作用很大。

在劳务经济强势发展的势头下，武陵山区部分县市开展扶贫开发包括劳动力的转移培训，也使部分农民掌握一定知识和技能。这为武陵山区尽快摆脱贫困，实现经济社会良性发展提供了内部支撑。例如，印江县通过大力开展农业适用技术培训和劳动力转移培训与“阳光工程”“雨路计划”“绿色证书”有机结合起来，完成以家政、酒店管理、缝纫、建筑、机动车驾驶等职业为主的农村劳动力技能性转移培训。通过实施各种农民培训，使贫困群众从基础文化、思想意识和法制观念等方面发生根本改变，参训农民也基本掌握了一些劳动技能，有效提高了参训农民的创收能力。

2. 产业结构有所优化，本地经济条件得到改善

武陵山区农民外流带来了农业机械化的应用、农业技术的进步、土地制度和生产方式的变革，具体展开有以下三个方面。

一是农民外流带动了武陵山区的农业机械化和新技术的应用。武陵山区农民外流务工，获得一定货币收入，思想观念的转变，为农业机械化、新技术应用从资金和思想上提供了可能。农业机械化、技术化，不仅可以节省农业劳动时间，还可以节省劳动力，这不失为武陵山区农民的理性选择。

二是农民外流促进了武陵山区耕地资源在较小范围内的流转与集中。武陵山

区农民外流促进了其土地制度和农业生产方式的变革。一部分农民开始将土地租赁给不外出的农民耕种，且超出了亲友之间租种的范围。在承租对象的选择上，他们基本采取了市场行为，并且这种非亲友之间的土地经营权流转行为，为武陵山区土地流转制度建立提供契机，使农民可进行规模经营。

三是部分回流农民带回技术、信息和管理经验，推动了武陵山区第二、三产业的发展，为民营经济的发展注入了活力，促进这一带农村产业结构的调整。目前而言，这种调整的速度还是比较缓慢的。

3. 人地矛盾有所缓解，生态环境得到保护

农民外地在缓解人、地矛盾的同时，也为武陵山区粗放耕作向集约型劳作的转向提供有利条件，而这使武陵山区的生态环境得到较好的保护。而这种较丰富的特色资源、较优的生态环境、保护得较好的文化，也为武陵山区开展特色产业，发展旅游业等提供得天独厚的自然资源。

（四）从农民流动视角出发的减贫对策

农民外流既是武陵山区劳务经济发展的重要支撑，也会对劳务输出地社会经济发展产生重要影响。因此，将农民流动与武陵山区的扶贫、减贫工作联系起来十分有必要。农民流动的方向：一是向本地现代农业、非农产业流动；二是向省内城镇流动；三是向省际跨区域流动。因此，笔者将从这三个方向并着重以发展劳务经济、本地现代农业及非农业发展为考虑范畴来探讨如何合理地处理、引导农民流动，从而为武陵山区减贫提供一种新的思路。

1. 完善劳务输出机制，发展劳务输出型经济

持续发展劳务输出型经济是当前增加农民收入的有效保障。武陵山区存在大量剩余劳动力，但流动人口在实际转移过程中又存在诸多障碍。因此，针对目前武陵山区农民无序流动、信息滞后的问题，政府应把完善劳务输出机制，加快农村剩余劳动力的转移作为重点工作来抓。

（1）建立农民信息数据库，做好政府中介服务。

建立起农民流动的信息数据库，有利于政府掌握流动农民的动态信息，加强对流动人口的管理工作，更好地提供中介服务。农民流动的信息数据库建立的具体步骤如下：第一，摸清流动人口底数。武陵山区可按照“底数清、流向明、信息准、联系紧”的流动人口服务管理原则，各乡镇政府组织人员开展入户清理和

信息采集工作。且通过实行干部包片负责，做到人不漏房、房不漏户、户不漏人、人不漏项，实现全员流动人口户籍地和现居地详址、办证、婚育、孕情、节育措施及有效联系方式六项清楚。第二，强化网络信息管理。通过网络搭台、信息建卡、短息交流、定期走访等方式，建立起县、乡镇、社区（村）流动人口计生服务管理三级网络体系和“统筹管理、服务均等、信息共享”的流动人口计生工作新机制。第三，推动了流动人口计生信息交换平台规范化运转。面向社会公开招聘流动人口协管员，按照流动人口的分布比例全部充实到各乡镇。流动人口协管员主要负责对流动人口信息的收集、登记、上报、走访、服务等工作。这种流动农民信息网络化入库的方式，既利于政府加强对流动人口的管理，也便于有关部门更好地提供中介服务，在分散的流动农民和劳务市场之间架起桥梁。

（2）加强农村基础教育，提高农民文化素质。

武陵山区基础教育发展滞后，农民文化素质水平总体偏低，在就业竞争中处于劣势地位。受教育水平的提高，可以使流动农民获得更多的机会。因此，从长远来看，必须抓好农村基础教育，提升农村人口的总体文化素质水平。首先，要确立“优先发展农村教育”的政策理念，加大对农村地区优质教育资源的供给。其次，要加大对农村教育的经费投入。中央、省和地（市）都应切实加大转移支付的力度，国、省税费改革转移支付中教育部分必须全额用于农村教育。再次，鼓励和引导社会教育资金投入农村地区，大的建设项目在政府投入的同时，还可以通过银行贷款、闲置资产置换、引进社会资金等办法筹集建设资金，小的项目可在一定范围内发动社会捐款、捐物，城市有条件的地方可采取一个单位对口支援一个或几个村的办法，资金数额不大，有能力的做点贡献就可解决问题。最后，加强新农村文化基础设施建设，如文化活动室及图书馆等公共设施，丰富农民文化生活，为农民进行自我教育构建一个良好的学习氛围。

（3）开展职业技能培训，提高农民技能素质。

增加人力资源投入是实现脱贫致富的重要途径之一。加强对流动农民的劳动技能培训，可使武陵山区劳动力在短期内得到最大限度和有效的转移就业。扶贫工作中可采取开展多种扶贫培训的形式，立足就业培训一人、脱贫致富一家的思路，扎实开展扶贫培训工作。例如坚持“培训技能—外出就业—增收脱困”“培训技术—就地创业—增收脱困”等培训扶贫模式。

目前，武陵山区大部分家庭的劳务收入已成为农民增收的重要渠道，在湘西州、秀山县、印江县，均开展过类似“雨露计划”“阳光工程”“绿色证书”之类的培训活动，通过建立专门的培训基地进行农业技术培训和务工技能培训，提高贫困群众综合素质，解决智能性贫困问题。

例如，湖北省咸丰县、宣恩县等实施的“雨露计划”，即按照“部门引导、市场运作、统筹规划、分步实施、多方配合、加强协调、订单培训、注重实效”的原则，多渠道、多层次、多形式地开展劳动力职业技术转移培训工作。具体做法：一是科学制定农村劳动力转移扶贫培训规划。坚持突出重点、分清主次，优先培训转移中考、高考回乡的增量劳动力，有针对性地培训重点贫困村中劳务输出带头人，为大规模培训转移发挥示范带头作用。二是充分发挥培训基地作用，加强技能培训力度。部分培训基地采取与农业、畜牧、劳动、教育、妇联等部门联合培训的方式，整合培训资源。

这样，一方面是帮助农民获得必要的农业知识和实用技术，将其应用到实际劳动中。另一方面，也促使农民在基础文化、思想意识和法制观念特别是摆脱贫困意识上得到提升。在此过程中需注意的是，一是要确保培训人员的稳定就业，重视扶贫培训工作的质量而非数量。二是要根据武陵山区的实际特点，结合其民族特色，重点开展对服装、酒类、药材销售等行业的职业培训。

（4）发展订单劳务模式，促进农民对口就业。

可借由培训学校与企业合作的契机，共建校企合作活动培训基地。与省外企业家签定长期合作协议，建立长期就业安置基地，每年按照订单培训人数，确保培训一人、就业一人、脱贫一户。以此促进劳动力转移，实现由体能向技能、由无序向有序、由临时向稳定、由分散向规模的转变。

（5）完善农民社保体系，解决农民后顾之忧。

“贡献在城市，保障靠农村，年轻在城市，养老回农村”这一现状使农民工的合法权益得到相应的保障。建立完善的农民工社保体系，将已经非农化的农民工逐步纳入整个社会保障体系，需武陵山区政府和农民务工地所在政府的共同努力。

首先，武陵山区政府建立对外流动农民返乡后的社会保障体系，特别是对部分因特殊原因“回流”农民。比如，对因工伤等原因回乡者，政府给予特殊照顾，使其享受一些补贴，不至回乡返贫。

其次，对流动农民家庭的留守成员进行额外的妥善照顾。一般来说，留守家庭都或多或少存在某些问题，如年迈老人无人照顾、未成年子女缺乏关爱、适龄儿童受教育问题等。武陵山区应出台专门针对留守成员的照顾政策，以使农民“安心”流动。

再次，农民务工地所在政府要鼓励城市企业与农民工签订中长期劳动合同，使农民工能够享受和城市居民同等就业的机会和待遇，使其工作稳定化。制定农民工工资支付保障制度、工资正常增长机制等，保障农民工的工资权利。加快完善农民工社会保险、医疗保险、失业保险和生育保险等社会保险制度，使农民工社会保障实现“全覆盖”。最后，逐步实现城乡公共服务均等化，强化农民工输入地与输出地的政策对接，解除农民工的后顾之忧。

（6）务工外迁与扶贫搬迁有机结合，促进村庄整体脱贫。

整个武陵山区因外部出口不通、内部联络不畅形成“内陆孤岛”。“行路难”的交通困境，使得这一片农民流动不便，成本增大。建议将“打工外迁”与“扶贫搬迁”有机结合，具体做法是：通过政府的积极引导和组织，使大批在外打工户和贫困户搬出大山，在武陵山区交通较为方便的城镇或其他村庄集中定居。政府在这一过程中，提供政策上的尽可能支持。比如简化其迁移手续；为其在迁入地分配一定土地或者其他固定资源；可享受迁入地的一切优惠政策，甚至在迁移上提供财力补贴等。在条件允许的情况之下，还可直接迁移至务工地点。这种彻底迁出贫困地的做法，既可以使生态环境得到保护，也可使农民工融入现代生活，彻底摆脱因地理位置导致的代际传递性贫困。与武陵山区地理环境相似的竹山县在实施“打工外迁与扶贫搬迁有机结合”这一工程的过程中，通过“邻帮邻、户带户，一起打工外迁住”方式，取得可喜成绩，值得借鉴。

2. 发展现代农业和非农产业，实现农民就近就业

农民流动的主要方向是省外、沿海。然而武陵山区还存在大量的剩余劳动力，与此同时，务工者“回流”的趋势也日渐明显。因此，在持续推进跨区域劳务输出发展劳务经济来脱贫之外，武陵山区的扶贫战略还应将“发展本地现代农业、非农产业，实现农民就地流动、行业间流动”的工作思路纳入考虑范围。

（1）发展新型现代农业，实现农民内部消化。

武陵山区农民外流带来了其农业机械化的应用、农业技术的进步、务农传统观念土地制度和生产方式的变革，使其发展现代农业成为可能。另外，设立农业协会或者合作社也是发展现代农业的途径之一。采取“协会/合作社 + 农户 + 基地”的模式，建立信息共享、资源公用、价格自律、风险共担、利益均沾的协作机制，依托协会或者经济合作社，积极发挥订单农业，建立现代农业生产基地。

武陵山区林木资源丰富，可根据其特点做好优质水果、畜牧水产、特色经作和中药材等特色产业的开发、加工，通过建立大规模开发生产基地，培育农产品加工龙头企业来吸纳大量农村剩余劳动力，实现其就地转移，甚至吸引部分流动

农民不再外出。

（2）积极发展非农产业，促进农民产业转移。

实行产业开发是扶贫的重要途径之一。如果说保障劳务经济的持续稳健发展是武陵山区脱离贫困的重要途径，那么其非农产业的发展可以说将是保证农民在脱贫的基础上实现致富的“捷径”。只是这条捷径所需精力更多，实现成效的时间也更长。

一是发展武陵山区民族风情旅游业。武陵山区拥有得天独厚的生态资源，风景优美，空气清晰，极其适合发展旅游业。与此同时，该地带少数民族人口多、文化保护较好的特点也使得其旅游业的发展可以走民族特色旅游业的路线。

武陵山区拥有特色资源丰富、生态环境优、文化保护得好的“三优”资源，其壮大可带动整个第三产业的发展。不仅对经济增长的作用显著，也能够有效地促进酒店、导游、交通运输等相关服务行业的发展。这些都可以促进农民的就业，使其实现在行业间的流动，而无需以高成本为代价进行跨区域流动。

二是武陵山区在扶贫经济发展的过程中可考虑以“旅游业为主导，其他相关产业连带拓展发展”的发展模式来充当“抓钱手”，替贫困农民从到武陵山区来的消费者口袋里抓来更多的钱。武陵山区的减贫工作要想达到突破性发展，就必须发展旅游业等特色产业。政府在这些项目的项目审批、资金扶持等方面应给予照顾。

（3）推动发展城镇经济，实现农民临近就业。

武陵山区城镇化水平较低，对农业的贡献率不高。一地区的长足发展仅依靠劳务经济是不行的，武陵山区的扶贫工作不能仅满足于一些短期见效快的项目。小城镇经济的发展是武陵山区经济健康全面发展的重要补充。

因此，在立足本地自然资源较为丰富的优势基础上，发展以现代农业、旅游业为主导的第三产业之外，以小城镇经济第二产业的发展作为武陵山区经济发展的补充，也可吸纳不少劳动力。这样便可实现劳动力的就近就业。武陵山区交通不便，这种就近流动既可替农民流动节约交通成本，也可为农民“兼业”提供便利。

武陵山区加强小城市和城镇建设，积极引导农村留守回流农民在本地区、本县范围内就近流动。对这一带政府提出的要求是要逐步改善地方投资环境，积极引进投资来发展不以破坏生态环境为代价的劳动密集型产业。与此同时，积极召回在外农民工回乡创业也是发展小城镇经济的重要步骤之一。部分农民在沿海等地务工多年的过程中，积累了资金、经验，也掌握了较好的技术，对市场的把脉会相对较为准确。将这部分人才召集回来，与政府合力发展武陵山区的小城镇经济，也是其实现劳动力就近流动，从而达到减贫的重要有效措施。

（二）村庄治理的特点

在长期的扶贫开发实践过程中，武陵山区逐渐形成了一套具有自身特色的村庄治理方式，即以政府主导、社会参与来提高村庄建设水平，以衔接两项制度来优化村庄服务水平，以提高农民素质来改善村庄内生能力。这三种方式是基于本地区实际而创造的新思想、新做法，它为有效开展本地区的村庄治理，保证该地区持久发展和脱贫致富奠定了基础。

1. 以政府主导、社会参与来提高村庄建设水平

村庄建设水平的低下落后是导致村庄贫困的重要原因之一，提高村庄建设水平也成为村庄摆脱贫困的重要影响因素。武陵山区在扶贫开发过程中，政府的扶持起了主导作用，社会的广泛参与在扶贫开发中的地位也越来越重要。一是政府通过整村推进、产业培育等扶贫方式来促进村庄的基础设施建设与经济水平的提高。整村推进扶贫模式是以扶贫开发工作重点村为对象，以增加村民收入为核心，以完善基础设施建设、发展社会公益事业、改善农民生产和生活条件为重点，以促进经济社会文化全面发展为目标的扶贫开发工作方式，它包括村庄路网建设、水利工程建设、农村通电通信、产业发展、技术培训等等。产业培育是指通过培育药材、林果、茶叶、蔬菜、畜牧业等主导产业或特色产业，推广防灾抗灾技术，扶持扶贫龙头企业等来带动农户增收致富。二是引导社会各界参与扶贫开发，它包括大力实施定点帮扶、东西协作、结对帮扶、对口支援工程等，科学引导企业赞助、社会捐赠、国际社会资助贫困村庄的脱贫减贫等，在一些村庄，还积极引导建立完善互助资金、银行信贷等资金支持项目。总之，武陵山区通过在政府主导下大力推动整村推进与产业培育工作，积极引导社会力量参与扶贫，提高了村庄的建设水平。

2. 以衔接两项制度来优化村庄服务水平

两项制度衔接是指实行低保制度和扶贫开发制度衔接，即实现农村最低生活保障制度和开发式的扶贫政策制度的有效衔接和良性互动，做到“应扶尽扶”和“应保尽保”。通过低保制度的开展解决农村困难户的最低生活保障问题，通过开发式的扶贫方针解决有劳动能力的贫困户的自我发展能力，并使二者有效衔

接的扶贫模式。2009年初，国务院扶贫办、民政部印发了《关于开展农村最低生活保障制度与扶贫开发政策有效衔接试点工作的通知》，湖北省、湖南省、重庆市等地开展了试点工作；在试点取得成功后，2010年5月7日，国办又印发了《关于做好农村最低生活保障制度和扶贫开发政策有效衔接扩大试点的意见》。在此背景下，武陵山区集中连片特殊困难地区大多县区已将两项制度衔接工作作为扶贫开发的重要手段在推进，对农村贫困人口进行了有效的识别，完成了贫困人口信息录入，建立了扶贫、民政、残联、统计、财政等多部门信息资源共享平台，为制定贫困人口扶持政策，更有效地提供公共服务，提高扶贫开发工作的针对性、实效性奠定了坚实的基础。

3. *以提高农民素质来改善村庄内生发展能力*

农民是扶贫开发的最主要对象和重要参与主体。如何有效地利用资源摆脱自身的贫困状况，村民自身技能的培养和素质的提升是关键之一。武陵山区通过制定实施“雨露计划”，即政府通过实施劳动力培训，对贫困家庭劳动力开展务工技能和农业实用技术培训，提升了劳动力的职业技术素质，实现劳动力转移就业和再就业，提高农民自己的增收能力。开展农业技术和务工技能的培训不仅能使农民掌握必要的农业基础知识和技术，还能够提升村民摆脱贫困的意识，改变农民传统的“等、靠、要”等落后思想。例如，重庆市黔江区，把提高贫困人口素质和推进劳务经济作为扶贫开发的重点，按照“抓培训、强素质、重输出、增收入”的思路，对贫困家庭劳动力开展务工技能和农业实用技术培训，提高增收能力。“十一五”以来，全区已累计完成扶贫培训205期20124人，其中“雨露计划”培训9393人，实现转移就业7757人，占80%以上，就业学员获取职业技能资格证书率达99%，有效促进了贫困人口转移就业和增收致富。

四、村庄治理及扶贫研究

（一）村庄治理存在的主要问题

武陵山区虽然在经济发展取得了一定的成绩，但成效却不大，许多村庄依然处于贫穷落后状态。要解决问题必须先明确问题，在村庄治理过程中其主要问题体现在以下方面：

1. 政府主导盲目开发，村庄治理丢失基础

政府主导是我国扶贫开发的一大特色。这种模式往往导致政府忽视村庄脱贫减贫的真正主体，忽视村民的需求，难以调动村民积极性，同时在政府自身利益驱动下忽视村庄治理的资源、环境等基础而盲目决策。在武陵山区的扶贫开发中，整村推进、产业培育等扶贫模式都是由政府主导推动的。各级政府习惯于自己组织、控制和管理资源，对农民参与决策往往表示怀疑，许多村民都是在项目进村落户后才知道有产业开发这一情况。扶贫过程中领导决策往往是个别决策、感情决策、经验决策，要成绩、要政绩，就只拍脑袋拿项目，出了事情就拍屁股走人。在村庄治理过程中，村干部往往成为地方政府的帮工与延伸。在产业引进培育过程中，许多政府官员、村干部不管当地是否适合发展工业、是否能够进行产业开发，不考虑村民的需求与意见就上项目，形成“村村点火、处处冒烟”的乱象，出现重复建设甚至无效建设的局面，导致劳民伤财，资源无序开发，企业无序竞争，经济效益低下，生态环境惨遭破坏。在一些村庄，政府未考虑市场和村民需求而强制上马一些产业，如全民种柑橘，最终导致市场销售不畅、物贱伤农的惨况。

政府主导产业开发，将其作为自己的政绩工程，而对于村民的许多切实需求却不予关心。调查过程中，笔者对武陵山区的印象是“十难”：行路难、饮水难、灌溉难、上学难、就医难、交往难、产品运销难、资源开发难、找对象难、耕作困难。这“十难”的结果就是生活难、生产难、脱贫难。外部出口不通，内部联络不畅，整个武陵山区成了一个“内陆孤岛”，形成了“三不”：人才、物质、科技流不进；产品、物质发不出；区内资源利用不了。对公共服务的急迫需求成为许多村民反映的共同内容之一。在调查过程中，铜仁的一位农民反映：“之字形山路，英雄的驾驶员，不怕死的乘客。”还有一位78岁的老农说：“如果能够在修好的路上走一走，死都值得。”

2. 村民组织培育不够，多元治理难以形成

随着家庭联产承包责任制的实施，农村中大多数农民再次陷入分散独自经营的状况，由于缺乏互助合作，单个弱小的农户在激烈的市场竞争面前处于不利地位。通过组织农民合作，可以逐渐将农民从分散的“马铃薯状态”转入“互助合作状态”，从“单兵作战”转入“集团作战”，有助于村民在日常生产和生活中相互支持，相互协作，增强农民抵御自然灾害和市场风险的能力，提高农民经营

的组织化程度，增强村民行动能力。武陵山区的一些村庄，在产业发展过程中，成立了一些专业合作社，但是目前专业合作组织数量较少、组织程度不高、作用有限，并存在虚化现象。其他大部分村民仍然还属于传统的分散的个体生产，农户各种各家的田地，缺乏组织化、合作化。村民合作组织培育的困难，主要体现在以下两个方面：一是缺乏运转资金，由贫困农户组成的合作组织难以提供充裕的资金；二是缺乏有效的领导者，村庄中能力较强、素质较高的村民大量流向城市，留守村内的往往是老人、妇女、小孩等组织能力不强的村民。另外，由于机制原因，社会力量、企业等组织参与也极其有限。

3. 村民政治参与不足，民心民智难以汇聚

基层民主政治是增强村庄凝聚力，培养村民主体意识的重要途径之一。在扶贫开发的过程中，普通村民是扶贫开发的主体，但目前的客观情况是，许多村民政治参与不足，政治参与积极性不高，导致基层民主发展较为滞后。这主要受制于以下几个方面的原因：一是农民参与意识不强。贫困农户收入水平低，他们关心更多的是自己的生计问题，而非与自身利益相对关系不大的村庄事务，漠视或者不去争取民主权利。二是一些村庄基础设施条件落后，有些村庄村委会连固定办公地点都没有，加之农户居住过于分散，居住地离村委会办公地太远，参与村庄事务的成本较高等，这些都是制约村民参与村级事务的重要因素。三是具有较强参与能力的青壮年大多都外出务工。留守在村庄里的大多是老人、妇女和小孩，这些群体往往对村内事务参与有限，力不从心，而具有较强参与能力的青壮年却由于空间距离原因难以参与到，参与质量不高。四是地方政府和村庄重视不够，没有赋权给村民，村民无权参与。村庄民主的低效往往导致村民对村庄事务的主人翁意识不强，对村内事务关心不够，使村庄难以汇聚民心民智，难以调动起村民参与减贫脱贫的积极性，使大部分村民把减贫脱贫当成政府、村干部的事情而非自己的事情，导致村庄的凝聚力严重不足。

（三）、村庄治理的潜力

在长期的扶贫开发中，武陵山区的许多村庄在基础设施、民生事业、民族文化以及生态环境保护等方面取得了巨大的成就，为该地区村庄的有效治理打下了坚实的基础。

1. 村庄建设水平提高，村庄基础条件改善

一是基础设施项目建设取得巨大成效。基础设施建设是更好地发展产业，提升扶贫开发工作成效的基础条件。武陵山区各地方政府通过协调各相关组织部门，提供资金、物资、技术和人才等方面的支持，动员农民积极参与完善基础设施建设。村庄内水、电、路和农田水利建设有了较大改善；农业教育、科研、技术推广等基础设施也逐步完善。这些为扶贫开发工作的持续有效开展提供了硬件方面的保障。二是产业化扶贫项目建设成果显著。经过多年的扶贫开发，武陵山区的农村经济总量持续增长、工业发展迅速，贫困人口数量明显下降。特别是近几年来，武陵山区立足资源优势，在认真学习和贯彻上级扶贫工作精神的基础上，充分发挥扶贫项目资金的杠杆作用，着力抓好基本生产生活条件的改善和贫困农民的增收整合资源，有序推进产业化扶贫，不断发展特色产业，发展具有本地优势的工业经济、旅游产业、农村特色产业以及劳务经济，在产业化扶贫建设中取得了不少成绩，为武陵山区的整体扶贫开发工作奠定了坚实的基础。

2. 民生事业长足发展，村民素质不断提升

人力资源的开发是加速一个地方发展的重要因素之一。加快贫困山区的社会事业建设，提高村民的技术、文化、身体等综合素质，对于山区村庄脱贫减贫具有极其重要的作用。在武陵山区扶贫开发工作中，当地政府也加强了民生事业的投入支持力度，农村人口素质大幅提升。如希望小学的新建，农村中小学生“两免一补”等国家教育优惠政策的实施，乡镇卫生院、村级卫生室的新建改造，农村新型合作医疗的全面实施等社会事业的发展，为武陵山区的教育、医疗等发展注入了强有力的动力。政府通过开展各式各样的培训活动，农村人口整体素质不断提升。大力实施“雨露计划”，积极开展农业实用技术培训、劳动力转移就业培训，促进了村民综合素质和自我发展能力的进一步提升。总而言之，武陵山区在扶贫开发工作中不断推动民生事业的发展，不断提升农村人口的素质能力，为武陵山区尽快摆脱贫困，实现经济社会良性发展提供了内部支撑。

3. 生态文化保护加强，村庄环境不断改善

武陵山区的民族构成中以土家族、苗族为主，土家族和苗族人口占到了总人口的80%以上。少数民族文化是中华文明的重要内容。武陵山区在重视经济建设的同时，文化保护建设的也取得了重要的成绩，传承了许多传统优秀文化。良

好的生态环境对武陵山区的扶贫开发工作的顺利开展也有着很重要的作用，武陵山区各个省、市、县政府都加大了对生态保护和农民居住环境的支持力度，为扶贫开发工作提供了外部环境保证。如一些县市也根据当地实际情况，加强了整体搬迁、综合治理等扶贫工作力度，改善了当地的生态条件。武陵山区生态环境的改善，民族文化的保护和传承对于人们生活质量的提升，居住环境的改善和整个地区经济社会的发展提供了有利的环境，为武陵山区的后续扶贫工作奠定了基础。

（四）从村庄治理角度出发的扶贫建议

武陵山区调研反映出的突出问题，使我们认为以政府主导、经济开发为主的传统扶贫模式难以使贫困村庄真正脱贫，新时期促进村庄脱贫减贫的战略选择关键在于提升村庄治理的科学水平，对此我们提出以下建议：

1. 明确村庄治理基础，因地制宜科学治理

村庄治理是一个系统工程，需要根据不同村庄的治理基础来因地制宜进行统筹规划、区域性分工，宜工则工，宜农则农，宜商则商，打破“村村点火、处处冒烟”的传统村庄发展困境，明晰各村的发展定位和功能职责，实现科学治理。

第一，建立贫穷村庄的分类机制，明晰功能定位准确。我们可以根据交通情况、资源占有情况、劳动力素质、可行的产业等变量将村庄分类，可以将村庄分为生存型村庄、脱贫型村庄、致富型村庄、消亡型村庄、搬迁型村庄等类型。有些村庄，不适宜开发的应坚决予以保护，避免开发，由县级财政予以财政供养；某些人口较少、基础设施建设成本过高的偏远村庄可以实施整村搬迁；某些制约瓶颈在于交通落后的村庄应加大交通设施建设；而某些村庄改善交通条件还不够，还需产业扶持，村民素质提升，则应给予产业培育，加强村民教育培训。总之，应明确“哪些村该开发、哪些村要保护”，妥善处理好开发与保护的关系。

第二，完善生态补偿制度，协调经济发展与环境保护的关系。生态保护是武陵山区发展的基础、优势，也是发展的目标之一。为进一步保护武陵山区生态环境，需进一步完善生态补偿机制。具体包括三方面内容：一是对生态环境保护较好的村庄予以财政鼓励与补偿；二是对在村庄开发中损害了生态环境的村庄收取生态损害费；三是以县为单位建立财税共享体系，将开发村庄的财税拿出一定比率用于区域共享，将其转移至未开发的保护型村庄的公共服务建设。

第三，建立统筹保障体系，转变村干部履职方式。一是建立村“两委”运

转保障体系，由县财政拨付一定的财政资金，用于保障村“两委”基本运作和发展村庄公共服务。二是村干部工资由“基本补贴 + 功能补贴”构成，根据不同村的定位、功能划分来考核村干部的履职情况，如定位为保护型的村庄，则以生态发展和保护的成绩作为衡量发展的最重要成绩，并根据生态保护成果给予奖励。

第四，建立精准瞄准机制，提高扶贫效率。一是建立贫穷村庄及其农户数据库，以此摸清武陵山区的具体贫困状况，做到心中有数。二是建立村庄评估系统与农户评估系统。通过综合考量村庄经济收入状况、自然禀赋以及公共服务供给状况、产业发展程度与发展潜力等对村庄的贫困等级进行划分，从而对不同的村庄采取不同的扶贫方式，做到有的放矢，减少扶贫成本和不必要的浪费。对农户的贫困评估以现有收入、家庭成员构成情况、子女接受教育状况、家庭成员健康状况、养老情况等综合考量，合理划分。三是定期回访，对数据进行更新，并以此监督扶贫经费使用情况，科学地反映和预测武陵山区的减贫情况。

2. 协调多元治理主体，构建复合治理结构

村庄的良好治理需要发动社会各方力量，使其积极参与其中，要在政府、村委会、村民合作组织、村民等多元主体治理的基础上，形成互补、互助、合作和制约的关系来实现对村庄事务有效管理，促进村庄的减贫脱贫。

一是保障村民主体地位。村民是村庄有效治理的直接受益者，也是村庄治理的主力军。保障村民治理的主体地位，充分调动农民的积极性、创造性和主观能动性是实现村庄治理的关键所在。针对村民素质不高的问题，我们应加强山区基础教育的建设投入，保障山区学生能够正常地接受知识教育，对于距离学校较远、家庭贫困的学生，可以由所在村或地方政府对其寄宿费、生活费等予以补贴，以杜绝适龄儿童辍学，确保其至少能完成基本的九年义务教育。组织大学生、科研人员对山区村民开展免费技术、文化、普法知识培训辅导、民事调解以及信息咨询服务，通过“送法下乡”“政策宣传下乡”“技术指导下乡”等活动，增强村民的法律意识与政策了解程度。要切实尊重村民意愿，从解决村民最迫切需要解决的困难入手，办农民最想办的事，为此可以组织干部下乡入户调查，通过组织政府干部下乡，了解农民的生活生产状况，感受农民的生活环境，加强干部群众的沟通交流，增强领导干部对农村、农民的了解。

二是培育村民合作组织。村民合作组织是村庄治理的重要主体之一，同时也是组织和保障村民与村庄治理的重要途径之一。村民合作组织的正常运转，需要

政府给政策、给资金。农户收入很低，自有资金微薄，许多村庄建立的村民合作组织由于缺乏启动或运转资金而导致建立不起来，运转不顺畅。由此对于村内的合作组织，可以在乡镇一级成立合作组织专项培育基金，每年由乡镇政府拨付一定资金扶持，保障其正常发展，发展成功后的村民合作组织将对合作组织专项培育基金予以资金反哺，每年从合作组织的收益中提取一定比率上交给合作组织专项培育基金；对于一些村民合作经济组织或专业组织，可以给予一定的政策倾斜，如对其产品予以税费减免优惠，对其产业发展予以一定的技术指导；对于一些有产业项目在手或有较好产业或集体创业规划的合作组织，可以在乡镇政府的担保下以合作组织的名义向乡镇农村信用社、邮政储蓄银行、农业银行等申请小额贷款。由于农村素质较高的人才大量流向城市，很少留在家乡从事农业生产，因此，加入村民合作组织的成员和管理人员可能存在文化程度低、素质差、运作不规范等问题。对此，相关部门可以对合作组织的骨干成员进行专门培训，以提高他们对村民合作组织的认识水平和组织领导能力。可以通过申请引入大学生村官或乡镇干部对口指导等方式，将有较高素质的大学生或乡镇干部吸引到合作组织中来。

三是完善村委会管理。要加强“村两委”干部队伍和办公条件建设。加强对村干部能力素质的培训，增强其服务意识与经济发展、资源保护意识。对于村庄内一部分利用自身聪明才智在经济上取得了巨大成功的经济强人、技术能人，可以由乡镇政府或村组织引导促进其由经济能人向政治能人的转变，以此带动村庄内其他人脱贫减贫。加强村庄基础设施条件建设，兴建村委会办公楼等，使其拥有固定办公地点，便于村民联系村委会。建立村级事务契约化管理与村民票决村干部工资机制，将村级事务梳理归类为经济发展、生态保护、公共服务、村庄矛盾调处、突发事件处理等事项，同时对村委会成员干部工资划定不同等级，通过合同、协议、会议纪要等形式对契约内容加以固定并进行公告公示。年终时，召开村民代表会议，由村委会成员向村民代表陈述年度工作总结，由村民代表对村委会履职情况进行打分评议，以此决定村干部的具体工资额度。

四是明确政府作用。政府作为整个社会组织中最具权威的公共机构，它的存在就是为了管理公共事务，提供公共服务。首先应理顺政府运行体制，把政府机构设置从过去“向上相对应”转为“向下相适应”，以向村庄、村民提供社会服务为中心来助推村庄脱贫减贫；通过组建村庄内政府公共服务平台，以基本公共服务下乡为切入点，把政府公共服务功能延伸到行政村。如建立村庄服务合作社，将政府提供的许多公共服务，如证件办理、医疗报销等服务项目办理点设置到村，做到程序简便，使村民足不出村就可以办理好基本的服务事项。

3. 整合村庄治理资源，提高村庄治理能力

通过整合村庄治理资源，可以实现在既定资源条件下优化资源配置，可以最大限度地发挥资源的综合优势和潜能，提高村庄治理能力，提升村庄治理和建设水平，促进村庄的脱贫减贫。

一是整合村庄内自然和人文资源。武陵山区的民族构成中以土家族、苗族为主，武陵山区在重视经济建设的同时，文化保护建设也取得了重要成绩，传承了许多传统优秀文化。同时武陵山区森林资源丰富，原始森林保护完好，药材等资源丰富。因此可以在不损害文化和生态发展的情况下，对武陵山区的少数民族文化和生态资源进行一定的开发，走文化发展、资源发展道路。另外，武林山区的许多村庄由于山区、少数民族、边界地区等特殊地理位置影响，国家在这些村庄的渗入不深，这些村庄与外界的联系也不多，形成了特殊的封闭的“强社会、弱国家”结构，因此，在村庄治理中，应充分挖掘村庄中存在的“本土资源”“非正式制度”“社会资本”等来为村庄治理所用。

二是整合村庄人力资源。武陵山区大多村民文化素质不高，职业技能有限，同时由于对外出务工风险估计过高而导致许多村民不敢外出务工，因此可以由村或乡镇政府牵头，以村庄为单位，与外部企业联系，实现对口招工，由招工企业实施有针对性的技能培训，以此促进对村内滞留劳动力充分开发，实现人力资源的高效利用。对于村庄内一部分利用自身聪明才智在经济上取得了巨大成功的经济强人、技术能人，可以由乡镇政府或村组织引导促进其由经济能人向政治能人的转变，以此带动村庄内其他人脱贫减贫。另外，对于村庄中的一些老党员、老干部、退伍军人、退休教师等村民，由于他们具有特殊的经历或较高知识等，他们在村庄中具有一定的权威，由此，在村庄治理中，可以发挥他们的带头和示范作用，借助他们的威望维护社会风气、调解村民纠纷等。

三是整合社会资源。在武陵山区的扶贫开发过程中，社会各界力量的积极参与起了重要的作用。通过完善社会力量参与扶贫机制，整合社会扶贫资源，可以提高村庄治理能力，促进村庄的脱贫减贫。要完善城乡定点扶贫机制，包括村庄中小孩定点到结对城市免费接受优质教育，结对城市定点向村庄招聘服务业从业人员等。建立行政单位与村结对机制。要建立政府部门、企事业单位与村庄结对扶贫机制，通过这些党政部门、事业单位与村庄结对，可以向村庄提供较先进的治理理念与方法，加强政府、事业单位人员对贫困村庄的了解，培养其对农民的

感情。要建立企业与村庄结对扶贫机制，鼓励企业参与对贫困村的扶持，通过对贫困村提供建设资金、物资、技术、开发项目、农民工职业技能培训、定点招工等方式促进村庄的治理开发。

四是整合政府资源。由于制度安排的缺陷，扶贫实践中条块分割、政出多门，管理混乱，各个部门按上级部门以及自己的思路设计项目并选择扶贫的村庄，各自分散地自上而下地将资源送达到村。为此，一要发挥县级政府的统筹作用，各级政府的扶贫项目传达到县级政府时，应在县级按照“统一规划、捆绑使用、渠道不乱，各记其功、形成合力”的原则，整合财政扶贫资金，统筹安排。二要发挥扶贫办的主导作用，扶贫办作为专职扶贫开发机构，应起主导作用，其他政府部门的扶贫项目应送达至同级或上级扶贫办，由扶贫办具体协调组织实施各个项目。

4. 构建村民参与机制，改善村庄治理方式

全能主义政治模式使得政府和各级官员手中掌握了巨大的社会资源，能够通过行政命令、法律强制、政治动员等方式对村民进行控制，形成对村庄的支配权力，导致村民对政府的过度依赖与盲目服从。在村庄治理中，村委会往往一言堂，成为村庄事务的决策者。要调动村民参与的积极性，就必须打破这种传统管理模式，构建起村民参与治理模式。

一是要扩大村民参与。针对村民参与意识不强的问题，应利用宣传单、广播、标语等加强基层民主的宣传教育，提高村民自身民主意识，摆脱“等”“靠”“要”等传统思想。针对青壮年大多都外出务工而对村庄民主产生的影响，应提高留守在村庄里的老人、妇女的村庄政治参与能力，引导其参与到村民自治过程中来。

二是培育合作组织，提高村民参与效率。利用村民合作组织对接入村产业和整村扶贫项目是提高农户参与村庄治理的途径之一，即“公司＋村民合作社＋农户”模式，首先由村民合作社将分散的农户组织起来，以村民合作组织为单位进行扶贫项目的规划和实施，县乡政府以及村两委负责对村民合作组织进行指导、监督而不必直接进行项目的操作；企业通过订单方式向合作社发出订单，提出产品的数量、质量要求，合作社再把生产任务落实到农户；农户之间通过合作社来实现相互支持，相互沟通。这样既可以提高农民参与脱贫减贫的积极性，又可以推动项目入户，提高扶贫效率。

三是要赋权于民，做到民主决策。对于村内的经济发展项目的引进、村庄的

重要决策，都经过严格的程序来组织实施。首先，应召开党员干部和村民代表会议，讨论形成初步方案；其次，做好宣传工作，使村民对方案内容有清晰的理解掌握；再次，由村委会进入农户家庭，以农户签字方式进行公决；最后，对签字结果予以张榜公布，并进行备案，村民均可随时查询。

四是完善村务公开，落实民主监督。针对武陵山区村民居住分散，外出务工人口较多等特点，可以创新民主监督形式。如成立村务公开观察员制度，以村民小组为单位，每小组由村民小组会议民主选举出三或四名常住村的村民作为村务公开观察员，由其作为小组代表对村务公开进行监督，并向所在小组的村民传达村务公开具体内容。又如，促进村务公开途径多样化，利用手机短信、宣传单等将村务公开内容送至各村民家。可以将村务公开内容交至乡镇政府，由乡镇政府将村务公开内容通过互联网上传至乡镇政务公开网，以方便在外务工村民也能掌握村庄事务发展动态。

五是构建村民参与保障救济机制。要对村委会形成制约机制，对现有村民代表会议，可以根据村庄规模大小，调整代表人数，实行村民代表四年任期制，村民代表会议固定制和实权化使其成为村民会议的经常性工作组织，对村务进行决策和监督。村委会对涉及村民利益的事项要制定出组织实施方案，提请村民代表会议讨论决定，然后才能组织实施。对于村委会以各种形式阻碍村民参与村庄治理的情况，村民可以向乡镇政府提出意见建议，由乡镇政府出面协调。

专题报告五：武陵山区民族文化、差异化政策、旅游产业及特殊类型贫困群体的发展与减贫战略

刘　源

一、研究方法与技术路线

（一）已有文献收集与综述

早至20世纪90年代初，中国著名的社会学、人类学前辈费孝通先生已有对武陵山区脱贫发展的思考性论述。近年来，国内社会科学界基于当地调研的报告和论文也数量可观。本文着重收集当地世居民族生产方式、文化传承与转型、自然环境特点与地方发展的关联等角度的研究成果，希望结合已有思考，放眼武陵山区各民族未来减贫发展新阶段的定位和战略。

已有研究成果分别被纳入本报告各章节，以主题性综述——现状概述——问题思考——观点及政策建议的思路，力图将本研究思考建立在已有扎实研究积累之上。

（二）社区实地调研

2010年11月，笔者参加华中师范大学“基线调研课题组”，在湘西州凤凰县实地调研；2011年3月底至4月初，笔者参加“战略研究”课题组，先后赴恩施州、湘西州和贵州铜仁地区开展实地调研，不仅丰富了对武陵山区当地自然、人文的感性认识，而且通过与各级政府部门、社区百姓的讨论、交流，积累了对本研究至关重要的第一手材料。

（三）座谈会

武陵山区所属四省市及调研各县都通过书面发言、多部门综合座谈等多种方式，就当地扶贫开发中遇到的挑战、已有的思考和实践、配套支持工作的成就与不足、农户面临的具体性困难等专题收集了定性资料和相关数据。在调研所去的凤凰县、花垣县、贵州铜仁地区印江县、湖北恩施州宣恩县，与当地村民焦点小组，如村干部、村民、妇女等召开座谈会，获取定性资料。

（四）文件材料收集与分析

政府相关部门公开发布的政策、文件。武陵山区所属各省的州、区提供了大量宝贵资料，包括当地政府“十一五规划”、未来发展规划设想、部门年度工作计划等涉及到当地发展的多方面文件、文献资料。

二、武陵山区民族文化与减贫发展

（一）武陵山区民族文化特点及其在减贫战略中的价值

1. 武陵山区民族文化主要特点

武陵山区从古至今都是多元文化相互采借和各种文化相互碰撞融合的典型地带，这里自古以来就是土家族、苗族、瑶族、侗族、汉族等生息繁衍的地域，各族人民在这块神奇的土地上创造了自己辉煌的历史和独特的文化。各世居民族的文化相互依存、相互渗透、相互转化，呈现出多元文化互动的特征。

从山区自然环境看，武陵山区所处的武陵山脉是不可分割的自然实体，具有相同的自然条件和资源。武陵山脉自西南向东北延伸，其东边是雪峰山，西边是大娄山，北边是大巴山，南边是苗岭。从地势上看，武陵山区是云贵高原的延伸地带，从海拔千米以上的高原边缘向东北倾斜，下降到海拔几十米的江汉平原，形成一片处于乌江和沅江之间的褶皱断裂的二高山区，成为我国第二级阶梯向第三级阶梯过渡的地带，是中原进入西南少数民族地区的要道。区域内群山环抱，多奇峰峡谷，山坡梯田层层，少有平坝之处。这种地貌使早期先后进入山区定居的各族人民，在千百年中逐渐积淀在各平坝、峡谷和高山上，形成了一个个封闭性的大小社区。

从治理历史看，作为自然实体的武陵山地区与作为行政区划的“武陵郡”

所辖范围大体一致。[①] 这里都曾属于同一行政区管辖，中原统治者历来采取相同的统治方式进行治理。这片区域曾长期被视为蛮荒之地，秦汉后建立了郡县，基本上以羁縻形式实施统治。元明清三朝实施土司统治，改土归流后纳入中央王朝直接统治之下。虽然名称先后有变化，但历史上形成的政治文化观念却积淀下来并影响着以后历史发展的进程。至现代史时期，抗日战争时期，武汉和长沙沦陷后，湘、鄂两省政治中心退入武陵山区，国民政府把武陵山区 10 区 81 县组成第六战区，曾是抵抗日寇的最后一道防线。同时还迁入了大批沦陷区的大学和中学。第二次国内革命战争时期，贺龙等人以武陵山为依托，先后创立了湘鄂西和湘鄂川黔革命根据地，无数革命志士云集武陵山区。

从文化分区看，武陵山区是中原文化与西南少数民族文化的交汇地。自古就是中原从洞庭湖沿沅江、澧水及其支流进入大西南，或从清江、乌江进入大西南的要道，是东西南北族群的交汇点。这里自古活动着三苗、百濮、百越、巴人等许多族群，至今仍生活着土家、苗、侗、瑶、白等 30 多个民族。众多民族在这一地区停留、迁徙、繁衍、生息，创造了悠久的历史和丰富多彩的民族文化，成为重要的"文化沉积带"，文化呈现出古老性、多样性、复杂性的特点。从民族成分及分布情况看，汉族大都分布在临水的城镇及平坝地带，土家族大都分布在湘鄂边境上的山区，苗族则大都聚居于湘黔两省交界处属于高寒山区的腊尔山台地及台地边缘。各族文化你中有我，我中有你，相互兼容影响，亲缘性十分明显，是一体多元的民族文化。有学者将其称为"武陵文化"，认为它是典型的地域文化。[②]

从区域内民族及其文化形成过程看，武陵山区接纳了多次的人口波浪，才成为多民族地区。沿着武陵山脉由东北向西南延伸的通道，成为各民族或族群长期迁徙或流动的路线，在其中必然保留着这些民族或族群众多的历史和文化沉淀。我国著名学者和社会活动家费孝通先生将之称为"民族走廊"。有学者将"民族走廊"的主要特征概括为：一是它的产生与中国古代冲积平原农耕文明中心的形成与发展密切相关；二是具有历史和自然的双重因素；三是具有历时性；四是在今天看来主要是少数民族聚居区。少数民族传统文化色彩浓郁，积淀的历史文化丰厚，具有古老性、残存性、变异性、流动性的特点。[③] 武陵民族走廊是中国腹地一条重要的民族走廊，在历史上是我国多种生态文化、多元民族文化、不同层

① 黄柏权：《武陵民族走廊文化遗产抢救行动的情况汇报》，《三峡文化研究》第 8 辑，2006 年。

② 黄柏权：《湘鄂渝黔边区在西部大开发中的发展定位》，《贵州民族研究》，2000 年第 4 期，第 17 页。

③ 李星星，《论民族走廊及三纵三横的格局》，载《中华文化论坛》，2005 年第 3 期。

级文化、多样区域文化互动频繁的典型地区。①

从现实状况看，武陵山区是我国中西结合部、发达地区与欠发达地区的分水岭，也是当前西部大开发的最东缘和中部崛起的最西缘。20 世纪 80 年代武陵山区就被划为全国 18 个连片贫困区之一，是东中部发达地区与西部欠发达地区的结合部。2011 年，武陵山区又被纳入中国新十年扶贫纲要重点攻克的 14 个集中连片特殊困难地区之一。从经济上看，四省边区这片少数民族与汉族杂居的山区，又有不少经济学家将它视为东南和西南经济连接的结合部，并认为它是内部有许多共同特征而与外部比又有自己特殊性的经济区域。认识的具体化，对当地经济发展的战略选择具有指导意义。这里的经济属边区地带山区小农经济，未来数年间要实现脱贫还是一个巨大的难题。

在当代社会，“武陵民族走廊”多元文化正接受着现代化和全球化的冲击，文化互动仍然十分活跃。费孝通先生在 1991 年考察武陵地区后写道：“这个山区在历史巨浪不断冲击下实际上早已不再是个偏僻的世外桃源了，已成为从云贵高原向江汉平原开放的通道。这条多民族接触交流的走廊，一方面由于特殊的地貌还保住了各时期积淀的居民和他们原来的民族特点，另一方面又由于人口流动和融合，成了不同时期入山定居移民的一个民族熔炉。他们长期在一个地区生活，在不同程度上已形成了一个我中有你，你中有我，你我之间既有区别，又难分解的多民族共向体”。②③

（二）对武陵山区民族文化价值的再认识

1. 应将武陵山区民族文化放在中国和谐社会建设视角下加以认识和理解

除了深厚的历史底蕴之外，与五大自治区各有一个主体少数民族，或者与云南、贵州省域内多民族不同，武陵山区是国内独特的、以共同生态系统为生存单元，跨越行政区划的多个民族及其文化共存。这一特点具有深厚的和谐社会建设潜力。如果进入良性发展，这一地区能够成为中国社会多民族和谐共生的典范

① 李绍明，《西南丝绸之路与民族走廊》，载《中国西南的古代交通与文化》，成都：四川大学出版社，1994。

② 费孝通：《武陵行》，《志在富民——从沿海到边区的考察》，上海：上海人民出版社，2007 年 4 月，第 357 页。

③ 费孝通：《武陵行》（上），《瞭望》，1992 年第 2 期。

区域。

2. 应将武陵山区民族文化价值放在中国和谐社会建设视角下加以审视和理解

本地区民族文化对于中国社会建设重要价值的再理解。武陵山区是国内独特的、以共同生态系统为生存单元，跨越行政区划的多个民族及其文化的共生区域。这里自古即为巴蜀文化、楚文化、中原文化、云贵高原文化的交汇地，在长期生长、学习、交融中形成了多元一体的民族文化格局。共有30多个民族生活于武陵山区，与中国境内五大自治区各有一个主体少数民族不同，也与多民族共同生活于某个行政省份（如云南省、贵州省）不同，跨越行政区划、各具特色而又表现出诸多相似性的土家族文化、苗族文化、侗族文化等不仅属于武陵山区各族人民，也属于多元一体的中华民族。从这一点上看，武陵山区具有深厚的和谐社会建设意义。如果该地区进入良性发展之路，除了充分体现当地多民族百姓共享改革开放成果的重要意义，还能够成为中国社会多民族和谐共生的典范区域。

本地区为统一的多民族国家形成所起重要作用的再理解。因其特殊地理位置，武陵山区成为历史上东、西、南、北各族人民迁徙的中转站或聚焦点，这种聚集和融合不仅成为中华民族发展的一种范式，也为统一的多民族国家形成起了切实作用。不同族源的居民共处一地，“形成了一个我中有你，你中有我，既有区别，又难分解的多民族共同体”。费孝通先生认定，武陵山区之所以值得进行民族史和民族学研究，乃是因为这个地区“多民族共同体”的存在。费先生认为，“多民族接触交流”的历史，既能解释“还有必要深入地研究为什么我们采取民族区域自治政策而不是联邦制”，又能为我们基于流动的民族关系史常态来思索民族关系的未来。[①] 至现代，当地各族人民积极参加抗日战争和农村革命根据地建设，为中国共产党领导的革命做出了杰出贡献。这里基本属于革命老区，国家理应对这一地区投入更多的关怀和照顾，支持它的发展。

三、民族地区差异化政策及其影响

这里所指“差异化政策”，意为在国内不同民族自治地方之间国家提供的发展支持政策的差异性。由于宏观战略规划、区域功能定位及发展优先序等不同因

---

① 王铭铭：《费孝通与“武陵源”》，《中国民族报》，2009年1月16日，第5版。

素，国家在不同民族自治地区实施了有差别的发展支持政策。这种差别化支持政策为西部诸多民族地区加快发展步伐起到了至关重要作用，但随着国内总体经济社会发展和国内贫困发展趋势的变化，中部一些地区的贫困状况逐渐凸显，当地依靠自身资源和能力摆脱贫困的可能性较小，这时需要国家及时调整优惠支持政策，在这类地区提供与边远西部地区相同的优惠政策，以减少民族地区之间政策倾斜的幅度，促进各地区、各民族共同发展。

（一）国内民族地区农村实施主要政策

1. 中国农村地区实施的主要政策概述

近年来，随着我国农业市场化和国际化的推进，以及对我国工业化发展已经进入中期阶段认识的统一，政府已经进行城市反哺农村、工业反哺农业的理念转变，2003 年，“多予、少取、放活”的农业政策总方针初步成型。2004 年以来，中央连续发出 1 号文件和其他多个文件，农业政策调整步伐明显加快。中央集中出台了一批带有方向性的政策措施，如 2004 年的《中共中央、国务院关于促进农民增加收入若干政策的意见》、2005 年的《中共中央、国务院关于进一步加强农村工作提高农业综合生产建设的若干意见》、2006 年的《中共中央、国务院关于推进社会主义新农村建设的若干意见》、2007 年的《中共中央、国务院关于积极发展现代农业扎实推进社会主义新农村建设的若干意见》。

在“多予、少取、放活”总方针指导下，全国普遍实施的农村政策主要有以下几类：

“多予”政策：（1）农业补贴政策。对农民实行直接粮食补贴、良种补贴、移民补贴、退耕还林补贴、综合补贴与对农民购置大型农机具给予适当补贴。（2）大力支持基础设施及能力建设。重点支持农村“六小”工程等项目建设，着力改善农村生产生活条件。深入推进农业综合开发，改造中低产田、扶持产业化经营等。中央财政安排扶贫资金重点支持贫困乡村基础设施建设、农村贫困劳动力转移培训和农业产业化发展。支持农业技术推广、农民专业合作组织发展、农村劳动力转移培训、启动新型农民科技培训工程和“科普惠农兴村计划”、推进“科技富民强县专项行动计划”等。（3）增加农村社会事业投入。坚持新增教育、卫生、文化事业经费主要用于农村。启动西部地区农村教育“两基”攻坚计划，重点支持农村寄宿制学校建设，继续实施农村中小学危房改造工程和远程教育示范工程，对农村部分家庭困难的学生免费发放教科书。开展新型农村合作医疗试点，支持部分地区乡镇卫生院建设，加强农村公共卫生建设。

“少取”政策：（1）少收农民的税。2006 年全国全面取消农业税。同时，取消了农业特产税，制定出台《烟叶税暂行条例》，这标志着国家与农民的传统分配关系发生了根本性变革，有利于农民减负增收和休养生息，有利于农业长远发展。中央和地方财政分别安排转移支付支农资金。（2）少征农民的地。严格保护耕地，全面清理整顿开发区，严肃查处违法违规占用耕地案件，在全国开展基本农田保护大检查。

“放活”政策：（1）放活粮食流通。在开放主销区粮食购销市场和价格基础上，进一步放开主产区粮食购销市场和价格，实行购销市场化和经营主体多元化。（2）放活农村金融。扩大农村信用社改革试点范围，完善产权结构，健全内控机制，扩大贷款利率浮动幅度，着力增强农村信用社活力。鼓励农业银行等商业银行和农业发展银行等政策性银行创新金融产品和服务方式。鼓励通过吸引社会资本和外资，积极兴办直接为“三农”服务的多种所有制的金融组织。（3）放活农民就业。按照市场经济规律，放手发展农村个体、私营经济，积极引导民间资本发展。

2. 针对民族地区的农村扶持政策

2005 年，胡锦涛总书记明确指出：加快少数民族和民族地区经济社会发展，逐步缩小发展差距，实现区域协调和发展，最终实现全国各族人民共同富裕。这是党的民族政策的根本出发点和归宿，是我国社会主义制度的本质要求，也是加强民族团结、巩固祖国边防、维护祖国统一的必然要求。我们要切实落实民族地区全面建设小康社会的各项任务，使民族地区的面貌更快地得到改变，让改革发展的成果更好地惠及各族群众。① 近年来，中央相继对民族农村地区在经济、教育和文化发展等方面出台了许多倾斜的政策与措施。

民族地区实施西部大开发政策。主要包括以下六方面政策：加强少数民族地区基础设施建设；加强民族地区农田基本建设和草原基本建设，采取各种措施提高农业生产水平；鼓励少数民族地区开展外引内联，发展边境贸易；实行优惠财政政策，支持民族地区建设；扶持少数民族地区摆脱贫困；支持和帮助少数民族地区发展科技教育。

---

① 胡锦涛在中央民族会议上的讲话，新华网，2005 年 5 月 27 日。http：//news. xinhuanet. com/newscenter/2005 －05/27/content_ 3012700. htm。

民族地区扶持政策主要有：（1）民族地区转移支付政策。为配合西部大开发战略，支持民族地区发展，国务院决定自2000年开始实施民族地区转移支付。其对象为民族省区和非民族省区的民族自治州，具体范围包括：

表5－1　民族地区转移支付政策实施范围

民族地区转移支付政策实施范围	
民族省区（共计8个）	非民族省区的民族自治州（共计9个）
内蒙古自治区	甘肃省：甘南藏族自治州 临夏回族自治州
新疆维吾尔自治区	四川省：凉山彝族自治州 阿坝藏区羌族自治州 甘孜藏族自治州
西藏自治区	吉林省：延边朝鲜族自治州
宁夏回族自治区	海南省：黎族苗族自治州
青海省	湖北省：恩施土家族苗族自治州
云南省	湖南省：湘西苗族自治州
贵州省	
广西壮族自治区	

（2）人口较少民族发展。在执行国家对少数民族和民族地区的特殊扶持政策的同时，对人口较少民族给予了更多支持和照顾，采用专项扶持政策。（3）分税制后对民族地区的照顾政策。国家实施分税制财政体制后，对民族地区保留了照顾，主要体现在：中央的税收返还基数以1993年为基期年核算，以1993年的实际征收额为计算依据，剔除不合理因素，保留对民族地区的特殊财政支持，在对民族地区计算税收返还额时，保留了定额补助和民族专项补助。（4）民族地区企业所得税。国家对民族地区企业所得税有特殊规定：民族自治地方①的企业，需要照顾和鼓励的，经省人民政府批准，可以实行定期减税或免税。（5）少数民族教育。少数民族教育补助费的设置，是贯彻党和国家民族政策，帮助少数民族发展教育事业的具体措施。虽然初步确立于20世纪50年代，但这些民族教育经费设立和使用管理的基本原则至今仍是适用的。

（二）武陵山区差异化政策及其影响

地处湘鄂渝黔四省市交界处的武陵山区恰好位于国家西部大开发和中部崛起

① 民族自治地方是指实行民族区域自治的自治区、自治州、自治县。

战略格局的交接地带，由于分属国家政策层面不同战略格局——西部大开发与中部崛起，同时又受到所在各省（市、区）区域发展政策的影响，加上地方财政政策、税收政策、规费政策、项目政策、扶贫政策、土地政策及自治政策等都有不同程度差异，造成各地区政策差异明显。本报告聚焦于两个层面论述政策差异及其影响。首先是武陵山区作为区域整体，与其他民族地区政策的差异化比较。其次是武陵山区内四州（地区）之间的差异政策比较。旨在通过系统梳理与比较由于国家和地方政策的差异化给当地经济社会发展造成的影响及潜在挑战。

中国现阶段已形成的东部开放、西部开发、东北振兴和中部崛起四大区域发展格局中，武陵山区所处的中西部结合地带正好位于中部崛起和西部大开发的交接带。重庆黔江地区和贵州铜仁地区属于西部大开发范围；湖南湘西土家族苗族自治州、湖北恩施土家族苗族自治州属于中部。2000 年 6 月，国务院西部地区开发领导小组明确恩施州和湘西州比照执行国家西部开发的有关政策，这标志着两州正式进入西部大开发范围，与吉林延边自治州一起成为被列入国家西部大开发“12 +3”范围的全国 3 个少数民族自治州。

1. 差异化政策造成不利影响：经济、社会和心理失衡

一是经济影响的负面效应已充分显现。无论贫困发生率、贫困面、贫困程度，当地依靠自身摆脱贫困的物质和社会中资本等都非常薄弱。

二是社会影响效应正在逐渐凸显。短期看，对于国家基于安全和战略考虑的政策设计能够理解。但长期看，同样都急需脱贫发展的民族地区实施区别性较大的支持政策，很可能会成为区域间和民族间产生新问题的隐患所在。

政策失衡→经济失衡→社会失衡→心理失衡→社会稳定的隐患。

武陵山区的贫困程度，与国内其他少数民族地区相比相当高。“区域内人均 GDP 约为全国水平的 2/5，约占新疆的 1/2 强、内蒙古的 2/7 强，低于西藏、甘肃等西北地区，只相当于北京的 1/7、江浙地区的 1/4。衡量贫富度的恩格尔系数表明，武陵山区人民的生活质量比不上新疆、宁夏、甘肃、内蒙等少数民族地区，贫穷程度和西藏相似”。①

2. 迫切需要与其他民族地区均衡的发展支持政策

可供选择的建议：将武陵山区作为整体规划区，争取同等、均衡的少数民族

---

① 杨和平：《武陵山脱贫解困方略探析》，载《经济发展研究》，2010 年第 1 期。

支持政策，无论是整体被纳入国家西部大开发战略，还是争取专门针对武陵山区民族发展的特殊性支持政策。

一是打破行政界限，实现政策同步，加强积极协作。武陵山区覆盖的中西部结合民族地区在20世纪80年代已被国务院扶贫办确定为18个贫困片之一，区域历史沿革、民族习俗、生产力的发展水平等均有趋同性和可兼容性。早在秦统一中国后，在此设黔中郡，汉代为武陵郡，南宋设夜郎郡，唐设辰州、溪州等，包括贵州铜仁、湖南湘西州及湖北恩施州等地。国内革命战争时期，任弼时、贺龙等在湘西永顺县塔卧创立了湘鄂川黔苏维埃革命根据地，设立了湘鄂川黔边区省委省政府，一直以来都有很好的协作基础。[①] 因此，武陵山区应以共同的民族文化观念为基础，打破行政阻隔，实行同步的边界经济政策，从而实现地区生产要素的配置最优化。

二是由国务院扶贫办协调创立武陵山区减贫发展合作机制。地区之间的横向经济联合与协作有利于资源的有效利用和资金、技术、人才的合理流动，是地区共同发展的需要。在未来10年扶贫发展规划中，武陵山区实行同步的边界经济政策、同步的产业结构构筑计划、同步的行动措施。由谁来实现同步？国务院扶贫办应出面协调成立武陵山区减贫发展协作机制。首先，该区域目前自行成立的经济协作区，其影响力和发挥的作用由于机制没有理顺而远远不能充分发挥，并且现行协作组织缺乏相应的权利和运作费用，没有具体的准则、规则约束各方成员。

四、民族地区的旅游开发与民族社区减贫

（一）优美多样的自然景观、独具特色的民族文化构成武陵山区得天独厚的旅游资源，极具发展潜力。

地处湘鄂渝黔四省市交界处的武陵山区，地域相邻，山水相连，自然条件相近，人缘相亲，经济相融，文化相通，拥有丰富的自然资源、文化资源、生态资源等。晋人陶渊明描述的“土地平旷、屋舍俨然，有良田桑竹美池之属”的世外桃源就隐逸于这层层巍峨、曲折陡峭的山区里。数千年历史进程中，中央王朝与武陵山区先后通过高度自主化的羁縻制度、土司制度实现政治统治，直到清朝

---

① 成艾华，李俊杰等：《政策差异对中西部结合地带民族地区经济社会发展影响的调查报告》，湖北人民出版社：《中国民族地区发展问题调研报告（1）》，武汉：2010年11月，第201页。

雍乾时期完成改土归流并在湘西苗民聚居地设立乾、凤、永三厅，武陵山区才算从“边檄”转变为“内地”。[①] 这种行政治理特色使其与中原地区交流并不频繁，间接促成底蕴深厚的武陵山区民族文化在历史发展进程中得以相对完整传承。

有学者将武陵山区民族文化旅游资源评价为“特、美、古、名、奇、用”六个特点兼备。[②]“特”指民族文化旅游资源的唯一性、特有性，这是民族文化旅游资源评价最重要的标准。武陵山区是我国唯一的土家族聚居区，土家族则是中国唯一的人口逾百万而又不跨越国境的少数民族。[③] 无论物质文化、制度文化还是精神文化，土家族在山地农业类型各民族中具有鲜明特色和不可替代性。物质文化中，有生产、生活起居的竹文化，以吊脚楼为代表的建筑，以西兰卡普为代表的纺织织品，健身与娱乐兼备的民族传统体育项目及用品如高脚马、抵杠等。制度文化中的土司文化、婚姻人生文化、丧葬禁忌文化等。精神文化有长阳南曲、巴山舞等，以及“讲良心”“以孝为上”的伦理道德观念，同时也是中华民族优良传统的组成部分。武陵山区苗族虽然是中国苗族的一个组成部分，但由于地域、支系的不同，又有别于其他地区的苗族，在服饰、语言、节庆等方面都具有自身特色。这些民族独有特色就是武陵山区民族文化旅游发展的灵魂所在。“美”指民族文化旅游资源的美学价值，构图精美的西兰卡普，旋律优美的苗歌、土家歌，粗犷劲美的舞蹈，外观秀美的建筑，形状图案精致的工艺品等都能够令旅游者赏心悦目。“古”是指历史悠久的文化遗址、文物古迹。黄丝桥古镇、土司城墙、唐崖土司遗迹、鱼木寨等遐迩于世，这些文物、文化遗迹反映了当年土家、苗族政治经济文化生活状况，可帮助旅游者加深了解当地世居民族走过的历程。“奇”指有别于一般的、令人新奇的旅游资源。武陵山区的一些奇特民俗能够满足大众旅游者常有的猎奇心态，如带有女权遗迹的“女儿会”，喜中有哭、丧中有“乐”的土家婚礼和丧礼。“用”则指具有使用价值的旅游资源。一些既有纪念意义，又有实用价值，具有浓厚民族特色的旅游商品非常受到旅游者喜爱。武陵山区这类产品很丰富，如西兰卡普、背篓、白鹤玉、根雕、漆筷和土特产品等，具有很大开发潜力。“名”指旅游资源的知名度。有很高知名度的旅游地常成为大众向往之地，如曾因电影《芙蓉镇》而名噪一时的水顺县王村镇，虽交通不便但游人络绎不绝。武陵山区旅游地中，张家界、凤凰古城等若干

① 孟凡松：《郡县的历程——明清武陵山区地方行政管理体制研究》，陕西师范大学2009年博士学位论文，第11页。

② 欧阳旦霓：《武陵山区民族文化旅游资源的评价》，《湖北民族学院学报》（社科版），1996年第3期。

③ 李俊杰：《武陵山区特色文化产业发展研究》，《经济论坛》，2004年第9期，第28页。

个旅游点已成为闻名中外的旅游胜地，但依然有众多武陵山区美景、独特文化藏在深闺人未识，外来游客甚少涉足其间。其总体知名度不高，迄今仍是武陵山区民族文化旅游的一个弱项，也是旅游产业必须面临的挑战之一。

（二）旅游产业开发与武陵山区减贫发展

国家主体功能区划已明确，武陵山区应承载水源涵养和生态保护功能，这决定了当地产业发展不能依靠重工业、加工业等对环境影响较大的行业。先天条件优厚、后天发展路径限制较大的客观状况下，武陵山区各县市将发展重心转向“朝阳产业”“无烟产业”——以生态旅游、民族村寨旅游、民族文化旅游等为主要内容的旅游业开发。

2010 年 3 月，国家发改委发出《关于开展武陵山区经济协作区发展规划编制工作的通知》，由国家发改委牵头编制《武陵山经济协作区发展规划》。该规划以旅游产业为先导，统筹协调区域基础设施建设、生态环境保护、社会事业发展与特色产业布局，提出保障武陵山经济协作区发展的有效机制和政策措施。2011 年，武陵山区四省市先后出台的政府工作报告和“十二五”规划中，都强调了发展旅游业对地方经济的带动作用。其中，重庆市“十二五”规划明确提出：“……大力发展民俗生态旅游、现代山地生态农业、绿色食品加工等特色产业……”；湖南省“十二五”规划纲要指出：“……发展生态旅游和民族文化旅游，把大湘西建成全国重要的生态文化旅游经济带，将张家界建成世界旅游精品……”。武陵山区各省市对旅游资源整体规划与定位可参见表 5－2①：

表 5－2　武陵山区各省市对旅游资源整体规划与定位

地　区	旅游资源整体规划与定位
湖北省恩施州	民族风情、清江文明、洞穴文化观光、度假、科考、漂流、探险、文化
贵州铜仁地区	民族文化、梵净风光、佛教圣地观光、度假、科教
重庆东南（渝东南）	民族风情观光、乌江画廊、度假、科考、文化
湖南省	湘西州：民族风情、边城风光、南方长城、历史名城、度假、会议、科考、探险、文体、生态
	张家界市：奇特峰林、世界遗产光、度假、商务会议、生态、科考等
	怀化市：民族文化观光、自然风光、历史名城

① 资料来源于由中国国际扶贫中心，华中师范大学社会学院，德国国际合作机构（GIZ）联合课题研究报告：《集中连片特殊困难地区（武陵山区）扶贫开发战略研究：背景报告》，第七章，2011 年 3 月。

作为中国旅游资源最为富集的地区之一，武陵山区奇峰峡谷，林壑优美，自然风光令人流连忘返。然而，世上少有绝对意义上的自然风景。一处风景魅力的长存，很大程度靠的是当地丰厚的文化底蕴维系。没有文化赋存的旅游资源是缺乏生命力的。当前，追求文化底蕴和文化含量已成为中外旅游业的共同行为。以往的单纯展示性旅游已不能满足人们的需求，人们更趋向获得有别于惯常生活的充满情趣的体验，体验朴实、富有新鲜感的少数民族生活情趣。旅游业行家提出要抓四个注重，即：注重文化内涵，注重文化形式，注重过程的文化性，注重细节的文化性。[①] 武陵山区 6 个地州市、42 个县市中有 32 个少数民族自治县，是典型的少数民族大杂居小聚居区，这里积淀丰厚的历史文化和古朴浓郁的民族风情构成了当地独特、丰富的人文景观和文化资源。将武陵山区独具魅力的人文旅游资源以恰当形式展现给旅游者，使他们充分领略其浓郁的文化氛围，获得多彩文化的体验和熏陶，不仅丰富了旅游活动，提高了效益，而且会促进旅游经济文化发展，将旅游业推向新的层次和高度。与当地世居民族多彩文化紧密结合的旅游产业发展不仅将给武陵山区带来可观的经济效益，而且会产生广泛的社会效益和深远的生态环境效益，成为弘扬民族文化的窗口。只有以深厚的文化底蕴为灵魂的旅游，才会根深叶茂，才会吸引更多旅游者。从这一点来看，当地民族文化正是武陵山区旅游业经济、社会效益永不枯竭的宝贵资源。

通过发展地方旅游业解决贫困地区温饱问题、提高社区居民发展能力，自 20 世纪 80 年代以来逐渐成为一条世界公认的减贫致富有效途径。[②] 近年来，国际社会更进一步提出“面向贫困人口的旅游”（Pro - Poor Tourism，简称 PPT）和“消除贫困的可持续旅游”（Sustainable Tourism - Eliminating Poverty，简称 ST - EP），各发展中国家的旅游发展如何促进社区参与，从而实现旅游为消除贫困做出贡献备受实践和研究者的广泛关注。在中国国内，旅游扶贫作为一种投入较少、效果好、返贫率较低的新型开发式扶贫方式，成为西部民族地区经济和社会发展最有生机和活力的新的经济增长点。早在 2000 年，中国旅游年外汇收入超过 40% 增长的 6 个省就全部位于西部民族地区。仅贵州一省“十五”期间通过参与旅游业开发，摆脱贫困走上致富之路的人数就达 49.68 万。[③] 已有研究分别

---

① 杨成，刘霞：《试论湘西少数民族传统文化在旅游产业中的发掘和价值》，《怀化学院学报》，2008 年 7 月，第 23 页。

② 田金霞，余勇，姜红莹著：《湘西北少数民族文化与旅游发展研究》，湖南大学出版社，2008 年，第 171 页。

③ 肖晓：《论西部地区旅游扶贫》，《软科学》，2004 年第 6 期，第 78 页。

从旅游扶贫的经济学分析、战略模式、政府功能、社区参与等多方考量后，广泛认为旅游扶贫是一种消除贫困的有效方式。[①] 2008 年，中国国家旅游局、联合国旅游局和联合国世界旅游组织共同签署“旅游扶贫合作备忘录”，将共同在中国推动旅游扶贫计划，共同协调有关旅游扶贫项目，帮助中国贫困地区寻求不同的旅游发展策略。[②] 综合武陵山区自然和人文旅游资源基础、生态环境功能、当地社区贫困程度以及旅游业对于减贫的重要推动作用，在武陵山区充分立足当地资源优势，发展民族文化旅游、民族村寨旅游等，是未来武陵山区实现减贫与社会发展的重要途径。

已有经验证明，旅游业发展会带来当地社会经济增长，但并不一定会带来当地贫困问题的消失。通过制定明晰的利益分享机制，确保当地参与社区能够从旅游业中受益，才是旅游扶贫的真意。湖南湘西州凤凰旅游带来的个案思考，有助于我们理解在贫困地区发展旅游业时，确立当地贫困社区自旅游中受益的公平获益机制的重要性。

旅游与扶贫：“一叶障目”的湘西州凤凰县旅游案例

- 县情概况：全县总人口 40.96 万人，其中农业人口 35.88 万人。苗族、土家族为主的少数民族 31.13 万人，占总人口的 76%。

- 典型的“老、少、山、穷”县

1986 年，被列为湖南省贫困县；

2001 年，被列为国家级历史文化名城；

2002 年，被列为国家扶贫开发工作重点县；

2007 年，被评为中国旅游强县；

2008 年，被列入革命老区县；

2011 年，被纳入集中连片特殊困难地区，为新阶段扶贫开发重点地区之一。

- 旅游业的大胆探索与成就

凤凰县较早提出了“旅游带动”战略。2004 年起，以 8.33 亿元将县内八个景点经营权有偿转让给张家界黄龙洞旅游责任有限公司经营 50 年，随后又有来自香港、广东多家企业进入凤凰承包景点经营权，当地率先探索“政府主导、市场运作、企业经营、社会参与”的经营模式。

---

① 曾本祥：《中国旅游扶贫研究综述》，《旅游学刊》，2006 年第 2 期，第 92 页。

② 人民网：《中国与世界旅游组织旅游扶贫合作取得重要进展》，2008 年 11 月 20 日，http://travel.people.com.cn/GB/139035/139036/139042/8380117.html。

围绕凤凰古城的基础设施、配套设施建设得到极大改善，各类宾馆、饭店、床位均居全湘西州之首。树立了“天下凤凰”的旅游品牌，在各类旅游行业评比中多次获奖。从经济收益看，2004 年至 2010 年，旅游收入从 2.9 亿元增长至 30.02 亿元，增长了 9 倍多。2010 年，以旅游业为主的第三产业占全县 GDP 比重超过 65.38%。

- 凤凰县贫困状况：局部富裕掩盖了大部分贫穷

表 5－3　2009 年湘西州各县市统计数据①

数据 县市	国民生产总值（亿元）	人均生产总值（元）	财政收入（亿元）	城镇居民人均收入（元）	农民人均纯收入（元）
湘西州	268.97	10724	26.22	10947	2857
吉首市	62.11	22609	4.34	－－	4600
花垣县	47.57	18148	6.15	－－	2705（2008）
凤凰县	29.81	8424	1.83	15084	3145
龙山县	32.48	6586	1.85	－－	2510（2008）
古丈县	9.21	7125	0.51	8987	2339
泸溪县	30.43	11102	2.5	8636（2008）	2855

我们可以看出，湘西州的城乡收入比例为 3.83∶1，高于全国城乡居民收入之比（2009 年全国城乡居民收入之比为 3.33∶1），泸溪县和古丈县的分别为3.02∶1 和 3.84∶1，都比较接近全州平均水平，而凤凰县的则高达 4.79∶1，既高于全国水平，也高于全州水平。这说明在湘西境内部分地区的城乡收入差距大，高收入群体主要集中在县城及周边。从表中可以看出，2009 年凤凰县农民人均纯收入为 3145 元，排在全州第二位，仅低于吉首市。如果只按照这个数据来推断的话，凤凰县应该是湘西州经济条件比较好的县，但事实并非如此。虽然该县的农民人均纯收入不低，但湘西最穷的乡镇却在凤凰县境内。凤凰县的“两山”（腊尔山、山江）片区、两头羊片区、火炉坪片区、三拱桥乡、都力乡、落潮井乡等部分高山村，共覆盖 13 个乡镇 152 个村（凤凰县共 24 个乡镇），这些地区大部分农民纯收入不到 800 元。这些乡镇地处海拔 450 米以上的高寒山区，往往交通不便，远离公路和县城，科技落后、信息闭塞、产业结构单一。只有凤凰县城及周边交通便利，海拔低的地区产业发展较成熟、完善，居民收入高。因此，像凤凰县这样的地区由于局部的富裕和繁荣而掩盖了大面积的贫穷，出现一枝独秀的局

① 湖南统计信息网，http：//www.hntj.gov.cn/。

面，迷惑了大量的研究者和政府官员。用当地人的话说就是“一叶障目”。[①] 课题组实地调查时，凤凰县政府官员多次强调：凤凰县的富裕仅是县城周边城镇居民依靠旅游业得到了较大实惠，而距离县城1个多小时车程的高寒山区苗族百姓，依然深陷贫困境地，需要国家和政府的大力支持才有可能脱离贫困窘境。

（三）基于民族文化与社区减贫视角的旅游产业发展政策建议

1. 以整个武陵山区为单元，依托区内民族文化带为脉络构建旅游产业带，打造武陵山区民族生态文化旅游圈

虽然各县都在打文化旅游“牌”，但要高起点开创特色产业，就需要打破地区、县域限制，树立武陵山区大文化格局观念。民族文化资源规划、开发、布局都应与武陵山区整体旅游发展相互协调，依托于武陵山区苗族、土家族等不同特色民族文化带，以民族文化带为单元推动旅游事业发展。若在地图上将武陵山区6个州、地、市行政区勾勒成片，便会发现这片山水相连的土地宛如一片姣好的绿叶，不同民族大杂居小聚居的分布特征则形成了这片绿叶上的条条叶脉。打破县域、区域限制，以民族文化带为脉络构建区域内旅游格局，不仅能够避免各县在宾馆、道路、景点等基础设施领域的重复投入，而且有助于合理延长游客在区域内的停留时间，避免旅游目的地和民族文化特色的双重破碎化。

值得警惕的是，当前武陵山区民族生态文化旅游、特别是民族村寨旅游开发已出现各自为政的状态，当地政府缺乏宏观管理、统一规划和局部地区合理布局，加之缺乏理论体系指导，导致开发层次低且单调重复，彼此抄袭，十寨一貌，百村一面。[②] 如此境况不仅浪费大量人力物力，浪费了当地宝贵文化资源，而且带来激烈竞争，造成市场风险较大，也未能深层次挖掘当地民族文化内涵，影响了民族文化旅游的形象和口碑。

2. 区域内充分挖掘各州县特色，发挥彼此间互补功能，追求实现“各美其美，美美与共”的良性经济与社会效益

武陵山区17.8万平方公里土地上居住着30多个少数民族，历史的长河为这

---

① 中国国际扶贫中心，华中师范大学社会学院，德国国际合作机构（GIZ）联合课题研究报告：《集中连片特殊困难地区（武陵山区）扶贫开发研究：基线调查分省报告》，第二部分，湖南省分报告，2011年3月，第58－59页。

② 向延平，陈友莲，《武陵山区民族村寨旅游营销模式研究》，《邵阳学院学报》，2006年12月，第80页。

里积淀下多样化的社会文化资源。既有世界自然保护遗产张家界、武陵源等自然风景名胜，也有苗疆明长城等古代民族互动的遗迹，还有湘西剿匪、红色根据地等近代资源，更不用说遍布武陵山区内各具特色的苗寨、土家村落等诸多民族村寨。这些文化要素间的互补性很强，有助于武陵山区内各州县充分挖掘自身特色，在旅游发展规划中应明确树立错位经营、一区一品牌的思路，互相补充，彼此依托，共同探索出通过联合方式发展武陵文化品牌，形成高品位、多层次、线路紧凑、交相辉映的民族文化旅游带，以避免前文所述恶性竞争的不良局面。

民族文化的资源价值不仅在于发展当地旅游经济，更在于促进当地社会的综合全面发展。民族文化可以与经济建设有机结合，但要警惕将其等同于“文化搭台，经济唱戏”的纯经济发展工具，否则，民族文化本身很有可能在发展经济过程中被物化，以致最终被消解。世界上其他发展中国家及我国国内都曾有过这方面的教训。当今世界在经济全球化的同时，也强调文化多元化的宝贵性。经济发展的最终目的是繁荣当地社会及文化生活品质，即所谓发展经济，以人为本。若本民族文化都没有了，何来以人为本？

晚年依然孜孜关怀武陵山区少数民族脱贫发展的费孝通老先生，在其 80 寿辰聚会上，曾意味深长地讲了一句 16 字箴言：“各美其美，美人之美，美美与共，天下大同”。这是费老对社会和谐观毕生求索的精华总结，用于指导武陵山区旅游产业发展及和谐社会建设也分外贴切妥当。武陵山区内不同世居民族充分发掘、展现自身美好，也尊重、包容兄弟民族创造的美好，这样将各自之美和别人之美拼合，武陵山区经济社会发展中的理想大同美则距离不远矣。

3. 发展“利贫的民族旅游业”，积极推动贫困少数民族村寨社区对于旅游收益的合理分享机制

国际社会方兴未艾的“面向穷人的旅游业”（Pro – Poor Tourism）在武陵山区被称为“利贫的民族旅游业”更恰当。这种产业发展定位对于武陵山区等贫困面较大、贫困程度较深的民族地区实现经济社会可持续发展尤为重要。旅游业发展带来政府 GDP 增长的同时，不能忽视山区内村寨百姓对收益的合理分享机制建设，更不能以当地自然生态、民族文化传承为代价。中国西部民族地区已有的旅游扶贫实践中，对于社区参与旅游、利益共享等机制建设都有过不同程度探索。无论是高山大沟的西北地区还是层峦叠嶂的西南地区，已有经验清晰表明：少数民族村民参与旅游收益分配，是一种长期的、稳定的获利途径，既可以保障当地居民合法权益，也可以有效保护当地文化资源，有利于旅游业和当地社会双

重可持续发展。①

武陵山区内部分州县已着手大力发展村寨旅游，如湘西州近年来发布了《湘西州“百千万”特色民居保护工程实施方案》，延展境内旅游线前端，推进乡村游和特色民居保护管理机制的完善，这些指导思路值得充分肯定。与此同时，应在实践中切实探索不同利益相关者在推动当地旅游业与经济社会减贫事业中有区别的角色定位和运行机制，才能将思路通过制度和规划得以贯彻实施。具体说，政府应注重将发展关注目标从吸引游客数量转移到当地旅游经济体量的战略目标上，以增加社区参与旅游发展的机会，提高其收入。在引入旅游企业的地区，不仅政府要发挥指导、规范作用，学术界和新闻媒体也应帮助社区建立监督机制并加大宣传，以制约旅游公司和其他外来利益主体不利于社区参与旅游发展和利益合理分享的行为。旅游公司在追求自身经济利益的同时，要主动考虑村寨和村民利益，积极承担社会责任，争取村民们最大支持。村委会和农民旅游协会等合作组织更应充分发挥其特性，从村寨社区和村民角度考虑，积极维护、保障乡村社区和社区村民相应权利。如此才能够实现旅游产业健康发展，当地世居民族公平合理获益，地区社会经济可持续发展的多方共赢成效。

五、武陵山区特殊贫困群体减贫发展

（一）概念内涵及当前主要支持政策

扶贫开发工作中的“特殊贫困群体”与社会学概念“弱势群体”存在重合性，老年人、残疾人、儿童、妇女等社会群体既属于社会学概念界定中的弱势群体范畴，也是扶贫开发工作重点支持对象。弱势群体（Vulnerable Groups）是指由于自然、经济、社会和文化方面的低下状态而难以像正常人那样去化解社会问题造成的压力，导致其陷入困境，处于不利社会地位的人群或阶层；在社会变迁的进程中，这个群体是社会援助的对象，也是社会福利的接受对象。② 当弱势群体与贫困交叉后，更是需要外部援助力量帮助的人群。中国新阶段扶贫开发工作

① 付健：《我国西部旅游资源开发中，农村少数民族参与权之分析》，《中国法学会环境资源法学研究会2006年年会与学术研讨会论文集》，2006年，第705页。

② 张敏杰：《中国弱势群体研究》，长春：长春出版社，2003年，第21页。

总体思路中强调：将对少数民族、妇女、残疾人等特殊贫困群体加大扶持力度。① 无论对于贫困个体还是家庭的脱贫与返贫，这些群体的能力状况都与此有直接影响。注重特殊群体扶持力度是扶贫领域促进更多弱势群体分享改革开放成果的具体体现，也是科学发展观“以人为本”在实践中的具体落实。

在民间，中华民族自古拥有的“扶困济贫”传统美德也依然拥有强大生命力。根据2011年对武陵山区4省（市）8县149个村庄698户农户的问卷调查分析，对于国家扶贫开发政策应更多关注老人、儿童、残疾人和妇女等弱势群体这一点，受访村民们具有较高认同。

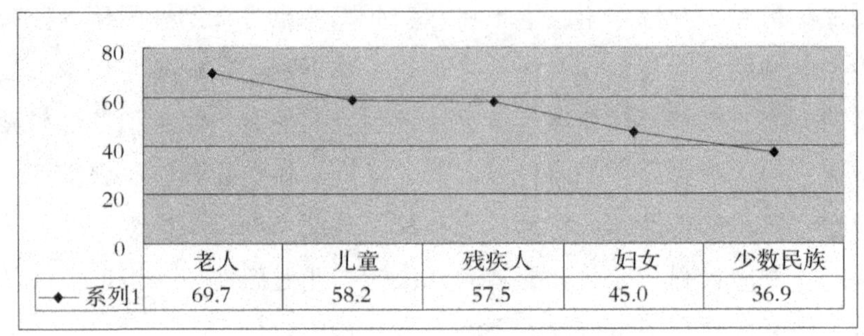

图5－1　国家扶贫开发政策应给予哪些人特别关注②

从图中数据可见，村民对“国家扶贫开发政策应给予哪些人特别关注”的回答，反映出武陵山区老人、儿童、残疾人、妇女和少数民族群体迫切的公共需求。问卷分析后可知，老人养老、儿童培育、妇女发展和少数民族文化保护这几方面需求在武陵山区最为显著，这也为新阶段扶贫开发工作如何提高针对性提供了参考和借鉴，即应针对不同类型贫困人口区别对待，针对他们陷入贫困的原因采取相应扶贫措施。

目前，与国内其他农村地区相同，武陵山区针对弱势群体的社会保障制度大体可分为特殊群体或特殊时期政策、常态化政策两类。

第一类是针对特定群体或者特定时期的救助。包括农村优抚政策，为农村现役义务兵家属、享受定期抚恤补助的革命烈士家属、因公牺牲军人家属、病故军人家属、革命伤残军人、复员军人及带病回乡退伍军人提供抚恤和优待。还有当

① 人民网：《国务院扶贫办发布编制新十年扶贫开发纲要确定民族地区、边疆地区等作为优先地带》，http://minzu.people.com.cn/GB/167237/10952064.html，2010年2月8日。

② 本图表引自中国国际扶贫中心，华中师范大学社会学院，德国国际合作机构（GIZ）联合课题研究报告：《集中连片特殊困难地区（武陵山区）扶贫开发研究：基线调查报告》，2011年3月，第142页。

农村遭遇灾害发生时，紧急转移安置灾民；解决灾民吃、穿、住、看病等问题；建立救灾扶贫周转基金等。

第二类是针对农村社会弱势群体提供的常态化社会保障政策。主要有以下几项：

1. 五保供养制度。针对老年人、残疾人或者未满 16 周岁的村民，无劳动能力、无生活来源又无法定赡养、抚养、扶养义务人，或者其法定赡养、抚养、扶养义务人无赡养、抚养、扶养能力的，享受农村五保供养待遇。保吃、保穿、保住、保医、保葬（孤儿保教）是五保供养的主要内容。

2. 农村最低生活保障制度。家庭年人均纯收入低于当地最低生活保障标准的农村居民，主要是因病残、年老体弱、丧失劳动能力以及生存条件恶劣等原因造成生活常年困难的农村居民。

3. 农村社会养老保险政策。20 世纪 90 年代，国家曾推行过“个人储蓄”式农村养老保险，也称“老农保”，那时参保农民每月只有 10 多块钱养老金，大家积极性不高，推行几年后政策逐渐式微。2009 年，国务院印发了《关于开展新型农村社会养老保险试点指导意见》（以下简称《指导意见》），决定自当年起在全国选择 10% 的县（市、区、旗）开展新型农村社会养老保险（以下简称新农保）试点，以后逐步扩大试点，全国普遍实施，2020 年之前基本实现对农村适龄居民的全覆盖，并明确了各级财政对新农保的补助政策。新农保由政府对参保农民缴费给予补贴，并全额支付基础养老金，这是新农保与老农保的最大不同。表明国家将对农民老有所养承担重要责任，并把新农保作为逐步缩小城乡差距，实现基本公共服务均等化的一个重要步骤。为此，无论是发达地区的农民，还是欠发地区的农民，都将被吸引并参加到新农保制度之中，从而建立起覆盖全国农村居民的社会养老保险制度。

4. 新型农村合作医疗制度（新合医）。该制度实际上是目前中国农村医疗保障的核心，自 2003 年开始试点和推广，至 2008 年年底已基本实现了农村地区全覆盖。该政策规定有农村户口的公民每年只要缴纳 20 元保险费，患病时便可获得一定比例的报销。

（二）老年人、残疾人群体及其政策需求

农村老年人和残疾人已部分或全部丧失劳动能力，他们面临风险主要来自养老保障和医疗服务。与这两类特殊贫困群体生活福祉密切相关的社会养老保险制度、农村最低生活保障制度、五保制度和新农合制度在武陵山区的实施状况、调整方向

是决定武陵山区农村老年人和残疾人在新阶段扶贫时期摆脱贫困陷阱的关键。

整体而言，武陵山区农村地区的社会保障救助体系非常薄弱。系统性的社会养老保险制度尚未在这一地区开展；五保和农村最低生活保障制度救助对象有限、救助标准过低、救助工作随意性大；新农合制度则存在政策宣传不足、政策设计不够完善、报销比例设计难以满足实际需求等困境。

1. 社会养老保险制度尚未建立

目前，家庭养老仍然是中国农村居民主要养老方式，武陵山区也不例外，系统性的农村养老保险尚未在这一地区建立。调查了解到，武陵山区农户在可选择情况下，更多倾向于投资在子女后代身上。与此同时，家庭养老正面临赡养率快速上升、劳动力大量外流造成“留守老人”和“空巢家庭”等的挑战。一方面，计划生育政策和生育观念改变造成的生育率下降，医疗卫生和营养状况的改善带来人均预期寿命延长，综合原因造成中国社会已迈入老龄化社会，老人赡养率快速上升，中国农村由于劳动力大量外流而加剧了老年人家庭养老的挑战。调查所得资料显示，儿女在外打工的留守老人们认为，孩子们赚的钱能保住自己的生活就行，并不期待他们的养老援助。很明显，虽然农村依然保有“养儿防老”的观念，但现状是“养儿”也并不一定能“防老”了。近年来，武陵山区相当多村民是依靠扶贫政策、低保政策、社会救济等维持生计，因此，当地对社会养老保障需求十分强烈。无论新农保还是老农保，都存在覆盖面窄、互助性小、随意性大等问题。另外，调查中了解到，由于国务院自2009年9月启动新农保试点工作，当地农民对社会养老保险新政策了解还甚少，很多农户表示不知道有新农保政策，更不知道政策的主要内容。

2. 五保、低保覆盖面远远不能满足实际需求

根据2010年在武陵山区4省8县149个样本村庄基线调研统计分析显示，贫困户比例达近60%，农户中享受低保比例为36.6%，显而易见，并非所有贫困户都能够享受低保。即便被纳入低保范围，享受到的社会保障水平也较低，如湖北省某调研县介绍当地农村低保标准和五保人数：自2007年7月开始实施，之前叫做农村贫困救助，每人每月仅10块钱。2007年的政策实行3类救助，分3个档次，一类是60元/月，二类35元/月，三类20元/月。2008年上调了补助标准，目前一类可以拿到80元/月，二类55元/月，三类是40元/月。农村五保全县大约1315人，这个数字是省里给定下来的，并不是根据地方实际情况统计

出来的。五保户只有去世一人才能有别人来填补，因此存在很多应保未保的五保对象，我们只能尽量按照低保一类对象给予补助。

武陵山区农村低保标准低、资金筹措难度大等政策和财力等原因，造成当地社会保障制度基本没有建立起来，存在许多应保未保和以低补代高补的情况。从表5－4可看出武陵山区低保标准与所在省农村平均标准的差距。

表5－4　武陵山区低保标准与所在省农村平均标准的差距

地区名	农村每月低保标准（元/月）	所在省农村平均标准（元/月）	差距（元/月）
湖北省恩施州	80/50/40	120	－40/－70/－80
湖南省湘西州	70	168	－98
贵州铜仁地区	55/40/30	125	－70/－85/－95

国务院2007年发布的《关于在全国建立农村最低生活保障制度的通知》明确规定：农村最低生活保障资金的筹集以地方为主。在实际操作中，武陵山区等集中连片贫困难以得到中央政府对于“财政困难地区的适当补助”，资金筹措难度非常大。在低保制度实施程序上，有些生活贫困村民因没有提交申请书而被排除在政策支持之外；此外低保资格确定也存在随意性大，有时成为滋生“人情保”“关系保”温床的问题。

武陵山区实例

湘西州。2006年，发放农村低保对象（农村特困户救助）47.37万人次，共计653.8万元，仅为该州城市低保金的1/9左右（城市低保对象75.01万人次，发放低保金6020.8万元）。全州仅吉首、泸溪、花垣、永顺四县实施了农村低保，月人均补助18.58元。

恩施州。2006年，对农村特困户救助范围有所扩大，共安排资金1153万元，对全州10.34万名农村特困户实施救助。落实“五保”供养经费2126万元，对全州15370个“五保”对象中的13225人实行集中供养。

以上可以看出，由于政策和财力原因，武陵山区农村存在着许多应保未保和低补代高补的情况。对于贫困人口或者徘徊于贫困线边缘的群体，收支处于脆弱平衡状态，一旦发生重病、上学等高额支出，很容易打破收支平衡陷入贫困或更深贫困，而通常认为民政救助应作为“兜底”的最后一道防线的功能在当地鲜见发挥应有作用。

3. 新农合制度“闻着香，吃着不香”

武陵山区新型农村合作医疗制度面临以下几个主要困境：第一，政策不够完善。村民们对门诊、住院报销、外地看病报销手续和额度、参保率任务指标等都意见颇多。第二，参合农民对个人参合资金标准逐年上升忧心忡忡。第三，对农合医保政策宣传不足，部分农民对政策认识存在偏差，参保积极性有待提高。第四，需要更为灵活适用的政策设计。如省外就医仅报销35%，而当地大多数年轻人都在外务工，偏低的报销比例使得年轻人不愿参加新农合。

武陵山区调研实例

武陵山区149个样本村庄农户在2009年主要支出项为：医疗花销、食物花销、生产投入和教育投入，其中医疗支出在所有支出中排名第一位。尽管样本村庄农户基本都参加新型农村合作医疗，但由于政策规定：只有在指定医院就医且办理住院手续的患者才有权报销一定比例资金，因此大多数农民难以从该政策中享受到好处。调查中农民反映：“新合医再好，自己总是要掏钱，所以有病了还是能拖就拖拖吧。”

武陵山区等偏远和经济贫困地区，农民微薄的收入仅能维持养家糊口，遇到了疾病只能是“小病磨，大病拖”，实在坚持不下去又无钱医治时，则靠变卖粮食、牲畜或者东借西凑来支付医疗费，难免陷入债台高筑的窘况，“一人得病，全家返贫”现象在这类地区并不少见。新合作医疗制度规定的按比例报销等种种限制性细则，使人均收入较低的贫困农户一方面依然难以承受自支费用之重，另一方面因难以准确了解政策细则而错失报销支持。

（三）贫困家庭的儿童培育境况不容乐观

贵州省2005年未实现“两基”的16个县中，11个是民族县。民族地区贫困生比例比其他地区高出很多。如麻山、瑶山、雷公山、月亮山、武陵山地区少数民族学生的贫困生一般占学生总数的40%左右。家庭贫困是造成民族地区中小学入学率低、完成率低、辍学率高的主要原因。全省小学辍学率一般在2%，初中一般在3%左右，而民族地区普遍小学高于2%，初中在5%～10%之间。

省财政厅、省教育厅、省扶贫办每年安排中央助学专项资金时，重点面向民族地区学生。省委在《关于加大新阶段扶贫开发工作力度的决定》中确定，对

100 个一类扶贫乡镇义务教育阶段贫困生减免书本费、杂费、给予寄宿生生活补助，其中有 78 个是民族地区乡镇。省政府决定，从 2003 年秋季起，对 100 个乡镇义务教育阶段共 30 万名学生全部免除教科书费，从 2004 年秋季起，对贫困生免除杂费，对寄宿生中的贫困生给予每生每年 200 元生活补助。2001 年秋季至 2004 年秋季，全省共有 448 万名家庭贫困的中小学生使用了免费教科书。[①]

武陵山区农村儿童培育需求远未得到有效保证。此处的儿童需求，主要是家庭对于儿童培育方面存在的政策或福利等需求，而不是指儿童自身的需求。武陵山区 4 省 8 县 149 个样本村庄接受调查的村民们认为儿童群体是需要政府特别扶持的对象，国家具体需要为儿童培育提供怎样的服务和福利，则需由家庭在儿童培育上的具体需求类型决定。从村民对儿童培育具体支持政策的类型需求可以看出，高达 72.1% 的村民认为国家应该从“教育费用减免和补贴”方面为该地区儿童群体提供保护和帮助。教育费用高成为儿童培育的最大问题。根据调研情况来看，村民普遍认为子女上学的费用占据了大部分的家庭支出，如果家里再有病患，那么巨大的经济负担将是难以想象的，每每想到这里，他们都感到生活压力很大，精神负担也比较重。在教育投资中，基础教育投资被认为具有优先权。不少经验研究证明，在发展中国家，对落后地区进行教育投资、对基础教育投资通常能够获得更高的投资回报率。[②]

知识改变命运。在我国大多数家庭越来越重视子女教育的今天，“上学难”仍然是困扰农村贫困家庭的一大问题。据国家统计局农村贫困监测结果，2006 年全国贫困农户 7～15 岁儿童入学率为 95.0%，低收入农户儿童入学率为 96.1%，还有一大批孩子受教育权得不到保障。政府该怎样帮助他们实现教育利益呢？

农村贫困孩子教育利益受损的一个重要客观原因就是家庭贫困。据鄂西某少数民族县的调查数据[③]，如果不及时救助，30% 左右的贫困户孩子完成不了小学教育，80% 的贫困孩子完成不了初中教育，超过 90% 的贫困高中毕业生难圆大学梦。而一个学生如果因贫困而辍学，那么这个学生、这个家庭将很难甚至永远也改变不了贫困境况。如何让这些“弱势群体”共享和谐社会阳光，公平地接受学校教育呢？

要保障和支持农村贫困孩子的教育利益，政府的作用比家庭、学校、社会和

① 《贵州民族教育：成效、问题和发展思路》，《贵州民族报》，2005 年 6 月 27 日。

② 154～155 页。

③ 陈全功，程蹊：《农村贫困孩子教育利益的保障和支持：来自湖北长阳的调研》，《人口与发展》，2009 年第一期。

学生自身的作用要强得多。近年，长阳县农民收入增长比较缓慢，2000 年全县农民人均纯收入 1808 元，2007 年 2601 元，年增长率不到 5.5% ①；这样的家庭收入当然难以保障和支持孩子们完成相应教育。而学校呢？一方面，学校布局调整，中心学校建设滞后；另一方面，师资质量短时间难以提高，也难以满足孩子们接受优质教育的要求。社会力量呢？从捐资助学资金来看，2004 ~2007 年全县获得社会捐助 272.87 万元，占全部助学资金的 19.7%；而该县助学资金另两个来源——国家"两免"政策资金 950.23 万元，县政府整合财政、扶贫、计生、民宗、移民、民政等部门资金共 164.16 万元，对保障和支持孩子们的教育利益起着非常重要的作用。学生自身能不能保障其教育利益呢？由于年龄问题、观念认识问题等方面的原因，也难以做到。从一定意义上讲，现实迫使政府要承担其保障和支持弱势群体教育利益的重任，政府的主导作用非常重要。近年，长阳县政府也确实做了大量工作，注重公平，扶助弱势群体，努力办人民满意的教育。

观念上，增加对贫困家庭儿童入学杂费支持，如班车费、午餐费等；大力推动贫困户减贫才是长久保证儿童健康成长之本。

当今农村社会价值观对教育利益的实现冲击很大，很多家庭和孩子认为"读书无用"，这是一个危险的信号，它将会威胁到全民族教育发展。因此，要对农户进行价值观宣传和教育，让他们知道，教育是脱贫致富的根本，知识才能改变命运。

随着农村中小学布局调整，以及外出打工人员增多，留守孩子的教育利益如何保障成为一个新问题。特别是在民族地区，山远人稀，学校布点相对集中，孩子上学距离拉远，家里无人监管和照护，教育的后勤服务面临难题。调查中我们统计，35 名 7 ~12 岁孩子家离小学平均 15 公里山路，行走花费时间平均在 1.5 个小时左右；而 43 名 13 ~15 岁孩子家离中学平均 40 公里山路，走路花费时间为 3 个小时。而且，这 78 名孩子中，90% 的父母出外打工，家里只有老人照管，甚至有 5 个孩子家里无人照管。近两年，一些社会力量瞄准了留守孩子的教育托管后勤服务，创办了"保育居"。它是在寄宿保育制学校模式下派生出来的一种社会全托模式，类似于"托学所"，由民间自发组成对留守孩子提供服务，有专门的保育员负责孩子们的用餐、住宿、个人卫生、生病就医、安全和学习辅导。长阳县政府看到这一新事物，积极宣传推广，并且加以规范引导。2006 年 8 月，

---

① 陈志永等：《乡村居民参与旅游发展的多维价值及完善建议——以贵州安顺天龙屯堡文化村为个案研究》，《旅游学刊》，2007 年第 7 期。

该县有关部门下发通知，在全县农村推广“保育居”模式。如今，全县共有“保育居”52家，保育人员100余人，860名全托孩子，有效地保障幼小儿童的教育利益。

据湘西州教育局、妇联于2008年联合开展的义务教育专题调研显示，湘西州共有留守儿童15.1万人，全州1975个行政村几乎村村都有留守儿童存在。2007年有16周岁以下的学前班、小学和初中生达45.6万人，其中各类留守儿童15万人，留守儿童占儿童比例的33%。在15万农村留守儿童中，1周岁至学前班留守儿童有41228人，小学生留守儿童有80017人，初中生留守儿童有29755人。湘西州56%的留守儿童是父母一方外出，44%的留守儿童是父母同时外出。留守儿童中的81%由爷爷、奶奶或外公、外婆抚养，13%的孩子被托付寄养在姑、姨、叔、伯及朋友家中，6%为不确定或无人监护。难怪州政协委员张大厚同志通过调研后发出这样的警告：“湘西劳务输出，千万不能捡了芝麻，丢了西瓜!”[①] 人们常说：男人是乡村的脊梁，女人是乡村的乳汁。当男人和女人离开乡村，留下的就是一个没了脊梁和乳汁，受伤的、虚弱的农村。少数民族地区农民进城打工在增加收入、改善家庭生活的同时，很有可能把贫穷的命运传给了下一代。有关专家大声疾呼，决不能让农民工群体出现“富了上一代，垮了下一代”的现象。留守儿童是民族的未来、国家的希望，更是本地区未来的建设者和接班人，他们能否健康成长不仅涉及千家万户的幸福，更关系着全民族素质和社会的长治久安，关系着党和国家的事业的可持续发展。

“留守儿童”问题是近年来一个突出的社会问题。随着越来越多的青壮年农民走入城市，农民工在增加收入的同时，也付出了可怕的代价，不得不接受“骨肉分离”的煎熬，于是在广大农村也就产生了一个特殊的未成年人群体——“留守儿童”。湘西州留守儿童身陷“三缺”困境：生活上缺人照应、行为上缺人管教、学习上缺人辅导。留守儿童失去了社会的关爱、家庭的监控和教育，其基本生活、义务教育等都无法得到保证，突出表现在：性格缺陷、缺乏亲情、成绩偏差。调查显示，留守儿童中学习成绩优秀的不到15%，80%以上学习成绩处于中等或偏下水平。有的孩子语数双科只有三四十分甚至于几分，学习成绩如此之差令人担忧。道德滑坡、人身安全受到威胁。由于学校和家庭之间存在安全衔接上的“真空”，学校不可能面面俱到，而监护人又普遍缺乏安全保护意识，再

① 黄原光：《少数民族地区要严防贫困“基因”传递给下一代：对湖南湘西州农村“留守儿童”情况的调研分析》，《湖南行政学院学报》，2009年第3期。

加上这些少年儿童对危险缺乏识别和自救的能力，因此车祸、溺水、触电、被拐卖等危险事故时有发生。

留守学前儿童多数属于隔代教养。祖父母由于年老体弱、文化水平低，一般都缺乏科学教育孙辈的能力，他们往往只关注孩子的吃穿住行，而不能进行学习、心理、品行等方面的关心与教育指导。同时，祖辈对孙辈往往过于溺爱，无原则地满足孩子物质上的要求，包办孩子本来力所能及的事，对孩子的过错过分包庇、袒护，这就导致学前儿童自理能力差、意志薄弱、任性自私、孤僻自闭、攻击性强等生活和心理障碍的出现。

近年来，党中央、国务院立足于我国国情，把农村教育尤其是少数民族地区的基础教育作为教育工作的重中之重，制定了新增教育经费主要用于农村教育的政策，加大了对农村义务教育和贫困家庭学生就学的支持力度。相继启动实施了“西部地区两基攻坚计划”“农村中小学现代远程教育工程”和“两免一补”政策。民族教育事业也得到了进一步的发展，少数民族人口的受教育年限显著提高。这些重大举措有力地推进了我国义务教育的均衡发展，集中体现了我国社会主义制度的本质特征与优越性。“民族平等”“各民族共同繁荣”是我国民族政策和民族理论的重要原则和内容，但由于历史、自然、环境和现实体制等多种因素的制约，我国许多民族地区基础教育发展还相对滞后，在向市场经济转型的今天，单独依靠民族地区自身来缩小与其他地区的发展差距是不现实的，因此，只有通过各级政府的精心规划和统筹发展，真正大力推进民族地区义务教育的均衡发展，才可能真正实现民族地区义务教育健康协调发展，也才能真正体现民族平等和各民族共同繁荣的理论与原则。

重庆民族地区是重庆市土家族、苗族等少数民族的主要聚居区域，少数民族贫困人口较多，因此要加大对家庭经济困难的少数民族学生以及城市“低保”家庭子女接受义务教育的扶持力度。同时要有针对性地采取措施，及时解决进城务工农民托留在农村的“留守儿童”以及进城务工人员子女在学习和生活等方面存在的困难和问题。进一步完善奖、助、贷等教育制度，建立各种教育基金，设立教育求助的“绿色通道”，为处境不利的弱势群体就学提供直接援助，提高残疾少年儿童义务教育普及程度。①

实行农村义务教育政策，对维护农村广大适龄儿童，特别是少数民族地区、

---

① 王孔敬：《重庆民族地区推进义务教育均衡发展的现状、战略和意义研究》，《贵州民族研究》，2010年第4期。

边远山区农村贫困家庭的适龄儿童，享受平等教育机会和权利以及减轻农民负担等方面具有重要作用，但始终没有真正解决农村学校适龄儿童入学率、巩固率、毕业率、合格率等的制度安排。

根据第五次人口普查以及武陵山区各地（州、市）2007 年人口年龄构成情况抽样调查数据，武陵山区农村 6 ~ 17 岁学龄段儿童占总人口的比重约为 20.5%。据此推算，当前武陵山区农村学龄段贫困儿童的基本规模约为 88.3 万。这一数据与各地（州、市）教育局统计信息是基本一致的。虽然国家全部免除了农村义务教育阶段学生学杂费，但是随着“农村寄宿制学校建设工程”推进，又导致寄宿生生活费负担过大，影响贫困农户学龄儿童的就学机会，而实际中政府和社会教育救助与助学需求之间总是存在较大缺口。从湘西自治州教育局统计资料来看，由于补助贫困家庭寄宿生生活费的任务由地（州、市）、县（区）两级财政承担，限于当地财力，2006 年湘西自治州共发放贫困寄宿生生活补助费 876 万元，资助学生 5.6 万人，实际享受了生活费补助的贫困生占不到贫困生总数的 50%。2007 年，该州共有义务教育阶段在校生 400970 人，其中贫困生达 137021 人，占 34.2%，全年补助贫困寄宿生生活费增加为 1066 万元，资助学生也仅为 6.2 万人。随着寄宿制学校的进一步推广，因寄宿生活费困迫，失辍学问题更加严重。①

民族贫困地区补助贫困家庭寄宿生生活费的责任应该进一步上移；对少数民族贫困县，必须由上级财政共担完全补助责任，以确保不因贫困而让一个学生失学，不因推行寄宿制而让一个学生失学。在当前反贫困的基本情势下，我们不仅要重视贫困人口的最低生活保障问题，而且更要重视贫困家庭子女未来的发展问题。在制定贫困人口最低生活保障金标准时，应考虑到为那些子女正处于基础教育阶段的家庭提供一定的教育补贴，这是更具深远意义的社会救助政策模式。

虽然国家已经实行了九年制义务教育，但对于经济落后的农村而言，大多数学生先步行一、两个小时的山路，然后再转车到江口读书，家庭经济确实困难的就只有全靠步行了。遥远的上学路程、昂贵的车费让很多学生望而止步。交通闭塞，出行不便给村民带来了很大的困难，也让部分学生“对学习没兴趣”“怕读书”，产生厌学情绪，导致失学率升高。较高的学杂费的确是一项沉重的负担，在免费的项目上，可先减免杂费，第二步减免书本费和提供生活补助费。

十一届三中全会后，国家加强和完善少数民族地区基层妇幼保健网，以喜闻

① 王丽华，吕学芳：《武陵山区基础教育机会及其政策优待取向》，《教育学报》，2009 年 12 期。

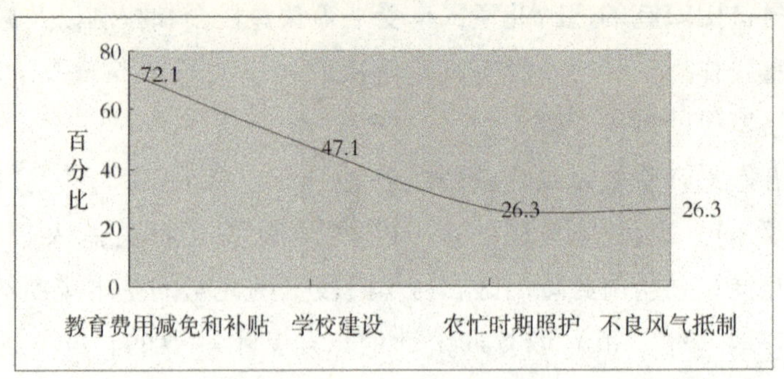

图5-2　您认为国家应该针对儿童给予哪些方面的保护和帮助

乐见，符合各少数民族宗教、文化传统的方式，开展健康教育，普及新法接生和科学育儿方法，在尊重少数民族风俗习惯的前提下，逐步割除了一些传统生活陋习，中国少数民族儿童健康状况得到较好改善。近年来，国家推行学校素质教育，希望全面健康促进儿童身心成长，在武陵山区针对少数民族学生体质状况变化的调研表明，学校实行素质教育和长期坚持改进体育卫生工作，能够有效改善学生营养状况、平衡膳食。

在武陵山区24个县12个年龄组共8096例少数民族学生（男4276人，女3820人）的体质状况调研表明：2001年至2007年间，武陵山区大多数年龄组学生的生长发育水平呈现不同程度的增长趋势。身体发育的充实度和匀称度已有明显改善，逐渐由过去的"豆芽菜"向匀称型和粗壮型发展。但同时调研也反映出，虽然武陵山区少数民族中小学生身体素质有不同程度提高，但提高幅度不大。总体来看，身体素质体现不同程度的差异，且各片区间发展存在不平衡现象，力量、耐力素质多数出现下降。①

个体的发展需求是指个人进行再生产的能力培养需求，主要包括受教育的机会和程度。然而，武陵山区人民世代务农，文化经济俱落人后，他们自身无法记载自己的历史——无论苗族还是土家族，都没有自己的文字，教育问题十分突出。同时，对于扶贫开发工作来讲，一些处于贫困线边缘的村民极易因子女教育再度陷入贫苦境地。对此，本研究深入调查了该地区子女教育的相关情况。据统计，在有孩子上学的村民家庭里，51%的村民提到自己的孩子上学没有享受到国家两免一补的教育政策。同时，40%的村民说到孩子上学不方便的问题。另外，

① 张圣海等：《武陵山区少数民族中小学2000年与2007年体质状况的动态分析》，《中国体育科技》，2008年第5期。

我们还专门做了关于子女在上学时面临的最大问题的调查（见图5－3）。

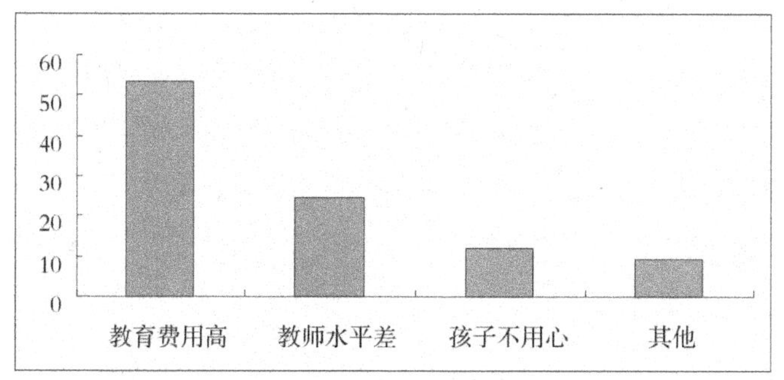

图5－3　您家的子女教育面临的最大问题是什么

从图5－3可见，在有子女上学的家庭中，53.4%的村民认为子女在接受教育时所面临的最大问题是教育费用高，24.5%的村民认为教师水平差，还有11.9%的村民认为最大的问题是自己的孩子学习不用心。对此，我们不难看出，武陵山区贫困家庭的子女在接受教育时困难很大，需要得到政府和社会各界的鼎力支持。在访谈中，我们更加切实地感受到村民在子女受教育方面的需求。

问：请问您家有小孩在上学吗？

答：有，好几个。一个儿子和两个女儿都在读书。儿子上初中，两个女儿都在读小学。

问：那您家的经济收入主要来源于纯粮食作物，三个孩子上学，感觉负担重吗？

答：借钱啊，有什么办法。孩子要读书，再穷还是要读的。看以后读了，能不能好点。至少，读了书，出去打工什么的，都比种地好。

村民如此简单质朴的话语饱含了对贫困的无奈和对子女受教育后的期许。事实上，也只有给予贫困家庭的子女更多的教育帮扶，才能避免贫困的代际传递，才有希望使武陵山区的贫困村民有一天能真正摆脱贫困，过上殷实的生活。

武陵山区作为较为偏远的山区，农村医疗合作模式和范围普及有限，加上现在地区儿童多为留守儿童，监护他们的爷爷奶奶或者其他人（详见表5－5）一般会将他们的生活尽力照顾好。大部分留守儿童的祖父母并非“年迈体弱”，但受教育程度偏低。从数据上看，和祖父母生活在一起的农村留守儿童祖父的平均年龄为61岁，祖母的平均年龄为59岁。绝大部分祖父母年龄在50～70周岁之间，其中 50~59 周岁的祖父母分别占 43.19% 和 47.64%。留守儿童祖父母的受教育状况主要为小学或者未上过学，留守祖父的受教育程度比祖母相对稍高，祖父中只念过小学和未上过学的比例为 74.96%，祖母的该比例为 84.02%。由于老人文化教育水平较低，加之还有近一半委托监护人同时监护几个儿童，老人监护往往主要是照料孩子的生活。由于家庭将更多的教育监护责任“转嫁”给学校，但对于学校而言，由于教育资金不足，专业资源匮乏，面对留守儿童特殊需求，学校、老师常常有心无力。

表 5-5　不同家庭结构的农村留守儿童的性别结构和年龄结构①

年龄	和母亲一起留守	和母亲及祖父母一起留守	和父亲一起留守	和父亲及祖父母一起留守	和祖父母一起留守	和其他人一起留守	其他情况
0~5 周岁	19.33	47.96	10.10	37.47	40.19	16.05	18.65
6~11 周岁	33.14	30.41	27.64	32.11	38.25	38.79	36.32
12~14 周岁	24.92	12.73	27.74	16.17	14.20	25.59	24.68
15~17 周岁	22.62	8.90	34.51	14.25	7.37	19.57	20.35
总计	100.00	100.00	100.00	100.00	100.00	100.00	100.00
男	53.01	53.16	53.49	53.31	53.76	50.38	57.97
女	46.99	46.84	46.51	46.69	46.24	49.62	42.03
总计	100.00	100.00	100.00	100.00	100.00	100.00	100.00

由于监护人的知识相对缺乏，留守幼儿无法得到科学喂养。据留守儿童营养与健康状况的相关调查显示，部分留守儿童体格生长发育指标水平明显低于非留守儿童，留守儿童低体重率和生长迟缓率高于非留守儿童。

而大量的少数民族留守儿童，老年化严重的监护人群体在健康安全方面也无力过问安全保护问题。相关调查②显示，有 56% 的临时监护人经常关注并采取措施预防留守儿童意外伤害发生，但也有 34% 的人只是有时会注意，还有 8% 明确表示顾不过来。一些农村大龄留守儿童离开了学校，脱离了正规组织的管理，处于无人监管、自行其事的状态，容易侵害他人或受到侵害。留守儿童溺水、伤亡事故也时有发生。据有关部门反映，被拐卖儿童中，流动儿童居第一位，留守儿童居第二位。

“十二五”规划战略中，农村留守儿童教育问题是当今农村劳动力转移过程

① 《全国农村留守儿童状况研究报告》，中华全国妇女联合会（2008 年 2 月）。

② 《全国农村留守儿童状况研究报告》，中华全国妇女联合会（2008 年 2 月）。

中带来的问题，我们必须从法律上、制度上把这些问题纳入到社会经济发展总目标中加以解决，才能够标本兼治。加快户籍制度改革，逐步消除城乡差距，加大农村特别是偏远地区少数民族的政策宣传，消除儿童安全健康问题的隐患。

立足于阻断贫困的代际传递。一方面从教育体制的完善继续发力，另一方面扶贫政策应该考虑针对贫困户儿童的支持，如减轻孩子们上学产生的新经济压力——班车费、午餐费等。

（四）农村妇女群体是山区发展的生力军

与中国广大农村妇女面临的困境相同，武陵山区妇女也面临如下不利状况：健康状况较差，对医疗卫生资源可及性较低；留守妇女数目庞大，劳动强度大，常常需要家庭、生产兼顾等。

留守妇女是一个庞大的群体。数据显示，2006 年我国农村地区外出务工人数达到了一亿多人。这些人中绝大多数是已婚者，并且绝大多数都是男性，因此在广大的农村就出现了一个新的弱势群体——留守妇女。该群体是一个处境极为困难，承受力极为脆弱，亟需社会各界支持与帮助的群体。

据统计①：目前全国有 8700 万农村留守人口，其中留守妇女大致有 4700 万。而武陵山区作为偏远农村，在农民工浪潮的冲击下，留守妇女队伍日益强大，例如以武陵山区经济最为落后的贵州省为例。贵州与其他省份一样，有较多的农村劳动力外出打工，在农村存在大量“留守”人群。农村留守老人的赡养扶持、留守子女的教育管理、留守妇女的身心健康等已成为当前贵州农村发展的突出问题。据调研统计②：年贵州金沙县农村“留守人群”涉及 32630 户，82597 人，占全县农业人口的 15.2%，其中留守老人 35442 人，占 43%，留守子女 23492 人，占 29%，留守妇女 23663 人，占 28%。贵州黎平 80% 的男壮年外出打工，留守妇女有 5000 名。2008 年，贵州务川县留守妇女 2000 名。据报道，贵州江口是一个劳务大县，2007 年全县共 10 万农村男劳力中，有近 5 万外出务工，这样多数农村妇女便成了“留守妇女”，侍奉老人、照看小孩似乎成了“半边天”们的天职。贵州紫云县水塘镇猫场村村支书罗仕忠说：“全村有 584 户，丈夫外出打工，老婆留守在家的有 200 多户。女人在家十分辛苦，很是可怜。男人都出去

---

① 魏翠妮：《农村留守妇女问题研究——以苏皖地区为例》，南京师范大学硕士学位论文．2006。

② 李晓明：《贵州农村留守妇女现状》，贵州日报 2007 年 1 月 10 日。

了，村里老人去世，连个抬棺材的人都没有！”①

武陵山区的妇女群体存在着不同程度的权利贫困问题，例如，在制定村庄发展规划中，妇女参与的比例不高，而且很少考虑妇女的发展问题。因此，也如上文所述，有将近一半的村民认为国家扶贫开发政策需要更加关注妇女群体。国家应该从哪些方面去支持妇女群体的发展，则需要由妇女的需求类型决定。调查显示，从村民对“国家应该针对妇女发展给予哪些方面的支持”的回答可以看出，技能培训、参与决策机会、组织化程度提升、家庭地区提升等方面是国家应该关注妇女发展的重点领域。数据统计显示：有67.7%的村民认为国家应该从“技能培训”方面为该地区妇女群体提供支持；有36.7%的村民认为国家应该从“参与决策机会”方面为该地区妇女群体提供支持；有32.3%的村民认为国家应该从“组织化提升”方面为该地区妇女群体提供支持；有22.6%的村民认为应该从“家庭地位提升”方面为该地区妇女群体支持（见图5-4）。

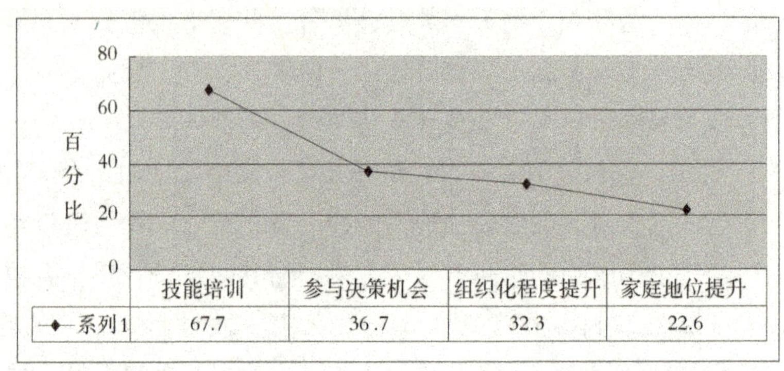

图5-4　您认为国家针对妇女发展应该给予哪些方面的支持

可见，妇女在技能培训上的需求最高，其次是对决策参与、组织化程度提升以及家庭地位提升的需求。妇女群体作为留在武陵山区的主要群体之一，是该地区的重要人力资本之一。众所周知，人力资本对个人收入提高和宏观经济增长具有显著的促进作用，这已经成为人们的共识。扩大对人力资本的投资，特别是针对贫困人口的投资，已经成为国际社会反贫困政策的一个重点。据调查情况显示，武陵山区虽然贫困，但妇女因接受了一定程度的文化教育，她们还是具有对自身和周围环境的一定认识。她们迫切需要提高自身的劳动技能，希望能通过自己的努力来改变目前的生活境遇。故此，对该地区的妇女给予更多的技能培训上

① 陈春园、秦亚洲，走进农村留守妇女的现实生活心头的“三座山”[J]. 半月谈，2005.11.10。

的帮助，将是我们扶贫开发工作中的重要内容之一。①

第二次全国妇女地位调查的有关数据②表明，女性中文化程度为初中以上者的比例从10年前的28.1%上升到了50.7%；高中以上比例从12.4%上升到了17.5%；与此同时，文盲比例则下降了18.8个百分点（从29.8%下降为11.0%），青壮年文盲率目前已降至3.7%。伴随着女性教育程度的提高，表现在受教育年数上的性别差异日渐缩小。

但是作为经济欠发达的武陵地区，农村妇女受教育程度普遍较低。武陵地区此次调研结果显示，妇女中文盲占25.4%，小学以下占19.7%，小学毕业占26.8%，初中毕业占23.5%，高中占3.1%，大专占1.1%，本科及以上占0.4%。农村妇女不但文盲率高，而且在受教育者中，半数以上集中在小学。以家庭为单位，占35.9%的家庭有孩子失学的情况。其中占64.7%的是女孩失学，占16.7%的是男孩失学，男孩女孩都有的占18.6%。③

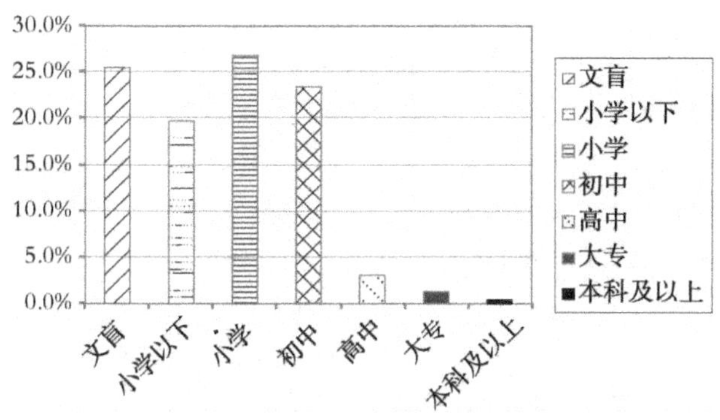

图5－5　妇女受教育程度

湘西州凤凰县追增村柳薄乡“绣姐协会”案例：2010年，为拓宽农村留守妇女创收模式，使苗族刺绣工艺得以有效传承，于2010年7月3日成立“柳薄乡绣姐协会”，提供货源，组织全乡妇女采用纯手工技艺加工鞋垫，按大、中、细格三种规格给予回收，价格从每双40元至60元、80元不等。成品图案手工精湛，凸显民族特色，深受市场欢迎。目前已形成228人的绣姐协会生力军，每月产量684双，月产值可实现10多万元。④

① 背景报告，155页。

② 第二次全国妇女地位调查数据统计公布。

③ 背景报告，132页。

④ 凤凰县柳薄乡调研资料，2011年4月。

相关政策建议：第一，以提高山区妇女在地化生产能力为主，兼顾社会交往能力提升。特别对于存在民族语言交流困难的妇女群体。第二，我们在调研中也看到的可喜之处是：妇女并非仅仅只作为弱势群体的无助存在，已经出现一些有能力有想法的村长、乡长、书记，因此，建议未来乡村带头人培养应特别关注对女村长、女书记的培养和支持。

参考文献：

[1] 陈志永等：《乡村居民参与旅游发展的多维价值及完善建议——以贵州安顺天龙屯堡文化村为个案研究》，《旅游学刊》，2007 年第 7 期。

[2] 陈全功，程蹊：《农村贫困孩子教育利益的保障和支持：来自湖北长阳的调研》，《人口与发展》，2009 年第一期。

[3] 费孝通：《武陵行》，《志在富民——从沿海到边区的考察》，上海：上海人民出版社，2007 年 4 月。

[4] 费孝通：《在湘鄂川黔毗邻地区民委协作会第四届年会上的讲话》，《北京大学学报》（哲学社会科学版），2008 年第 5 期。

[5] 付健：《我国西部旅游资源开发中，农村少数民族参与权之分析》，《中国法学会环境资源法学研究会 2006 年年会与学术研讨会论文集》，2006 年。

[6] 胡锦涛在中央民族会议上的讲话，新华网，2005 年 5 月 27 日。http：//news. xinhuanet. com/newscenter/2005 -05/27/content_ 3012700. htm。

[7] 黄柏权：《湘鄂渝黔边区在西部大开发中的发展定位》，《贵州民族研究》，2000 年第 4 期。

[8] 黄柏权：《武陵民族走廊文化遗产抢救行动的情况汇报》，《三峡文化研究》2006 年，第 8 辑。

[9] 黄原光：《少数民族地区要严防贫困“基因”传递给下一代：对湖南湘西州农村“留守儿童”情况的调研分析》，《湖南行政学院学报》，2009 年第 3 期。

[10] 李绍明，《西南丝绸之路与民族走廊》，载《中国西南的古代交通与文化》，成都：四川大学出版社，1994。

[11] 李星星，《论民族走廊及三纵三横的格局》，载《中华文化论坛》，2005 年第 3 期。

[12] 李俊杰：《武陵山区特色文化产业发展研究》，《经济论坛》，2004 年第 9 期。

[13] 孟凡松：《郡县的历程——明清武陵山区地方行政管理体制研究》，陕西师范大学博士学位论文，2009 年。

[14] 欧阳旦霓：《武陵山区民族文化旅游资源的评价》，《湖北民族学院学报》（社科版），1996 年第 3 期。

[15] 田金霞，余勇，姜红莹：《湘西北少数民族文化与旅游发展研究》，湖南大学出版社，2008 年。

[16] 王孔敬：《重庆民族地区推进义务教育均衡发展的现状、战略和意义研究》，《贵州民族研究》，2010 年第 4 期。

[17] 王铭铭：《费孝通与“武陵源”》，《中国民族报》，2009 年 1 月 16 日，第 5 版。

[18] 王丽华，吕学芳：《武陵山区基础教育机会及其政策优待取向》，《教育学报》，2009 年 12 期。

[19] 向延平，陈友莲，《武陵山区民族村寨旅游营销模式研究》，《邵阳学院学报》，2006 年 12 月。

[20] 肖晓：《论西部地区旅游扶贫》，《软科学》，2004 年第 6 期。

[21] 阎占定，姚上海，崔榕等：《中国民族地区发展问题调研报告（I）》，武汉：湖北长江出版集团，湖北人民出版社，2010 年 11 月。

[22] 杨成，刘霞：《试论湘西少数民族传统文化在旅游产业中的发掘和价值》，《怀化学院学报》，2008 年 7 月。

[23] 杨和平：《武陵山脱贫解困方略探析》，载《经济发展研究》，2010 年第 1 期。

[24] 曾本祥：《中国旅游扶贫研究综述》，《旅游学刊》，2006 年第 2 期。

[25] 张敏杰：《中国弱势群体研究》，长春：长春出版社，2003 年。

[26] 张圣海等：《武陵山区少数民族中小学 2000 年与 2007 年体质状况的动态分析》，《中国体育科技》，2008 年第 5 期。

[27] 中国国际扶贫中心，华中师范大学社会学院，德国国际合作机构（GIZ）联合课题研究报告：《集中连片特殊困难地区（武陵山区）扶贫开发战略研究：背景报告》，2011 年 3 月。

[28] 中国国际扶贫中心，华中师范大学社会学院，德国国际合作机构（GIZ）联合课题研究报告：《集中连片特殊困难地区（武陵山区）扶贫开发研究：基线调查报告》，2011 年 3 月。

[29] 中国国际扶贫中心，华中师范大学社会学院，德国国际合作机构（GIZ）联合课题研究报告：《集中连片特殊困难地区（武陵山区）扶贫开发研究：基线调查分省报告》，2011 年 3 月。

专题报告六：武陵山区行业扶贫、社会扶贫与专项扶贫规划衔接与组织方式创新

胡 勇

【摘要】“十二五”时期，中央将加大强农惠农政策力度，深入实施西部大开发战略，实施主体功能区战略，建立健全基本公共服务体系。在此背景下，扶贫开发对行业扶贫、社会扶贫与专项扶贫规划衔接与组织方式创新提出了新要求。

专项扶贫是指在中国农村反贫困组织体系中核心部门（主要是各级扶贫办、发改委、财政和中国农行）开展的扶贫工作，主要针对国家级、省级贫困县和贫困村的产业开发、“雨露计划”、以工代赈和易地扶贫搬迁等扶贫项目实施和管理。行业扶贫是指交通、水利、农业、林业、教育和卫生等扶贫领导小组的成员单位广泛参与的、与自身业务有关的农村扶贫工作，在基础设施建设和社会事业发展上起到了非常重要和不可替代的作用。社会扶贫主要是由定点扶贫、对口扶贫、民间组织扶贫、国际机构扶贫和企业开展的扶贫组活动。行业扶贫、社会扶贫与专项扶贫各有特点、各有分工、相互配合，逐步形成大扶贫局面。

武陵山区行业扶贫、社会扶贫与专项扶贫在衔接和组织方式创新方面已经做了一些有益的探索，取得了一些成果，但也面临着一些制约因素和问题，需要进一步进行体制机制创新试点，为全国同类型地区扶贫开发发展提供示范。武陵山区取得了以下四个方面的经验：第一，建立多元投入机制是各项扶贫有效衔接的前提条件，采取“四个一点”（即政府投入一点、乡村筹集一点、部门帮扶一点、农户自筹一点）的办法，建立多元投入机制。第二，形成投入整合机制是各项扶贫有效衔接的关键环节，主要有两种方式：一是科学编制规划，通过规划引导扶贫开发工作；二是建立有关方面联席会议制度。第三，改善基础设施、发展基础产业和提高基本素质是投入整合的重点领域。第四，建立督促和绩效考核是各项扶贫有效衔接的有力保障。面临的一些制约因素和问题主要表现在以下四个

方面：首先，对于最为亟需的基础设施建设尚缺少资金投入保障，由于《公路法》对村道建设没有纳入规划，建设和维护资金缺口巨大，缺乏充足稳定的资金来源成为制约农村道路发展的最主要的因素。其次，缺乏将各项资源有效整合的武陵山区区域发展规划。由于武陵山区没有形成严格意义上的经济圈，也没有以一个整体性的区域化经济进入全国的经济发展战略中，各项行业和部门专项规划没有真正做到地区布局，仍以各自为政的方式运作，无法形成强大的合力。第三，现有部门扶贫和社会扶贫在与市场经济不相适应，在市场化条件下，扶贫项目的选择还主要是一种政府行为，这样，在项目实际执行过程中，往往会出现由于市场波动所导致的项目失败，或由于项目相应的配套措施缺乏等原因而导致的贫困农户受损等现象。第四，科学规范的扶贫绩效考核机制尚没有建立起来。

在国家扶贫重点进行战略性调整的大背景下，为改变武陵山区贫困落后面貌，基本消除绝对贫困现象，到 2020 年实现全面建成小康目标，行业扶贫、社会扶贫与专项扶贫衔接需要建立相应的工作体制机制。本报告提出武陵山区各项扶贫方式衔接与组织方式创新的基本思路：一是提高共识，拓宽多元投入渠道。随着国家新扶贫标准大幅度提高，武陵山区的贫困发生率将进一步上升，贫困人口将显著增加，是集“老、少、边、山、穷”于一体的集中连片特殊困难地区，亟需提高加快武陵山区脱贫致富步伐的共识，争取更多的投入渠道，在水利投入机制上取得新突破。二是完善机制，加强投入整合力度。行业扶贫在基础设施建设和社会事业发展上发挥着非常重要的作用。在此情况下，专项扶贫工作应该找准自己的定位，进一步明确自身的工作重点——提高农村贫困人口的基本素质和自我发展能力。应进一步引导和汇集强农惠农、西部大开发、主体功能区、改善民生等各项政策，按照“渠道不乱、用途不变、捆绑使用、各记其功”的原则，创新扶贫机制，加强行业规划、扶贫规划在区域层面的整合力度，探索省际集中连片特殊困难地区发展振兴的新思路与新模式，为同类型贫困地区扶贫发展提供示范。三是改善环境，吸引更多社会资源。进一步改善武陵山区发展环境，加快基础设施建设，加大交通扶贫力度，为吸引更多的外部投资创造良好的环境，培育特色优势产业，实现区域优势互补、合作共赢和一体化发展。四是突出重点，增强脱贫致富能力。以教育、卫生为重点，推进基本公共服务均等化。逐步建立比较完整、覆盖城乡、可持续发展的基本公共服务体系，提高人口素质，不断增强自我发展能力。

最后，本报告认为武陵山区行业扶贫、社会扶贫与专项扶贫衔接需要在规划、财政、教育、社会保障和社会扶贫等方面制定以下九条政策措施，协同配合，合力攻坚。

第一，编制集中连片贫困地区发展规划，实施扶贫攻坚工程。贫困地区作为一种特殊类型区域，需要政府运用区域规划等手段进行治理。“十二五”时期，亟需编制武陵山区区域发展规划，落实国家战略部署，有效配置和整合扶贫资源，合理确定武陵山区在全省乃至全国的战略定位，明确加快发展的基本思路和重点任务，建立相应的体制和支持政策，纳入政府各部门履行职责的依据和全社会共同行动的纲领。规划应把农民人均纯收入、基本公共服务均等化等主要指标作为约束性指标，重点是为人的全面发展创造就业机会，把经济和人口引导到灾害少、环境好、适宜人居住的区域，对区域基础设施、义务教育、基本医疗和公共卫生、社会保障等提出建设任务。

第二，加大中央财政资金对贫困地区的支持力度，优化资金配置方式。尽快研究与贫困人口增加相适应的扶贫资金新增规模。专项扶贫资金的新增部分应更集中应用到集中连片贫困地区中适合开发式扶贫的区域，提高中央专项建设资金投入比重，提高基础设施特别是农村道路项目投资补助标准和资本金注入比例，中央安排的公益性建设项目，取消西部地区县及县以下配套资金。增加一般性转移支付规模和比例，现有一些实际承担提供基本公共服务的用于扶贫的资金（如教育、医疗卫生等方面的一些专项资金）应调整为一般性转移支付，可以按发展规划来分配和安排，不再以项目形式申报。

第三，积极发展多样化的惠农组织，大力培育特色优势产业。积极发展龙头企业、合作组织、农产品市场与农户有机结合的多样化惠农组织，形成“公司+农户”“公司+基地+农户”“专业合作社+农户”“中介组织+农户”等多种形式的农业产业一体化经营体系，实现农工商、产供销、农科教等多形式的一体化经营，推进农业规模化生产，发展“一村一品”“一乡一业”等形式的专业化、特色化、品牌化农产品基地，发展订单农业，增加农业的附加值，提高抵御自然灾害和市场波动的能力。大力扶持和发展农村微型金融机构，总结贫困村互助资金试点经验，积极稳妥扩大试点范围。

第四，巩固并延伸义务教育，创新职业教育和劳动技能培训方式。进一步加强贫困地区九年义务教育，巩固和提高“两基”攻坚成果，制定统一的义务教育均等化标准，公共资源向贫困地区倾斜，实现教育公平。率先在农村贫困地区普及高中阶段义务教育。加大对集中办学的支持力度，进一步改善农村贫困地区寄宿制教育办学条件，提高生活补助标准。进一步创新职业教育和劳动技能培训方式。在争取国家加强职业教育基础能力建设的同时，创新办学模式，推动校际、校企合作办学机制。建立健全促进农村富余劳动力外出务工就业的各项制度，积极稳妥地转移农民、富裕农民。

第五，创新科技扶贫模式，建立可持续的科技扶贫体系。首先，政府应鼓励多形式、多层次的组织形式的产生和发展，如科技特派员、农民专业技术协会、专家大院、农业高科技园区等等。其次，探索多元合作的科技项目扶贫的新机制，更多地吸纳企业和非政府机构参加，变科技扶贫资源传递中单纯的政府控制为市场与政府相结合的机制，从而提高扶贫资源的使用效率及贫困农民的参与程度。再次，创新科技扶贫资金的使用模式，小额信贷扶贫模式可以和政府的科技扶贫项目结合起来，使其能真正起到帮扶贫困人口的作用。

第六，完善农村社会保障体系，做好相关保障制度和扶贫开发政策有效衔接，完善贫困地区农村社会救助体系。进一步规范农村最低生活保障制度，加强农村五保供养制度，推进完善农村医疗救助制度，建立健全农村临时救助制度。建立科学的劳动能力评估机制，合理识别和区分享受农村低保和参与开发式扶贫的两类贫困人群，实施动态管理。推进贫困地区新型农村社会养老保险制度建设，重新构建中央政府与地方政府之间的财政关系，中央财政按照各地经济和社会发展水平的不同对养老保险的保费补贴予以分担，加大对中西部贫困地区财政支持力度，有劳动能力或劳动意愿的农村居民逐步纳入新型农村社会养老保险制度。调整理顺现有各类农村社会保障制度之间交叉、重复、不协调的关系。尽快出台农村低保、农村五保、新型农村社会养老保险、扶贫开发等之间衔接的具体措施和办法，形成制度合力。

第七，继续开展干部双向交流，形成上下联动、共同发展格局。结合干部的培养和锻炼，继续选派中央和省级部门干部到扶贫县挂职锻炼，同时将积极接收贫困地区干部上挂到中央和省级部门锻炼，使之规范化、制度化和长期化。

第八，健全各类扶贫资源绩效考核评估和监督机制，提高益贫综合效益。打破部门和行业界限，建立起各类扶贫资源绩效考核评估机制，既要评估考核扶贫资金投放的领域、形式和时间，也要评估考核扶贫资金的利用效益。评估考核机构应是相对独立的，可以引入第三方专业的评估机构。加强各类扶贫资源管理。严格厘清各资金管理部门的关系，明确各自管理的范围和投放的领域与形式。对扶贫资金的发放和使用进行严格的监督。

第九，积极动员社会力量，鼓励参与扶贫事业。继续开展党政机关定点扶贫工作；将武陵山区列入沿海发达地区对口帮扶范围，进一步扩大中央定点扶贫规模和范围；在互利互惠的基础上，推进企业间的相互合作和共同发展。引导非政府组织参与和执行政府扶贫开发项目。企业可以通过捐赠资金，与非政府组织合作，共同参与扶贫开发。发展扶贫开发领域的国际交流与合作，继续争取国际组织和发达国家援助性扶贫项目。

一、研究框架与方法

（一）研究背景分析

“十二五”时期，加大强农惠农政策力度，深入实施西部大开发战略，实施主体功能区战略，建立健全基本公共服务体系，促使扶贫开发工作面临新的机遇与挑战。

1. 加大强农惠农政策力度

“十二五”时期，国家将坚持工业反哺农业、城市支持农村和多予少取放活方针，进一步统筹城乡发展，加大强农惠农力度。按照推进城乡经济社会发展一体化的要求，建设社会主义新农村，加强农村基础设施建设，加快改善农村生产生活条件，提高农村和公共服务水平，完善农村社会保障体系。

2. 深入实施西部大开发战略

“十二五”时期，国家将坚持把深入实施西部大开发战略放在区域发展总体战略优先位置，给予特殊政策支持，发挥资源优势和生态安全屏障作用，加强基础设施建设和生态环境保护，大力发展科技教育，支持特色优势产业发展。

3. 实施主体功能区战略

“十二五”时期，国家将加强生态保护建设，对影响全局生态安全的重点生态功能区限制进行大规模、高强度的工业化城镇化开发，禁止开发依法设立的各级各类自然文化资源保护区和其他需要特殊保护的区域。坚持保护优先和自然恢复为主，从源头上扭转生态环境恶化趋势；实施重大生态修复工程，合理避让地质灾害；加快建立生态补偿机制，加强重点生态功能区保护和管理。

4. 建立健全基本公共服务体系

“十二五”时期，国家将着力保障和改善民生，逐步完善符合国情、比较完整、覆盖城乡、可持续的基本公共服务体系，推进基本公共服务均等化。促进教育公平，巩固提高义务教育，加快普及高中阶段教育，大力发展职业教育。合理配置公共服务资源，重点向农村、边远贫困、民族地区倾斜，加快缩小差距。健全覆盖城乡居民的社会保障体系。坚持广覆盖、保基本、多层次、可持续方针，加快推进覆盖城乡居民的社会保障体系建设，实现新型农村社会养老保险制度和城乡社会救助全覆盖。

（二）相关概念的界定

中国的扶贫开发是一种比较典型的，以政府为主导的，主要依靠行政组织体系的力量，自上而下的管理型治理结构。它是政府管理系统的延伸，典型特征是多部门参与。国务院扶贫开发领导小组是国务院的议事协调机构，成立于1986年，主要职责是制定中国的扶贫政策和计划，分配扶贫资金，协调与扶贫有关的各部门的关系。目前领导小组由一位国务院副总理兼任组长，成员包括国务院办公厅、国家发展和改革委员会、商务部、财政部、人民银行、教育部、科技部、民委、民政部、人力资源和社会保障部、国土资源部、交通运输部、水利部、农业部、卫生部、计生委、环境保护部、统计局、林业局、农业银行、全国总工会、团中央、全国妇联、供销总社、中国残联等有关部门的负责同志。领导小组的基本任务是：组织调查研究；拟订贫困地区经济开发的方针、政策和规划；协调解决开发建设中的重要问题；督促、检查和总结、交流经验。

1. 专项扶贫

专项扶贫是指在中国农村反贫困组织体系中核心部门（主要是各级扶贫办、发改、财政和中国农业银行）开展的扶贫工作。扶贫开发领导小组下设的办公室国务院扶贫办，作为扶贫领导小组的常设办事机构，具体负责与扶贫有关的日常工作，管理的扶贫资金主要用于产业开发、“雨露计划”等。发改委系统主要负责以工代赈和易地扶贫搬迁的实施和管理。财政系统不直接参与农村扶贫项目的实施和管理，其主要职能是安排和管理财政扶贫资金。中国农业银行则承担专项扶贫贷款的发放、管理和回收。

2. 行业扶贫

作为各级扶贫领导小组的成员，交通、水利、农业、林业、教育和卫生等政府业务部门其他政府部门也广泛参与到和自身业务有关的农村扶贫工作中去。例如，以工代赈计划支持的基础设施项目，大的有县乡公路和中型水利设施等，小的有乡村便道和小水窖等。较大的和技术性强的项目主要由县政府的业务主管部门如交通局、水利局和农业局等组织施工，小的劳动密集型项目则主要由乡镇政府和村委会来组织村民施工。在中国现有的行政体制下，除了直接到村到户的项目外，由政府支持的扶贫项目多数都是由政府的业务部门来实施的。教育部门目前还管理着一个大规模的贫困地区农村基础教育项目。随着中央统筹城乡发展、反哺农业的力度越来越大，每个行业主管部门都在把自己的业务工作向农村、向贫困地区延伸，在基础设施建设和社会事业发展上起到了非常重要和不可替代的作用，与专项扶贫等形成了大扶贫的工作格局。

（1）交通扶贫

农村公路主要是指连接乡镇和建制村的公路（包括县道、乡道和村道），是我国公路网的组成部分，是广大农村地区最主要甚至是唯一的运输方式，是农村经济社会发展的重要基础设施之一。改革开放以来，特别是1998年实施积极的财政政策至今，中央增加了国债资金、以工代赈资金和车购税资金的专项补助，使我国农村公路的技术等级、路面状况等发生了很大改观。到2005年年底已基本实现东部地区“油路到村”，中部地区“油路到乡”，西部地区“县与县之间通油路”（不含西藏自治区）。2005年年初国务院批准了《农村公路建设规划》（以下简称《规划》），这是我国第一个全国性、系统性的农村交通基础设施建设中长期《规划》，对促进我国农村公路持续快速发展，再上新台阶具有十分重要的作用。根据《规划》，“十一五”期间国家将安排中央投资1 000亿元用于农村公路建设，其中，西部地区主要安排县通乡油路改造，东、中部地区主要安排乡通村油路改造。到2010年年底，将基本实现东、中部地区“油路到村”，西部地区“油路到乡”的建设目标。

（2）水利扶贫

为贯彻落实中央扶贫开发工作会议精神和《中国农村扶贫开发纲要》提出的各项政策措施，水利部组织编制了《全国水利扶贫规划纲要（2001～2010年）》。提出了西部大开发的战略决策，以中西部的少数民族地区、革命老区、边疆地区、特困地区以及遗留问题突出的库区和移民安置区为重点，从可持续发展的战略高度，优先解决好水的问题，把解决由于缺水导致贫困和生态恶化的问题放在扶贫工作的突出位置。以改善贫困地区群众基本的生产和生活条件为根本出发点，以解决农村饮水、建设基本农田、发展节水灌溉、解决农村缺电、增强抗灾减灾能力、改善生存环境为重点，加大贫困地区水利扶贫力度，依靠贫困地区的广大干部和群众，充分发扬自力更生、艰苦奋斗的优良传统，在增强自我发展能力的基础上，坚持开发式扶贫，在国家重点扶持下，加强水利基础设施建设，为从根本上改变贫困地区面貌提供有力的水利保障和支撑。

（3）教育扶贫

2004 年，国务院发布《国家西部地区“两基”攻坚计划（2004～2007年）》，重点支持截至 2002 年尚未实现“两基”的 372 个县（团场）尽快实现“两基”，实施农村寄宿制学校建设工程、中西部农村初中校舍改造工程、农村中小学现代远程教育工程，保障公用经费、对农村家庭经济困难学生实施“两免一补”、保障教师工资发放、稳步推进农村中小学现代远程教育、加大教育对口支援力度等措施。到 2007 年，西部地区“两基”人口覆盖率已达到 98%，初中毛入学率均超过计划提出的 90%，扫除文盲 600 多万人，青壮年文盲率下降到 5% 以下，义务教育普及水平进一步提高。

表 6－1　教育扶贫主要工程一览表

	部门	时间	投入	主要内容	地区范围
农村寄宿制学校建设工程	国家发改委等	2004～2007	100 亿元	以农村寄宿制初中为扶持重点，兼顾农村小学，建设和改造教学和生活用房	尚未实现“两基”的西部 410 个县（团场），兼顾其他基础薄弱的贫困县、革命老区县等
农村中小学现代远程教育工程	教育部等	2003～2007	中央 50 亿元，地方 61 亿元	配备教学光盘播放设备和建成卫星教学收视点，具备现代远程教育的技术手段的计算机教室	全国
中西部农村初中校舍改造工程	国家发改委等	2007 年起		主要用于学生宿舍、食堂等生活设施建设，必要的体育场地和安全设施、生活设备购置等	“两基”攻坚县以外的国贫县、民族县、老区县和部分贫困人口集中县以及西部部分省贫县、边境县
中等职业教育基础能力建设	国家发改委等	2005～2010	国家每年 10 亿元	建设 1000 所左右县级职教中心和 1000 所左右中等职业学校	全国

资料来源：根据国家发改委主编《农村基础设施发展报告（2008 年）》整理，中国环境科学出版社，2008。

（4）科技扶贫

依靠科技进步促进贫困地区经济发展，帮助贫困人口脱贫致富是科技扶贫的出发点和根本目标。因此，科技扶贫是行业扶贫的重要战略措施之一，也是一些技术推广机构、科研院所和大专院校等优势所在。这些单位大多是事业单位，不掌握项目资金，也没有扶贫专项资金。在这种情况下，可以把技术推广工作与定点扶贫工作结合起来，发挥技术、人才资源优势，有针对性地引进优良品种、开展实用技术推广和进行技术培训，使农民真正掌握技术并转化为经济效益，取得最大实效。

3. 社会扶贫

社会扶贫主要是由定点扶贫、对口扶贫、民间组织扶贫、国际机构扶贫和企业扶贫组成的。自20世纪80年代中期以来，包括中央国家机关、企事业单位、民主党派及人民团体等社会各界参与扶贫开发的部门、单位不断增多，规模不断扩大。

（1）定点扶贫

定点扶贫的主体是各级党政机关、国有企事业单位和社会团体。其目的是动员政府部门、国有企事业单位和社会团体参与扶贫工作，以加大扶贫投入的力度，并发挥各业务部门的专业力量的作用。定点扶贫分为中央部委层次和地方政府层次，其中中央、国家部委、大型企事业单位和人民团体在国定贫困县开展帮扶工作，省、地、县、乡各级机关单位开展包县、包村、包户的定点帮扶工作。

①中央定点扶贫

中央部委定点扶贫始于20世纪80年代中期。当时，一些与农村关系比较密切的政府部门，如科技部、农业部、商业部、水利部和林业部等，投身农村扶贫开发工作，开了社会扶贫的先河。1987年，国务院召开第一次中央、国家机关定点扶贫工作会议之后，越来越多的国家机关参与到定点扶贫中来。

20世纪80年代初，科技部、农业部、商业部、水利部和林业部等部门利用它们与农村关系密切的专业优势，自发在农村开展扶贫活动，后来发展到16部委对18个集中贫困区的定点帮扶。由于中央政府采取了梯次动员的方式，中央部委是分批进入扶贫领域的，其中部分机构参与定点扶贫是为了完成中央政府下达的政治任务。随着时间的推移，中央部委定点扶贫逐步演变为一项制度。

中央定点扶贫注重对教育、医疗卫生、培训和技术推广等社会事业的扶持。[①] 中央定点扶贫的最大特点是扶贫内容和方式与各部门的业务密切联系，如农业部的扶贫重点在农业开发，卫生部的扶贫重点在地方病控制和基层医疗，水利部的扶贫重点在农田水利、人畜饮水等。那些与农村联系较少的部门，则将扶持重点放在文化、教育、医疗卫生等公益社会事业领域。这些公益社会事业项目所需投资较少、管理和监督成本较低，且容易见成效。即使是那些业务与农村经

① 张磊主编：《中国扶贫开发政策演变（1949～2005年）》，中国财政经济出版社2007年3月版，第118页。

济社会开发相契合的部门，也更愿意将筹措的资金用于社会服务领域。因此，总体来说，中央定点扶贫注重对教育、卫生等社会事业的扶持。

②地方定点扶贫

地方定点扶贫也始于20世纪80年代中期。省、地、县各级政府的定点扶贫，分别瞄准的是贫困县、贫困乡镇和贫困村。与中央、国家机关定点扶贫类似，地方定点扶贫机构也是分批动员起来的，有一个从内生自发到政府动员，进而逐步制度化的过程。

地方定点扶贫除了发挥各业务部门的专业优势外，还创造了多种定点扶贫模式，如重庆市的“集团式扶贫模式”、湖北省的“616”工程等。其中，被各省区采用最多的是集团式扶贫模式。这种模式的特点是，把政府部门的组织、管理、协调优势与科研机构、大专院校的人才、信息、技术优势，以及工商企业的资金优势整合起来，与贫困地区形成一对一或一对多的对口帮扶格局，克服单一机构在扶贫方式、资源筹措渠道单一、扶贫力量分散、协调组织有困难等弊端，是一种多形式、多层次、全方位、综合性的定点扶贫方式。

（2）东西对口扶贫协作

东西对口扶贫是国家动员社会力量进行扶贫攻坚的重要战略举措。东西对口扶贫协作最为显著的特点是强调扶贫和经济协作的有机统一，即东部发达省市对口帮扶西部省区发展，不仅推动了西部地区的减贫工作，而且也实现东西优势互补和经济协作，达到共同发展。1996年，国务院要求京、津、沪三个直辖市，沿海六个经济比较发达的省，四个计划单列市分别对口帮扶西部十个省、自治区，具体是北京帮内蒙古，天津帮甘肃，上海帮云南，广东帮广西，江苏帮陕西，浙江帮四川，山东帮新疆，辽宁帮青海，福建帮宁夏，深圳、青岛、大连、宁波共同帮贵州，2001年又安排厦门市和珠海市帮扶重庆。具体的方式主要有以下4类：（1）无偿捐赠资金用于教育、卫生和其他基础设施建设；（2）捐赠生产和生活物资，用于支持农户的农业生产和救济农民的日常生活；（3）经济技术协作，利用发达地区的资金、技术、管理、市场和贫困地区的资源以及廉价的劳动力进行合作生产和经营；（4）人员的双向交流，发达省市派干部、技术人员和青年志愿者到贫困省、区提供服务，贫困省、区派遣行政和技术干部到发达省市接受培训和挂职锻炼，输送劳动力到发达地区就业。

（3）民间组织扶贫

民间组织，又叫社会组织、非政府组织（NGO），是指那些在党政体系、市场体系之外的具有非政府、非营利、公益性和社会性特征的社会中介组织。

1994 年，《国家八七扶贫攻坚计划》首次对民间组织扶贫做出明确指示，“要充分发挥中国扶贫基金会和其他各类民间组织扶贫团体的作用；积极开展同扶贫有关的国际组织、区域组织、政府和民间组织的交流，让国际社会及海外华人了解中国”。2001 年出台的《中国农村扶贫开发纲要（2001～2010）》指出，“要积极创造条件，引导民间组织参与和执行政府扶贫开发项目，捐赠资金可以按照国家有关规定在税前列支，计入成本，逐步规范民间组织开展的扶贫开发活动。通过多种渠道、不同方式争取国际民间组织对我国扶贫开发的帮助和支持”。

民间组织扶贫与政府机构扶贫具有很强的互补性。政府扶贫的优势是动员扶贫资源的能力强、实施扶贫战略的连续性好、扶贫资金来源和预期稳定，项目运作方式具有一致性。政府扶贫的不足是权利与义务不对称，对扶贫过程中出现的新机会和新问题不敏感、制度创新的激励不足。民间组织扶贫的资源动员能力较弱，扶贫资源的来源和预期不太稳定。政府组织扶贫的优势是：第一，委托代理关系更明确，问责制度更健全，监督体系更完善，能更好地消除权利与义务的不对称性；第二，创新激励更充足，资源配置更有效；第三，项目的贫困瞄准率高，扶贫资源使用的可持续性强，扶贫资金的渗漏率低。

（4）企业扶贫

国有企业定点扶贫是《国家八七扶贫攻坚计划》的内容之一。该计划明确指出，要“动员大中型企业，利用其技术、人才、市场、信息、物资等方面的优势，通过经济合作、技术服务、吸收劳务、产品扩散、交流干部等多种途径，发展与贫困地区在互惠互利的基础上的合作”。2001 年开始实施的《中国农村扶贫开发纲要（2001～1010）》明确指出，“鼓励多种所有制经济组织参与扶贫开发。地方各级政府要创造良好的政策环境和投资条件，吸引多种所有制经济组织参与贫困地区的经济开发。对于适应市场需要，能够提高产业层次、带动千家万户增加收入的农产品加工企业，能够发挥贫困地区资源优势并改善生态环境的资源开发型企业，能够安排贫困地区剩余劳动力就业的劳动密集型企业，能够帮助贫困群众解决买难、卖难问题的市场流通企业，国家给予必要的政策扶持”。该《纲要》将产业扶贫作为专项扶贫工作的一个重点，并出台了两类政策：一是国家扶贫龙头企业的资格认证和管理政策，二是针对国家扶贫龙头企业开发提供的优惠支持政策。

（5）国际机构扶贫

在华参与扶贫开发的国际机构按其性质分可分为四类，即国际发展援助机构、国际金融机构、国外政府双边机构和国际民间组织，[①] 包括以联合国系统为代表的国际发展援助机构、以世界银行和亚洲开发银行为代表的国际金融机构、以发达国家的国际开发署和驻华使馆为依托的双边发展机构和国际民间组织等。一般而言，上述四类机构中以联合国系统为代表的国际发展援助机构和国际民间组织的援助是无偿的，国际金融机构参与扶贫开发以贴息贷款和低息贷款方式为主。外国政府对中国的援助多为无偿，但要求中国政府对资金进行配套。

需要指出的是，这里确定的有些不同类别在外延上存在部分重合现象，如定点扶贫和东西对口扶贫协作中都包含企业扶贫的内容。各种扶贫类别各有特点，各有分工、相互配合，逐步形成大扶贫局面。

表 6－2　各种扶贫类别的扶贫特性比较

类别	方式	特征
中央部门扶贫	自上而下	系统垂直
东西部政府帮扶	互动式	帮扶与协作
贫困地区内部扶贫	集团式、分层式	优势互补、分层式
国际性政府扶贫	参与式	综合性、持续性

资料来源：李周主编：《中国反贫困与可持续发展》，科学出版社，2007 年，第 99 页。

（三）研究范围和主要内容

1. 文献综述

（1）行业扶贫、社会扶贫与专项扶贫的文献综述

樊桦在《中国交通扶贫：回顾与展望》一文中，对我国交通扶贫的政策框架、成就、推动因素、面临的问题与发展方向进行论述，认为交通基础设施建设作为开发式扶贫的重要方式之一，是实现贫困地区经济社会发展的基础条件和基础因素。它能够提高贫困人口获取收入的能力，并增加新的就业机会，增强贫困地区自我发展的能力。因此，为贫困地区提供交通基础设施的意义不仅仅是增加了有限的道路里程，而是会对产业发展、经济结构、农民收入和生活方式、教育、医疗保健、社会稳定发展等多方面产生积极的影响。[②]

李有发在《教育扶贫的现实依据及其对策》一文中，从教育层面解读贫困

① 张磊主编：《中国扶贫开发政策演变（1949～2005 年）》，中国财政经济出版社，2007 年，第 122 页。

② 樊桦：中国交通扶贫：回顾与展望，《宏观经济管理》，2004 年第 6 期。

现象，分析了教育扶贫的现实依据与意义，认为贫困地区贫困人口的脱贫致富，归根到底要靠贫困人口自身的脱贫致富能力的增强。因而教育扶贫在本质上与救济等帮扶活动不同，是一个持续增强贫困人口致富本领的系统过程。①

权赫花在《谈农村科技扶贫的对策》一文中，认为科技扶贫表现为先由点到片，再由片到面的这种外延不断扩大的特征，其宗旨是应用成熟的科学技术和现代管理科学增强贫困地区农民的开发能力，大幅度提高贫困地区资源开发水平和劳动生产率，求得最佳经济、社会和生态效益，促进贫困地区商品经济发展，加快农民脱贫致富步伐。②

张峭、徐磊在《中国科技扶贫模式研究》一文中，运用新古典经济学理论，从科技供给和需求的视角构建出中国科技扶贫模式的理论分析框架，并以此为基点结合各地科技扶贫的实践经验，认为科技供给主导模式主要有科技网络推广模式、区域支柱产业开发带动模式和易地科技开发模式；科技需求主导模式主要有龙头企业扶持模式、专业技术协会服务模式和小额信贷模式。③

徐俊在《公共部门对口扶贫的瞄准问题初探》中试图从扶贫瞄准主体、扶贫瞄准对象、扶贫瞄准资金和资源的投放与管理、扶贫瞄准评估等四个方面进行分析，总结出公共部门对口扶贫的瞄准模式，从而进一步提出相关的政策建议。④

徐静在《对口帮扶新视野：由政府主导型转向市场化基础上政府与 NGO 共同推动型》一文中认为，对口帮扶作为一种特定扶贫阶段的指令性扶贫手段，一开始就以政府主导入手，这在起步阶段无疑是必要的，也是有效的，但帮扶缺乏持续发展的动力，一定意义上产生了帮扶疲劳症。单一行政计划机制下的扶贫行动已很难适应形势发展的需要，迫切需要转换帮扶方式，引进市场因素。⑤

杨道波在《地区间对口支援和协作的法律制度问题与完善》一文中认为，地区间对口支援和经济技术协作实际上已成为我国的一项法律制度。这一法律制度已历经几十年，在促进地区协调发展上取得了较大成就。但这一法律制度在法律规范体系本身、实施机制以及实施效果上还存在较多问题。加强这项法律制度体系本身的协调性建设，建立有关有效的实施机制；建立市场化的跨地区企业协

---

① 李有发：教育扶贫的现实依据及其对策，《哈尔滨市委党校学报》，2006 年第 2 期。

② 权赫花：谈农村科技扶贫的对策，《行政论坛》，2006 年第 2 期。

③ 张峭、徐磊：中国科技扶贫模式研究，《中国软科学》，2007 年第 2 期。

④ 徐俊：公共部门对口扶贫的瞄准问题初探，《老区建设》，2010 年第 2 期。

⑤ 徐静：对口帮扶新视野：由政府主导型转向市场化基础上政府与 NGO 共同推动型，《红旗文稿》，2005 年第 14 期。

作机制和支援项目的跟踪协调制度是我国对口支援和经济技术协作不断发展的现实要求。①

王玮在《中国能引入横向财政平衡机制吗？——兼论“对口支援”的改革》一文中认为，“对口支援”具有显著的横向财政转移支付特征，尽管它在加快中国欠发达地区的经济发展和加强民族团结等方面做出了重要贡献，但毕竟只是一种非制度化的方法，而且其横向财政平衡效应也并不显著。在新的社会经济形势下，需要对“对口支援”进行适当的调整，改革方向是将其定位为临时性的应急措施，不宜继续扩大规模和使其常态化。②

（2）武陵山区减贫和区域发展的文献综述

陈德祥、吕学芳在《武陵山区农村小康社会建设进程中的人口贫困化问题研究》中认为，武陵山区农村贫困人口散居分布在自然条件恶劣的边区，贫困程度深、返贫率高、扶贫开发难度大，已经严重制约了武陵山区小康社会建设的历史进程。恶劣的自然条件、资源禀赋要素差造成经济发展的先天不足；历史性贫困造成经济发展的起点基础低；人力资源供给不足、政策制度设计不当造成的经济发展后天弱化；社会封闭、思想观念保守的加剧共同导致武陵山区农村人口贫困化。扶贫开发、人力资源开发以及引导贫困人口合理有序的流动迁移是治理武陵山区农村人口贫困化的主要对策。③

冯佺光在《地缘经济区视角下的行政区边缘山地经济协同发展》一文认为，武陵山区像我国众多地缘经济区一样，因受到分属于若干行政经济区微观利益动机驱使的管制，出现地理空间连续与非市场决策不连续的“行政区经济”现象，派生出经济落后、区域经济行政分割现象突出，经济活动严重的冲突中重复建设、资源浪费、生态环境破坏，各种效益低下的“边缘效应”，即“行政区边缘经济”的区域经济运行方式。地缘经济区客观上要求解除原则政治的刚性约束，走区域市场一体化、区域协同发展、以利益政治为社会目标的科学发展道路。④

尹少华、冷志明的《基于共生理论的‘行政区边缘经济’协同发展——以武陵山区为例》一文从共生概念和内涵入手，研究基于共生理论的“行政区边缘经济”协同发展。在此基础上，以武陵山区为例，分析了武陵山区区域背景和

① 杨道波：地区间对口支援和协作的法律制度问题与完善，《理论探索》，2005 年第 6 期。

② 王玮：中国能引入横向财政平衡机制吗？——兼论‘对口支援’的改革，《财贸研究》，2010 年第 2 期。

③ 陈德祥，吕学芳：武陵山区农村小康社会建设进程中的人口贫困化问题研究，《西北人口》，2009 年第 2 期。

④ 冯佺光：地缘经济区视角下的行政区边缘山地经济协同发展，《山地学报》，2009 年第 2 期。

区域经济协同发展条件，对现行“行政区经济”背景下，“行政区边缘经济”协同发展的模式和机制进行了初步探讨。①

谢亚平在《基础设施对武陵山区经济发展的影响》一文中指出，基础设施薄弱是制约武陵山区经济发展的瓶颈。武陵山区基础设施建设存在的问题主要是因为体制方面的原因，政府部门或国有企业垄断经营基础设施产业，致使这些产业没有赢利动力的激励，也缺乏外在的竞争所形成的压力。另一方面，基础设施部门具有外部效应和公共物品特征，政府却缺乏对其必要的管理和干预。因此只有引入竞争机制，才能从根本上解决武陵山区基础设施建设存在的各种问题。②

吕学芳、肖映胜的《武陵山区农村全面小康社会低实现程度及原因》一文，通过与全国农村全面小康社会实现程度的比较，探讨了武陵山区农村全面小康社会的低实现程度，并对其原因进行了分析：包括思想观念陈旧、生存环境严酷、基础设施薄弱、科教文化落后、经济水平低下和贫困程度深重等。③

吕学芳、刘爱军在《制度创新：武陵山区农村实现全面小康的根本保障》一文中提出，要将农村制度创新作为“第一要务”，从农村土地制度、公共财政制度、农村金融制度、农业科技制度、村民自治制度、农村教育制度、户籍制度、社会保障制度等方面积极推进创新，加大创新力度，为武陵山区农村实现经济又好又快发展，进而实现全面小康、构建和谐武陵提供根本的制度保障，是武陵山区各级政府的当务之急。④

2. 研究范围界定

武陵山区位于重庆、湖北、湖南、贵州四省市交界地区，综合考虑武陵山区自然、民族、历史特点以及相互间经济联系，武陵山区范围包括重庆市黔江区、酉阳土家族苗族自治县、秀山土家族苗族自治县、彭水苗族土家族自治县、武隆县、石柱土家族自治县，湖北省恩施土家族苗族自治州及宜昌市五峰土家族自治县、长阳土家族自治县，湖南省湘西土家族苗族自治州、怀化市、张家界市及邵阳市绥宁县、城步苗族自治县、武岗县、新宁县、洞口县、隆回县和常德市石门

---

① 尹少华、冷志明：基于共生理论的‘行政区边缘经济’协同发展——以武陵山区为例，《经济地理》，2008 年第 2 期。

② 谢亚平：基础设施对武陵山区经济发展的影响，《湖北民族学院学报（哲学社会科学版）》，2005 年第 5 期。

③ 吕学芳、肖映胜：武陵山区农村全面小康社会低实现程度及原因，《吉首大学学报（社会科学版）》，2008 年第 6 期。

④ 吕学芳、刘爱军：制度创新：武陵山区农村实现全面小康的根本保障，《商业研究》，2008 年第 9 期。

县，贵州省铜仁地区及遵义市道真仡佬族苗族自治县、正安县、务川仡佬族苗族自治县、凤冈县、湄潭县、余庆县，共62个县（市、区），国土面积15.19万平方公里，2009年底总人口2910万人。

（四）研究路径和研究方法

1. 研究路径

本研究的研究路径如图6－1。

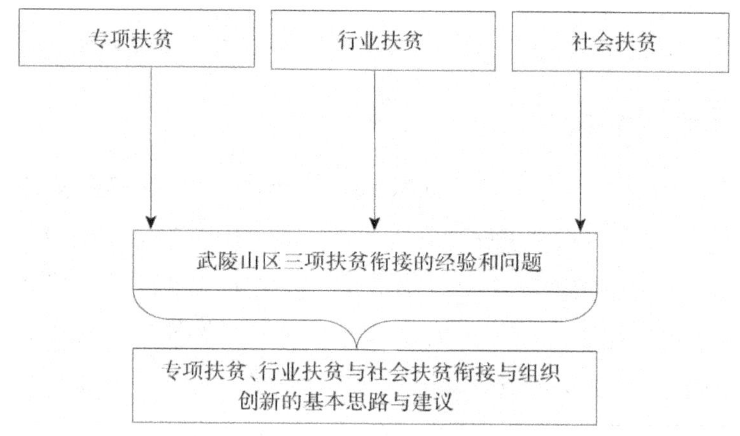

图6－1　武陵山区专项扶贫、行业扶贫与社会扶贫衔接与组织创新研究路径

2. 研究方法和依据

由于时间和资料所限，本研究仅对近期的武陵山区的行业扶贫、社会扶贫与专项扶贫衔接情况进行研究，既肯定和总结取得的有益经验，又找出存在的主要问题，为完善相关政策措施提出基本思路和政策建议。

本研究采用文献法、访谈法、实地调查等方式进行多方面分层次的资料搜集，采用访谈法对武陵山区相关省、州、县政府及各级扶贫、发改、财政、环保、农业等部门负责人和研究范围内的农户进行了调查。了解涉及武陵山区的经济发展、教育卫生、扶贫、交通和能源等发展情况，实地调查了解农户的收入状况、收入渠道、生活状况对以后生活的设想。

研究依据主要包括武陵山区相关省、州、县相关部门和贫困村的汇报材料、工作总结和政府文件等。研究与评估的数据一方面主要来自《背景报告》、中央政府和地方政府的政府文件和规划、汇报材料和访谈记录，另一方面来自媒体对相关部门的采访报道和相关研究成果。

二、武陵山区行业扶贫、社会扶贫与专项扶贫衔接与组织方式创新

（一）武陵山区行业扶贫、社会扶贫与专项扶贫衔接的经验和问题

武陵山区行业扶贫、社会扶贫与专项扶贫在衔接和组织方式创新方面已经做了一些有益的探索，取得了一些成果，但也面临着一些制约因素和问题，需要进一步进行体制机制创新试点，为全国同类型地区扶贫开发发展提供示范。

1. 有益经验总结

“十一五”时期，武陵山区各地在中央和所在省（市）政府高度重视和支持下，扶贫开发工作取得重大进展。重庆市黔江区贫困人口从2005年10.7万人降至2010年5.1万人，贫困发生率由24.7%下降到12.4%。恩施州减少贫困人口50万人；贵州铜仁地区减少贫困人口41.15万人，贫困发生率由25.5%下降到17%。行业扶贫、社会扶贫与专项扶贫衔接取得了以下四个方面的经验。

（1）建立多元投入机制是各项扶贫有效衔接的前提条件

在扶贫开发中，政府各部门根据中央的统一要求，从尽快解决贫困人口温饱问题的大局和贫困地区的实际情况出发，积极参与扶贫开发。《国家八七扶贫攻坚计划（1994～2000）》要求计划、内外贸、农林水、科教、工业交通、劳动、民政、民族、文化卫生和计划生育等部门分别制定本部门、本系统的“八七”扶贫攻坚实施方案，充分发挥各自优势，在资金、物资、技术上向贫困地区倾斜。2000年，中央要求把扶贫开发作为本部门的重要工作，结合各自的职责范围，认真贯彻落实《中国农村扶贫开发纲要（2001～2010年）》。2006年，中共中央国务院在《关于推进社会主义新农村建设的若干意见》中提出“继续动员中央和国家机关、沿海发达地区和社会各界参与扶贫开发事业”。只有各部门对扶贫工作高度重视，才能将各部门的工作向贫困地区和贫困农户延伸，多渠道筹集扶贫开发资金，采取“四个一点”（即政府投入一点、乡村筹集一点、部门帮扶一点、农户自筹一点）的办法，建立多元投入机制，形成各部门共同参与的大扶贫格局。

武陵山区是早在20世纪80年代就被国家列为十八片集中连片贫困地区之

一，经济基础薄弱，贫困面广，贫困程度深，在62个县（市、区）中有37个县是国家扶贫开发工作重点县，17个县是省级贫困县，40个县是少数民族县，46个县是革命老区县，贫困人口558.3万，占全国贫困人口的15.5%，是集山区、少数民族地区、革命老区和贫困地区为一体的集中连片特殊困难地区。因此，武陵山区也是党和政府以及社会各界开展扶贫的重点地区之一。20世纪80年代中期，党中央、国务院做出了中央国家机关及所属企事业单位对口帮扶贫困地区的重大决策。湖北建始县业州镇杨泗庙村在“整村推进”过程中投入各类资金483.5万元，其中财政扶贫资金90万元、水利部门安全饮水资金41万元、交通部门公路建设资金307.5万元、畜牧部门产业发展资金30万元、其他部门帮扶资金15万元，极大地加快了扶贫开发的步伐，提升了扶贫开发的效果。

1986年，农业部对口帮扶武陵山区的湘西、恩施、铜仁、黔江四地（州）。新世纪开始，农业部继续对武陵山区的湘西、恩施两州进行定点扶贫。20年来，农业部始终把扶贫工作作为一项政治任务，坚决贯彻党中央、国务院扶贫开发的工作方针，把对武陵山区的扶贫工作纳入农业部工作的议事日程，紧紧围绕不同时期农业和农村经济发展的中心任务，针对武陵山区农村经济与社会发展的特点，努力发挥部门和行业优势，对武陵山区进行倾斜性帮扶，在解决贫困农民温饱、提高农民生活水平、培育特色优势产业、推动山区经济发展等方面做了大量工作，取得了明显成效。

2006年，水利部、贵州省在铜仁地区实施“社会主义新农村建设水利扶贫试点”。部省领导高度重视试点工作，水利部先后有9位部级领导、23位司局级领导到铜仁地区检查指导工作，帮助解决试点工作中存在的问题和困难；贵州省委书记、省长和主管副省长多次对试点工作做出重要批示。在资金安排和智力扶持上尽可能多地给予倾斜，投入大量资金实施人畜饮水安全、病险水库除险加固、大型灌区改造等工程，经过三年多的实践，使107万人的饮水困难问题得到解决，实现抗旱灌溉147万亩，还通过开展大规模水利工程建设，积极推进体制改革和机制创新，水利扶贫在促进农业区划增效、农民增收、产业结构调整、生态环境改善和群众脱贫致富等方面取得了明显成效，为铜仁地区经济社会可持续发展提供了水利基础保障。

用活“一事一议”奖补政策是广开投入渠道的重要方式。通过“一事一议”，发动群众投工投劳，实行“民办公助”，多筹多补，先干后补，建立农民投工投劳四级承诺制，由群众自己选择建设项目，自己组织实施，突出群众的主体地位，政府给予配套奖励补助，充分调动了群众参与扶贫开发的积极性。仅

2010年，湖北建始县当年实施整村推进的94个村就组织群众投工32万个，实施“一事一议”建设项目126个，落实财政奖补资金320万元。

（2）形成投入整合机制是各项扶贫有效衔接的关键环节

《中国农村扶贫开发纲要（2001～2010）》提出：“坚持省负总责，县抓落实，工作到村，扶贫到户。”扶贫资金使用管理遵循的是“责任到省、任务到省、资金到省、权力到省”的“四到省”原则。2007年开始，开展了“县为单位、资源整合、整村推进、连片开发”试点。每个试点县投入1000万元财政扶贫资金作为引导，通过资金和政策整合、机制创新，吸引相关部门涉农资金投入产业开发及配套项目，将整村推进与连片开发相结合、扶贫开发与区域经济发展相结合，促进了贫困地区经济发展和贫困农户稳定增收。各项扶贫有效衔接的关键是建立整合投入机制，按照“渠道不乱、用途不变、捆绑使用、各记其功”的原则，将新增财政扶贫资金、老区建设资金、以工代赈资金、少数民族发展资金等各类资金进行整合，集中投入使用，同时引导水利、交通、农业、林业、科技、教育、卫生等部门的项目资金优先安排到整村推进重点贫困村。

从实践来看，投入整合机制主要有两种方式：一是科学编制规划，通过规划引导扶贫开发工作。农业部为充分发挥定点扶贫地区的资源优势，帮助湘西、恩施两州找到脱贫致富的有效途径，组织专家多次深入实际进行调研，全面了解定点扶贫县农业和农村经济发展现状及存在问题。2002年编制了《农业部定点扶贫地区优势产业开发规划》，根据区域资源比较优势，国内外市场需求，提出了两州优势特色产业发展的思路、目标、重点和区域布局，指导当地农业经济发展和扶贫工作。2006年，农业部又制定了《“十一五”农业部扶贫开发建设规划》，明确了“十一五”期间，农业部在定点扶贫地区重点扶持主导产业，推进“一村一品”，促进农民增收。二是建立有关方面联席会议制度。水利部、贵州省在铜仁地区实施“社会主义新农村建设水利扶贫试点”时，成立由政府一把手负总责的水利扶贫试点工作机构，组建水利重点工程专项领导小组，建立了部省联席会议制度，定期开会解决具体问题。

重点贫困村是三项扶贫有效衔接平台。2008年，建始县被确定为湖北省唯一的“县为单位，整合资金，整村推进，连片开发”试点县。选定贫困村相对集中连片、产业发展有一定基础的高坪、三里、红岩、花坪四个乡镇作为试点区域，精心编制试点规划，共整合各类项目资金22720.43万元。其中，整合发改、交通、水利、教育、农综、卫生等项目资金14958.77万元，群众投劳筹资6346万元，财政扶贫资金1415万元（含中央试点补助资金1000万元）。按照“产业发展是核心，强化设施要先行”的建设思路，通过精心组织、强化抚州、创新机制，试点区域的产业发展明显加快，形成烟叶、魔芋、林果、茶叶、生猪五大产业带，村民饮用安全卫生的自来水，通村公路全部硬化并连片贯通；村容村貌焕然一新，群众生产生活环境得到极大改善；农民的综合素质得到明显提升，教育、卫生、文化等社会事业得到长足发展。

专栏1：花坪乡村坊村连片开发取得明显的扶贫效果

花坪乡村坊村是“整村推进、连片开发”试点项目缩影范围内的村庄，位于花坪乡集镇的东南方向，距花坪集镇7公里，距县城58公里。全村现有村民419户1576人，辖15个村民小组；有耕地1473亩，山林6326面，全村共有低保户76人，建档立卡贫困户142户426人。农民人均纯收入2007年不足3000元，2010年达到了7000元。村级主干道9公里全部硬化为水泥路，实现了组组通水泥路，户户饮用安全卫生的自来水。实施五改三建400户，改造特色民居140户。2008年，村坊村在“整村推进、连片开发”试点项目的大力扶持下，“关口”葡萄种植面积达到1200亩，占耕地面积的81.5%，户均2.9亩，最多一户6亩。2010年，全村仅葡萄收入就达1000余万元，户均1.8万元，最高一户收入近8万元，“关口”葡萄已成为该村农民致富增收的主导产业。“关口”葡萄良好的经济效益带动了周边农户种植的积极性，在“整村推进、连片开发”试点项目的大力扶持下，形成了以村坊为中心，辐射周边10多个村，总面积达5000多亩的葡萄长廊。2008年，“关口”葡萄获得国家绿色食品认证，注册了“村坊关口葡萄”商标，成功进入了武汉中百仓储、家乐福、沃尔玛等大型超市。村内适龄儿童入学率达到100%，建有设施齐全的卫生室，全村电视机、洗衣机、电话拥有率在95%以上。

表6－3　村坊村扶贫资金整合情况

资金来源与用途	资金规模（万元）
财政扶贫资金	395
其中：扶贫搬迁42户	29.4
产业发展	250
小区连户路10公里	80
基础设施建设	35
房屋改造131户	65.5
村级卫生室	25
农业局科技推广资金	10
交通局	230
县级财政扶持	150

资料来源：建始县扶贫办。

（3）改善基础设施、发展基础产业和提高基本素质是投入整合的重点领域

2001～2010年，武陵山区贫困县认真贯彻落实《中国农村扶贫开发纲要2001～2010)》，改善基础设施、发展基础产业、提高基本素质取得了明显成效。

首先，始终坚持把改善基础设施作为扶贫开发的关键点。在扶贫开发工作中，始终坚持把交通建设、饮水安全、环境改善等基础设施建设作为优先实施的项目，努力解决群众行路难、饮水难等问题。例如，重庆市黔江区以乡镇联网公路、产业环线公路和“通乡通畅、通村通畅、通村通达”工程建设为重点，实现镇乡公路通达率100%、通畅率100%，行政村通达率100%、行政村通畅率66%，70%的组通村道。率先创建了“先建机制、再建工程”的农村饮水安全工程建设管理模式，全面实施“整乡推进”和“整村推进”，有效解决了25万人饮水安全问题，被国家发改委、水利部列为“十一五”全国农村饮水安全示范区。湘西州行政村通公路率由85%上升到96.2%，实现了100%的行政村通电、通电话、接收广播电视。

其次，始终坚持把发展基础产业作为扶贫开发的中心任务。一个项目带动一个产业，致富一方群众，这是多年来在武陵山区开展扶贫工作的主要做法。坚持以农民增收为核心，扶持扶贫龙头企业，带动贫困村的产业发展，贫困人口从产业化生产和经营中得到实惠。重庆市黔江区建成200万头生猪屠宰厂1家，发展年出栏生猪100头以上的养殖户9400户，生猪年产能达140万头，是国家现代畜牧业示范区先行区；烤烟、蚕桑、猕猴桃、蔬菜、茶叶、中药材等特色产业快速发展。恩施州以实施“六百双五”（烟叶、茶叶、特色蔬菜、林果、药材各100万亩，畜牧业综合产值100亿元；马铃薯种薯、魔芋基地各50万亩）特色农业基地建设为重点，加快发展特色农业，以烟、茶、畜、果、药、蔬为主的村级特色产业基本形成。围绕鄂西生态文化旅游圈核心区建设目标，着力推进恩施大峡谷、腾龙洞、坪坝营等重点景区、景点建设，并积极鼓励和引导周边群众发展旅游休闲、饮食服务业，增加了群众收入，加快了脱贫致富步伐。湘西州农业初步形成了以优质烟草、茶叶、蔬菜为主的高效经济作物，以柑橘、猕猴桃为主的水果业，以生猪、山羊为主的畜牧业，以青蒿、百合为主的中药材种植业等四大特色产业，全州已建成椪柑基地100万亩、烟叶基地30万亩、蔬菜基地20万亩、猕猴桃基地10万亩、茶叶基地10万亩。

第三，始终坚持把提高基本素质作为扶贫开发的切入点。在扶贫开发工作中，全面实施智力扶贫，不断增强农民自我发展的愿望和能力。例如，重庆市黔江区率先推出了“两段式”扶贫培训，依托雨露计划、阳光工程等培训资源，举办扶贫实用技术培训24764人次，开展乡镇干部、村支书政策业务培训1300人次，资助贫困家庭子女就读中职10878人，举办务工技能培训1400人次。通过培训，提高劳动者素质，拓展了上海、广东、新疆、浙江等五大劳务基地，巩固了“全国首批劳务输出示范区”称号，丰富了劳务输出“黔江模式”的内涵，成功打造了“黔龙海运”“阿蓬江钻井工”等劳务品牌，劳务收入已成为农民收入的重要来源。恩施州实施雨露计划培训，提高农村贫困劳动力技能和素质，“十一五”时期全州共招生培训4万人，转移就业率达95%。1986年，按照农业部的部署，全国畜牧总站（前身为全国畜牧兽医总站）开始在武陵山区进行扶贫工作。20年来，充分发挥自身业务优势，开展科技扶贫，先后派遣20多位同志到武陵山区挂职，一方面推广优良品种和先进实用技术，帮助当地提高传统养殖业，如生猪饲养水平；另一方面根据武陵山区丰富的饲草资源特点，重点发展养羊业。

（4）建立督促和绩效考核是各项扶贫有效衔接的有力保障

从各项扶贫衔接的实践来看，相关督促和绩效考核的配套机制和制度是各项扶贫有效衔接的有力保障。武陵山区在整合扶贫资源过程中建立了行政首长责任制、限时办结制、责任追究制三项制度。例如，水利部、贵州省在铜仁地区实施“社会主义新农村建设水利扶贫试点”时，在领导责任制上，成立由政府一把手负总责的水利扶贫试点工作机构，组建水利重点工程专项领导小组，设立地委书记、行署教导员及各县主要领导水利扶贫工程示范点；在督促检查机制上，成立了地委委员、行署副专员分县督查联系制度，推动驻铜仁地区党代表、人大代表、政协委员定期视察制度实行行政和技术干部双线考核责任制，作为考核奖惩干部的重要指标，严格考核制，奖惩工作任务目标完成情况。

专栏2：农业部畜牧总站科技扶贫武陵山区

2001年，在挂职干部的积极努力下，首次将国际著名肉用山羊品种波尔山羊引进武陵山区，帮助湘西州建立了波尔山羊种羊场。2002年，在吉首市举办了武陵山区种草养羊技术培训班，编写了专门教材，邀请中国农科院、四川农业大学和宁夏兽医工作站的专家，讲解国内外养羊生产技术动态、牧草栽培技术、人工授精技术和羊常见病防治技术，并安排实际操作。湘西州8县、恩施州4县的畜牧兽医技术人员60多人参加了培训。2003年，出资30万元，首次将国内著名地方品种湖羊从江苏引入武陵山区，在鄂西来凤县进行适应性试验，并建立了肉羊种羊场。2004年，举办了湖羊饲养及杂交利用技术培训班。全县各乡镇畜牧兽医技术人员和羊场技术人员40多人参加了培训。2005年，来凤县政府出台《来凤县优质肉羊发展规划》，引导养羊业积极有序地发展，又赠送10只澳大利亚无角道赛特和特克塞尔种羊。2005年，在来凤县举办了武陵山区优质肉羊养殖技术培训班。参加培训班的学员共计140多人，恩施州8县、湘西州4县的畜牧局局长和县畜牧兽医站的站长以及技术干部，来凤县的养羊大户和公司技术人员也参加了培训。2006年，来凤县政府发布了《关于大力发展肉羊生产的决定》，制定了有关政策和工作方案。看到来凤县良好的养羊势头，为了进一步推动其健康发展，畜牧总站又赠送50只澳大利亚无角道赛特和特克塞尔种羊。来凤县农民养羊的积极性已经调动起来了，肉羊产业有了一个良好的开端。

2. 存在的主要问题

（1）缺少对最为急需的基础设施建设资金的投入保障

武陵山区发展的突出制约是交通和水利。例如，湖北恩施州虽然沪渝高速公路、宜万铁路已相继建成通车，但交通瓶颈问题还没有完全解决，特别是农村交通条件仍然落后，基本是主道贯通、网络不全。全州2536个行政村有1794个行政村未通油路水泥路，22972个自然村中已经通公路的只有5088个，仅占22%。饮水条件落后，恩施州农村自来水普及率仅为27.83%，低于全省12个百分点。全州目前仍有172.87万农村人口饮水不安全，很多地方的老百姓还在靠挖土坑积蓄雨水维持生活。由于《公路法》并没有将村道建设纳入规划，同时，农村公路与一般公路、高等级公路相比具有很大差异，点多面广战线长，建设资金投入不足，体制机制不顺畅。从20世纪80年代至今，数量庞大的乡和村级公路，主要由当地基层政府和农民自行负责建设和养护，省级以上政府给予的财政投人较少，大多数地方特别是贫困地区基层政府的财力难以满足农村道路发展的资金需求，缺乏充足稳定的资金来源是制约农村道路发展的最主要的因素，特别是在实施农村税费改革后，民办公助、民工建勤政策的取消，打破了现有的县乡公路建设筹资、投资模式，使县乡可用于农村道路建设的财力相应减少，建设和维护资金缺口巨大，农村公路建设和养护面临着诸多新的困难。因此，如何建立一套长期稳定的建养机制、实现农村公路的可持续发展，是我国农村公路发展所面临的最主要的问题，同时也是交通扶贫工作亟待解决的问题。

（2）缺乏将各项资源有效整合的武陵山区区域发展规划

武陵山区分属不同的行政区划，因地缘关系，其经济发展的速度、规模和产业布局有着历史的相似，其经济发展所面临的困难、压力和因素也同样有着现实的相似。由于武陵山区没有形成严格意义上的经济圈，也没有以一个整体性的区域化经济进入全国的经济发展战略中，各项行业和部门专项规划没有真正做到地区布局，仍以各自为政的方式运作，无法形成强大的合力。加之，长期以来，这一地区人们的市场观念不强，自我封闭意识较浓，就会制约武陵山地区市场经济的发展。通过区域规划等手段，将隶属于不同行政区划的地州区作为一个整体来研究，摸清区情，加快区域重组的步伐，将其资源整合，充分发挥区域优势，打造区域品牌，合理确定武陵山区在全省乃至全国的战略定位。明确加快发展的基本思路和重点任务，建立相应的体制和支持政策，促进武陵山地区经济的健康、持续、快速地发展。逐渐凸显武陵经济圈的生机和合力，并快速融入全国经济发展的战略中去，使之在全国乃至全世界的市场中占有一席之地，实现武陵地区经济的跨越式发展。

（3）现有部门扶贫和社会扶贫存在与市场经济不相适应的问题

现有的一些部门扶贫和社会扶贫中存在着一些难以持续的因素。如下派科技扶贫团、开展农业技术培训等，都是以外来的人员和经费支持为主，并没有相应的显著增加贫困地区的科技发展能力，既没有明显改进贫困地区的科技服务体系，更未建立一种新的可持续的科技扶贫制度。到目前为止，多数贫困地区的科技推广体系和能力依然非常薄弱，难以为当地农民，特别是贫困农户提供所需的技术服务。现有的部分扶贫成果在很大程度上是靠外部资金支持获得的，在外部支持撤出后，部分地区的贫困农户就有可能因为资金缺乏又回到传统技术中去，在中国农业日益市场化的今天，扶贫项目的选择还主要是一种政府行为。在项目实际执行过程中，往往会出现由于市场波动所导致的项目失败，或由于项目相应的配套措施乏等原因而导致的贫困农户受损等现象。此外，实际运作中的各种科技扶贫资金多以无偿支持为主，这也在一定程度上降低了科技扶贫项目资金的使用效率。

（4）科学规范的扶贫绩效考核机制尚没有建立起来

因扶贫政策执行者自身的理解力和接受力的不同，因执行环境的不同，政策执行者的利益选择不同，同一政策在不同的地区和由不同的人群执行时，其效果会出现一定程度的差异。因此，要保证扶贫政策执行的效果，必须对扶贫进行绩效考核。当前我国监管政策执行的体系尚存在着诸多问题，这也在一定程度上导致扶贫政策实施的效果偏离了既定目标。由于没有统一的扶贫绩效考核系统，即使是对口扶贫的政府职能部门，也能够利用其掌握的职权为对口扶贫对象提供一定的资金和资源支持。虽然有扶贫办的统一协调和分配，但是扶贫办本身并不承担对各部门采取的扶贫方式和投入的扶贫资源予以安排和管理的任务，所以一些部门和社会扶贫项目虽然在某些地方取得了成功，但由于其背后地方政府不惜成本的强力支持，而使其失去了普遍推广的价值和意义。因此，扶贫效果的好坏，只有各部门自己清楚，只有扶贫对象清楚。而各部门的对口扶贫具有强烈的计划性和短期性，它们也往往是只管投资而不管后续的维护和使用安排，这样的结果自然是谁也无法掌握扶贫绩效。在没有有效考核的情况下，扶贫瞄准的精度和扶贫资源投放的时序性就无法判断，扶贫绩效也无法保证。长此下去，必然是一个恶性循环。在村级规划方面，贫困农民也只是在制定阶段有点发言权，真正实施起来之后，他们很少拥有管理和监督权力。

（二）武陵山区各项扶贫方式衔接与组织方式创新的基本思路

在国家扶贫重点进行战略性调整的大背景下，为改变武陵山区贫困落后面貌，基本消除绝对贫困现象，到2020实现全面建成小康目标，行业扶贫、社会扶贫与专项扶贫衔接需要建立相应的工作体制机制。

1. 提高共识，拓宽多元投入渠道

由于自然、历史等多方面原因，武陵山区经济社会发展总体水平仍然十分落后，不仅与东部沿海地区相差甚远，就是与所在省区其他地区相比差距也十分明显，加快发展存在许多突出的困难和问题。随着国家制定新的扶贫开发纲要，扶贫标准将大幅度提高。因此，武陵山区的贫困发生率将进一步上升，贫困人口将显著增加，是集“老、少、边、山、穷”于一体的集中连片特殊困难地区。提高加快武陵山区脱贫致富步伐的共识，争取更多的投入渠道。2011年中央一号文件——《中共中央、国务院关于加快水利改革发展的决定》提出大幅增加中央和地方财政专项水利资金，从土地出让收益中提取10%（按2010年数计算在600亿~800亿元）用于农田水利建设，今后10年全社会水利年平均投入达到4000亿元，未来10年水利投资将达到4万亿元，水利投入机制有新突破。

2. 完善机制，加强投入整合力度

武陵山区在整合扶贫资源方面也做出了一些有益探索，初步具备作为我国集中连片特殊困难地区扶贫机制创新试验区条件。随着统筹城乡发展、反哺三农力度的加大，每个行业部门都向农村、向贫困地区延伸。行业扶贫在基础设施建设和社会事业发展上发挥着非常重要和不可替代的作用。在这样一种情况下，专项扶贫工作应该找准自己的定位，进一步明确自身的工作重点——提高农村贫困人口的基本素质和自我发展能力。因此，一个由扶贫部门、行业部门和社会力量组成，开发扶贫和生活救助“两轮驱动”的大扶贫格局正在形成。在我国进行扶贫重点向集中连片特殊贫困地区进行重大调整之机，应进一步引导、汇集强农惠农、西部大开发、主体功能区、改善民生等各项政策，按照“渠道不乱、用途不变、捆绑使用、各记其功”的原则，加强行业规划、扶贫规划在区域层面的整合力度，创新扶贫机制。根据已有连片开发试点经验，分级分类整合资源：对于跨省的重大基础设施，宜在国家层面整合；对于省内跨区的重大基础设施，宜在省级层面整合；对于区内跨县的基础设施，宜在地州层面整合；县内农村道路、水利设施和扶贫开发宜以县为单位，整合资源，连片开发，扶贫到户。探索省际集中连片特殊困难地区发展振兴的新思路与新模式，为同类型贫困地区扶贫发展提

供示范，实现国家总体战略布局和全面建设小康社会的战略目标。

3. 改善环境，吸引更多社会资源

比较而言，武陵山区自然和社会经济条件在我国集中连片贫困地区中相对较好：地处中西部结合部，周边是经济发达的重庆、武汉、长沙和贵阳等中心城市；矿产资源品种多样，储量丰富；民族民俗风情浓郁，旅游资源品位高、组合好，具备较大的发展潜力和发展空间。武陵山区应进一步改善发展环境，加快基础设施建设，加大交通扶贫力度。加强武陵山区连接重庆、武汉、长沙、贵阳等中心城市的综合运输通道建设，加快完善区域内交通主骨架系统。积极推进纳入国家中长期铁路网规划、国家高速公路网规划的重大项目建设，规划建设一批对完善主通道、消除省际断头路、促进旅游业发展有重要作用的重大项目。加快改善贫困县对外连接公路及县际之间公路交通条件，根据人口流动和异地扶贫搬迁等特点，完成通达工程和通畅工程，为贫困地区开辟方便路、致富路，大幅提升对外经济联系的能力和水平。加大水利扶贫力度，集中实施一批水利建设工程，加强中小型水库、农田水利、饮水安全等设施建设，增强城乡供水能力，改善农业生产条件，为吸引更多的外部投资创造良好的环境，培育特色优势产业，实现区域优势互补、合作共赢和一体化发展。

4. 突出重点，增强脱贫致富能力

以教育、卫生为重点，推进基本公共服务均等化。按照均衡配置、资源共享、一体化管理的原则，统筹公共服务资源在城乡之间、区域之间的合理配置，建立公共服务资源共建共享机制。积极推进基本公共服务均等化，逐步建立比较完整、覆盖城乡、可持续发展的基本公共服务体系。全面提高基础教育水平，加快发展职业教育，整合发展高等教育。完善公共卫生服务体系，提高医疗卫生计划生育服务能力。积极开展农民培训和劳务输出，发展特色优势产业，提升农业产业化水平，加强专业化市场建设，不断增强自我发展能力，建立脱贫致富长效机制。

三、政策建议

在国家扶贫重点进行战略性调整的大背景下，武陵山区行业扶贫、社会扶贫与专项扶贫衔接需要在规划、财政、教育、社会保障和社会扶贫等方面制定相应

的政策措施，协同配合，合力攻坚。

（一）编制集中连片贫困地区发展规划，实施扶贫攻坚工程

贫困地区作为一种特殊类型区域，需要政府运用区域规划等手段，弥补市场失灵，有效配置公共资源，促进全面、协调和可持续发展。“十二五”时期，亟需编制武陵山区区域发展规划，落实国家战略部署，有效配置和整合扶贫资源，合理确定武陵山区在全省乃至全国的战略定位，明确加快发展的基本思路和重点任务，建立相应的体制和支持政策，将加快贫困地区脱贫致富作为政府各部门履行职责的依据和全社会共同行动的纲领。武陵山区地处四省交界地带，具有多元带动的有利条件。制定武陵山区区域发展规划有利于破除行政封锁，加强行政区之间协调合作，形成合理的空间开发格局。规划应把农民人均纯收入、基本公共服务均等化等主要指标作为约束性指标，重点为人的全面发展创造就业机会，把经济和人口引导到灾害少、环境好、适宜人居住的区域，对区域基础设施、义务教育、基本医疗和公共卫生、社会保障等提出建设任务。

（二）加大中央财政资金对贫困地区的支持力度，优化资金配置方式

鉴于贫困标准的提高将会把更多的低收入人口纳入扶贫范围，武陵山区贫困人口规模将显著增加，应尽快研究与贫困人口增加相适应的扶贫资金新增规模。专项扶贫资金的新增部分应更集中用到集中连片贫困地区中的适合开发式扶贫的区域，提高中央专项建设资金投入比重，提高基础设施特别是农村道路项目投资补助标准和资本金注入比例，中央安排的公益性建设项目，取消西部地区县及县以下配套资金。增加一般性转移支付规模和比例，现有一些实际承担基本公共服务的用于扶贫的资金（如教育、医疗卫生等方面的一些专项资金）应调整为一般性转移支付，可以按发展规划来分配和安排，不再以项目形式申报。

（三）积极发展多样化的惠农组织，大力培育特色优势产业

积极发展龙头企业、合作组织、农产品市场与农户有机结合的多样化惠农组织，把贫困农户分散的、低效益的、高风险的生产经营活动组织进来，形成“公司＋农户”“公司＋基地＋农户”“专业合作社＋农户”“中介组织＋农户”等多种形式的农业产业一体化经营体系，实现农工商、产供销、农科教等多形式的一

体化经营，把农业的产前、产中、产后各个环节联结成为完整的产业链，发展“一村一品”“一乡一业”等形式的专业化、特色化、品牌化农产品生产基地，发展订单农业，促进农户小生产与大市场的有效衔接，促进农业产业化经营，增加农业的附加值，提高抵御自然灾害和市场波动能力，让贫困农户从产业化经营中得到更多的实惠。此外，大力扶持和发展农村微型金融机构，总结贫困村互助资金试点经验，积极稳妥扩大试点范围。

（四）巩固并延伸义务教育，创新职业教育和劳动技能培训方式

进一步加强贫困地区九年义务教育，巩固和提高“两基”攻坚成果，制定统一的义务教育均等化标准，公共资源向贫困地区倾斜，实现教育公平。在落实“加快在农村普及高中阶段教育”目标的同时，率先在农村贫困地区普及高中阶段义务教育，逐步向十二年义务教育延伸。加大对集中办学的支持力度，进一步改善农村贫困地区寄宿制教育办学条件，提高生活补助标准。进一步创新职业教育和劳动技能培训方式。在争取国家加强职业教育基础能力建设的同时，推广“一年在省内或者农村职业学校学习、一年在发达地区或城市职业学校学习、一年在企业实习”的办学模式和“一年学基础知识、一年学职业技能、一年到企业顶岗实习”的培养模式，推动校际、校企合作办学机制，形成城乡互动、校企合作、资源共享的格局。建立健全促进农村富余劳动力外出务工就业的各项制度，积极稳妥地转移农民、富裕农民。要加大投入力度，整合培训资源，建设培训基地，拓展培训内容，创新培训方式。根据农民群众受教育程度和当地非农产业发展特点，面向农民开展多层次、多领域的实用技能培训，力争每户有一名科技明白人，每人掌握一至二项实用技术，提高农村群众的知识水平和就业创业能力，确保农民培训顺利转移。

（五）创新科技扶贫模式，建立可持续的科技扶贫体系

首先，政府应鼓励多形式、多层次的组织形式的产生和发展，如科技特派员、农民专业技术协会、专家大院、农业高科技园区等，这些已经植根于贫困农村的科技扶贫方式，只要适合当地的经济社会发展水平，都应得到政府的政策倾斜与鼓励。其次，探索多元合作的科技项目扶贫的新机制。项目扶贫作为科技扶贫的重要形式，应更多地吸纳企业和非政府机构参加，吸引有着盈利动机的企业和无政绩考虑的非政府机构等的多方参与，可以避免政绩项目的出现，变科技扶贫资源传递中单纯的政府控制市场与政府相结合的机制，从而提高扶贫资源的使

用效率及贫困农民的参与程度，也可为科技扶贫引入更多的市场机制，使其更具可推广性和可操作性。第三，要创新科技扶贫资金的使用模式，其他类型扶贫资金的一些有效使用模式，同样可为科技扶贫资金使用方式的改革提供借鉴和思考，比如目前比较为国际社会所认可的小额信贷扶贫模式，就可以和政府的科技扶贫项目结合起来，通过小额信贷的低贷款额和高利率来限制相对富裕人群对扶贫资金的使用，从而从根本上提高科技扶贫资金使用中对贫困人口的覆盖率，使其能真正起到帮扶贫困人口的作用。

（六）完善农村社会保障体系，做好相关保障制度和扶贫开发政策有效衔接

完善贫困地区农村社会救助体系。进一步规范农村最低生活保障制度，加强农村五保供养制度，推进完善农村医疗救助制度，建立健全农村临时救助制度。在此基础上，逐步建立起适应农村经济发展水平，涵盖医疗、教育、住房、就业、司法等方面，制度完善、层次有别、可持续发展的农村社会救助制度体系。农村低保主要针对因病、因残、年老体弱、丧失劳动能力等原因造成家庭年人均纯收入低于当地最低生活保障标准的农村居民，对农村绝对贫困人口的温饱问题起到“兜底”的作用。扶贫对象应是具有劳动能力或劳动意愿、家庭年人均纯收入低于农村扶贫标准的农村居民。建立科学的劳动能力评估机制，合理识别和区分享受农村低保和参与开发式扶贫的两类贫困人群，实施动态管理。推进贫困地区新型农村社会养老保险制度建设，重新构建中央政府与地方政府之间的财政关系，中央财政按照各地经济和社会发展水平的不同对养老保险的保费补贴予以分担，加大对中西部贫困地区财政支持力度，有劳动能力或劳动意愿的农村居民逐步纳入新型农村社会养老保险制度。调整理顺现有各类农村社会保障制度之间交叉、重复、不协调的关系。尽快出台农村低保、农村五保、新型农村社会养老保险、扶贫开发等之间衔接的具体措施和办法，形成制度合力。

（七）继续开展干部双向交流，形成上下联动、共同发展格局

结合干部的培养和锻炼，继续选派中央和省级部门干部到扶贫县挂职锻炼，同时将积极接收贫困地区干部上挂到中央和省级部门锻炼，使之规范化、制度化、长期化。中央和省级部门的干部到扶贫县挂职，深入基层，联系群众。要善于发挥政策优势，把党和国家的方针政策及时传达贯彻到基层，并通过调查研

究，了解国家政策落实情况，将发现的新情况、新问题、新作法及时反馈上来，以利于科学决策。要发挥优势，谏言献策。要善于发挥专业优势，利用所学专业知识，直接帮扶到乡、到村，努力为贫困地区办好事、办实事，为地方产业提供可行性意见和建议，帮助地方做大做强产业。要利用挂职扶贫的机会，丰富基层工作经验，锻炼自身才干，磨炼意志，培养能力。

（八）健全各类扶贫资源绩效考核评估和监督机制，提高益贫综合效益

扶贫和救助都是瞄准贫困人口，但扶贫资金不同于社会救助的一大特点就是要考察资金用途和资金效果。因此，为了及时调整和监督扶贫资金运用效果，亟需打破部门和行业界限，建立起各类扶贫资源绩效考核评估机制，既要评估考核扶贫资金投放的领域、形式和时间，也要评估考核扶贫资金的利用效益。评估考核机构应是相对独立的，可以引入第三方专业的评估机构。加强各类扶贫资源管理。严格厘清各资金管理部门的关系，明确各自管理的范围和投放的领域与形式。无论是一个还是多个部门掌握扶贫资金，对其职责范围和使用权限都必须加以明确。要在公开场合，利用多种形式向贫困农民宣传扶贫资金的申请程序以及申请要求，鼓励贫困农民直接申请资金，自主利用扶贫资金。对扶贫资金的发放和使用进行严格的监督。无论是掌握了扶贫资金投放权的政府及其部门，还是利用扶贫资金的贫困农民，都必须接受专门的审计组织的监督。

（九）积极动员社会力量，鼓励参与扶贫事业

进一步弘扬扶贫济困的人文关怀精神，继续开展党政机关定点扶贫工作，继续坚持定点联系、帮助贫困地区或贫困乡村。将武陵山区列入沿海发达地区对口帮扶范围，进一步扩大中央定点扶贫规模和范围，提高工作水平，增强帮扶力度；特别是要注意在互利互惠的基础上，推进企业间的相互合作和共同发展。动员社会各界帮助贫困地区的开发建设。引导非政府组织参与和执行政府扶贫开发项目。企业可以通过捐赠资金，与非政府组织合作，共同参与扶贫开发。发展扶贫开发领域的国际交流与合作，继续争取国际组织和发达国家援助性扶贫项目。加强与国际组织在扶贫开发领域里的交流，借鉴国际社会在扶贫开发方面创造的成功经验和行之有效的方式方法，进一步提高我国扶贫开发的工作水平和整体效益。

专题报告七：聚焦最贫困地区的扶贫政策：创新治理

Michael Dunford　　Graham Meadows

一、执行概要

本章节将介绍与中国新的发展理念“集中连片特殊困难地区开发政策”相关的国际经验，其主要是来自欧盟凝聚政策中的经验。国务院扶贫办提出的新型区域发展理念集中连片特殊困难地区开发，是整合中国诸多跨省的贫困地区使其成为一片更广的区域，并开发协调整个区域的扶贫政策。这一新理念也将推动中央政府各项政策的实施，如交通运输、环境基础设施建设和提高社会服务能力等。同时，该理念还将使14个最贫困地区在充分考虑当地民众不同的方式和保护脆弱生态系统的前提下，因地制宜地投资及开展行动。在中长期阶段内，该理念有助于消除绝对贫困、减少相对贫困并且改善农村贫困地区人民的生活条件。

该理念若能在最贫困地区与其他部委的政策整合协调并加以实施，效果将会更加显著，这种整合与相互支持将使各项政策发挥更大的作用。消除绝对贫困的政策会更加有效，公共财政开支也将创造更大的价值。

“十二五”规划、《中国农村扶贫开发纲要（2011~2020）》以及中国各地根据其承载能力进行的功能分区将会为集中连片特殊困难地区发展理念提供可操作的框架，使其在保护生态和环境的同时，充分发挥各地的经济社会发展潜力。

相关的政策建议分为两部分。第一部分阐述集中连片特殊困难地区发展政策的设计和实施，包括创新方面的建议。第二部分着重为武陵山区提供具体建议。

（一）贫困地区经济社会发展的新工具

1. 政策整合的重要性

引入集中连片特殊困难地区经济社会发展和改善民生的理念，可以为政策决策者提供机会，以横向整合扶贫政策与其他部委在该地区实行的政策，以及纵向整合各级政府部门的不同行动及计划。这样扶贫能获得更多的财政支持，提升政府行动的一致性，并进一步刺激经济发展，巩固扶贫成效。

因此，政府应明确地创造条件，使政策整合的过程成为集中连片特殊困难地区的政治常态。这需要明确的目标，透明且全面的机制，以及常规的监测系统。这个过程需要一个机构来领导，确保在整合出现了障碍时能够及时地清除。进行政策整合及协调，简化行政措施也是十分必要的。

如果能要求各个致力于贫困地区发展的部委，来证明其行动有助于扶贫的总体目标，扶贫目标就能更好地实现。此建议借鉴了欧盟的经验，在欧盟，所有的欧盟及成员国的国家政策都应证明有助于社会和经济的协调发展的目标，并且每三年进行一次评估，以明确他们为这个目标做出了多大的贡献。

2. 除了发挥自身的作用，国务院扶贫办制定的集中连片特殊困难地区政策同时也能作为其他政策的工具

国务院扶贫办制定的集中连片特殊困难地区政策，不但能为自身造福，也同时能做为其他政策的工具。此项政策在改善片区的民生的同时，如果能帮助其他政策实现既定目标，则能使政府开支更有效地利用。

3. 建立明确的、可操作的目标

在实施初期建立起明确的可操作目标，会使国务院扶贫办集中连片特殊困难地区新政策的效果得到提升。这些目标可能涉及消除绝对贫困，改善民生，减少相对贫困及提升自我发展能力。

因此，建议政府确立一个消除绝对贫困的可操作的目标，包括绝对贫困的定义、目标完成日期及定量基准。同时，政府也可以为最贫困地区设定一个分目标，该目标应考虑到是否能获取相关数据，同时还应明确改善民生的具体目标。

减少相对贫困方面，如条件许可，政府应设定“缩小片区（农业）平均收入与中国平均收入之间差距”的量化定义，并设定目标完成日期。

还应考虑建立片区其他政策的量化子目标。

中央政府可考虑成立试点片区委员会，来组织对整个区域负责的各级官员和各相关方监督计划的实施、监测和评估，并且推动横向及纵向的协调。该委员会应确保试点区所获得的经验能在所有集中连片特殊困难地区传播。

目标的详细叙述以及对进度的监测和评估需要统计信息系统提供系统的比较量化数据。在以科学依据为基础的决策中，一个基础性的信息系统是它的重要组成部分。

4. 运行机制内的干预原则至关重要

如果缺乏行之有效的运行机制，国务院扶贫办制定的集中连片特殊困难地区政策的目标就难以实现，预算就难以达到最佳的效果，倡导的各项行动也许会失败。因此，设计特困片区新发展政策的运行机制就显得尤为重要。

对发展政策的构架具有决定意义的原则应明确阐述，其中包括：

- 益贫发展的极端重要性
- 男女平等
- 尊重少数民族文化
- 在各片区内部，资金集中的的原则应考虑最脆弱的地区和它们的经济社会潜力
- 在项目实施的不同阶段（实施前；中期；完成后），评估项目及其成效

5. 应采纳战略方法，来设计和实施能充分考虑到地区差异的扶贫战略

国务院扶贫办可以考虑采纳一种战略方法，鼓励各集中连片特殊困难地区根据自身的实际情况对全国的总体目标进行调整，以适应当地的需求。

鉴于欧盟的经验，实施集中连片特殊困难地区发展政策应采取三个步骤：首先，统筹安排所有 14 个集中连片特殊困难地区并制定指导意见；再为各片区拟定出发展战略；最后确定可操作的实施项目。

经验表明，建立明确的责任分工及运行时间表至关重要。中央有责任拟定集中连片特殊困难地区发展的总体框架，以确保各地的管理都能服务于一个共同的目标；中央也应确立共同行动法则，以确保各地能统一、公正地执行该理念。行动法则应确立明确的程序，使基层执行者能对此发展方式的有效运行负责，包括政策划拨资金的管理。

此类战略规划系统使得各片区能充分考虑到地区差异，要实现这一点，应确保片区在国务院扶贫办指导方针和管理要求的指导下，起草自身的发展战略，而且战略获批后，还应确保各片区能自行起草实施计划和项目。战略与项目应包括评定本地区发展的重点，以及各重点项目之间的资金分配。

鼓励各片区，或其中某一区域成为与其相关领域的试点区域，这更能充分体现地区差异。例如，武陵山区可作为少数民族经济社会发展试点区，武陵山区的黔江区可作为低碳发展试点区。

6. 区域分级，区域整合，村镇关系及集中连片特殊困难地区发展战略

根据资源、人口的能力和素质及发展潜力进行的区域分级可以帮助各地选择相关项目和扶贫发展模式。

考虑发展潜力时应特别注意统筹城乡协调发展，尤其是乡镇的发展，因为乡镇是村庄的商品市场、服务中心和移民潜在的安置点。因此，该发展政策能促进区域整合，减少贫困社区的孤立性 。加强社会整合是经济发展和扶贫的重要驱动力。

在制定集中连片特殊困难地区协调发展计划时，应确保该区域有多样化的经济活动和收入来源，以此降低由于地区的单一产业受到经济冲击所带来的影响。为了确保规模效益，有些村镇可能会高度依赖某一单一产业。具有多样化收入来源的较大区域在遭受经济冲击时，受到的负面影响相对较小。

7. 扶贫投资及社会福利行动指导方针

为了使集中连片特殊困难地区发展理念能更好地服务于政府总体政策确立的目标，中央政府可以颁布指导方针，来引导投资和社会福利行动（低保、医疗保险、受教育权利、养老金权利等）。该指导方针应尽早完成，以便纳入各片区的扶贫战略。制定指示方针需要各部委的通力协调合作。

8. 扶贫战略与项目应包括其他针对地方的工具

国务院扶贫办还实施了其他的针对地方的政策，比如整村推进。这些措施应以半独立的方式继续实行，但也应与各集中连片特殊困难地区策略和项目相结合。

9. 新型金融工具：转移支付，生态补偿及配套资金

部分片区风景优美，生态环境脆弱，具有丰富的生物多样性。山区就像“水塔”，能为山区以外很广的地区提供赖以生存的水以及能源。有些经济活动会对生态环境脆弱地区造成破坏，有些能增加当地人民收入的经济活动必须受到限制，或者用很高的成本来满足高的环境标准要求，所以生态补偿系统十分重要。

对农民的生态补偿能实现双赢：环境和生态将会得到改善，农民的生活水平也会提高。这要求对恰当的参考水平进行研究与设计，也需要管理方面的支持。

在通过环境及生态活动为更广的地区造福的同时，这些地区会承担相关的风险。因此，建立新型的生态服务补偿系统也应考虑集中连片特殊困难地区的额外风险和成本，以及灾后财政转移支付安排。

这些机制可以与有关配套资金的规则一同考虑。配套资金不足经常被视为武陵山区开发项目的一大阻碍。可采取灵活的共同融资及其他方式来帮助集中连片特殊困难地区筹集中央政府资金的配套资金。

10. 资金的分配与管理

资金分配体系如果能客观、透明并被各片区和各级政府了解，则益处多多。在财务管理和审计中，非常有必要制定简单、易懂、公正的准则。应当明确规定，若无其他特殊情况，任何违反规定的行为或未经政府同意的投资和社会福利项目都会导致相关资金部分或全部退还给中央政府。

11. 各级政府官员的知识与能力是改善民生的重要因素

经济发展是一个困难且复杂的课题，各级政府官员的能力至关重要。官员应具有创造性，能接受新思维，这有利于开发新型经济发展模式，也能确保公共开支能创造出最大的价值。提高和保持官员的各种能力的活动，应在片区政策实行过程中得到重视和长期执行。（如经济发展知识的培训、少数民族的需求意识、资金管理、审计、进行官员互换等。）

12. 集中连片特殊困难地区发展的三项创新

在政策整合和协调的重要性方面，某一片区可建立为政策整合试点区。应专门设立一个委员会，定期检查片区各项政策的实施情况，发现阻碍各政策正常运行的问题并提出程序上的改进建议。该委员会可以与设计特定片区的总体计划的

机构相同，并持续性负责监测及评估政策，以及推动横向及纵向整合。

除了考虑消除绝对贫困、减少相对贫困以外，集中连片特殊困难地区发展政策还可以设立刺激经济发展的目标。实现目标的方法之一就是“指定”能促进商业发展的专用资金的特殊用途。（如，贷款资金、妇女培训、支持农业营销。）

应注意建立连接各片区的网络，以便各地区共享知识和最佳实践，互换人员，联合探讨新知识新技术等。这样的网络有利于传播各试点片区专题项目的实践成果。

（二）武陵山区发展模式具体建议

- 少数民族文化是潜在的经济资源，同时也能产生重要的社会效益。制定扶贫政策应考虑让区域内所有群体都共享现代生活方式。
- 武陵山区已经吸引了大量游客到张家界和凤凰等旅游景点游览。设计更加分散的旅游线路能充分利用当地的历史遗产（以及独特的文化和生态系统），因此旅行社能设计周期更长的旅游产品，游客能游览较为偏僻的地区，还能调动当地更多的旅游资源，包括传统的农村生活方式及传统的建筑风格。
- 自然风景也是经济资源。武陵山区的发展计划应注意保护当地的自然风光。
- 传统建筑体现了武陵山区的个性。在很多情况下，不损毁大量的传统民宅也能建造更多舒适的居所。具有地方特色的传统建筑本身也是重要的经济资源，应加以保护。
- 武陵山区核心经济活动仍将是农业和食品生产，因此提高生产力会带来短期及长期的利益。该地区的发展计划应重点关注农业发展及食品生产的方式，可能会为改善中国的食品质量和食品安全状况做出贡献。
- 武陵山区的乡镇为村民提供了生活空间、就业机会及商业发展机会。这些乡镇越来越多地提供各种公共服务，如教育和医疗，这些是扶贫的基础，并将继续发挥基础性作用。应特别关注这些乡镇的城市化进程，让农村地区的人民更加便捷到达乡镇，并享受其服务。
- 可以考虑拓宽家庭收入的来源，使农业生产与服务业、旅游业相结合。
- 当务之急是加强乡村路网建设，以促进村通村，以及乡通村的交通联系。
- 加大乡镇基础设施投资以改善供水及供电，收集并回收废弃物。改善通讯条件能创造就业及培训机会。
- 从农村地区转移到乡镇来的人口改变了自身的低碳生活方式。武陵山区发展策略应鼓励乡镇制定低碳发展规划，该地区还应大力实施整村推进政策。

• 应注意农村人口过度减少现象。采取措施吸引年轻人来到该地区，并确保人们在保护环境和物种多样性的条件下，能够在这里长期生活和工作。

二、导言

中国最近制定了“集中连片特殊困难地区扶贫政策”，旨在加快农村贫困地区脱贫致富步伐。[①] 该项政策覆盖中国贫困程度最高的14个地区。就此而言，该项政策类似于欧盟的凝聚政策。[②]

• 目标相似。两项政策均注重改善最贫困人口的生活状况，旨在通过改善贫困人口集中地区的经济状况，提高收入水平。

• 执行机制相似。两项政策均制定了长期架构；涉及各级政府；致力于在共同框架内发动地方力量落实具体政策；旨在通过整合其他政策和资金来源发挥其最大效用。

此外，中国和欧盟的扶贫政策均根据自身情况制定，并且与其他政策相配套。通常情况下，两类政策之间存在程度上的而非内容上的差异。例如，中国的扶贫政策主要面向农村地区，欧盟的凝聚政策则力求帮助经济欠发达地区适应欧盟内部市场的发展进程，同时为城市和农村地区更多扶贫工作提供所需资金。不过，两类政策之间也具有许多相似之处，其中一类政策的经验可为制定、贯彻及管理另一类政策提供借鉴。

与此同时，欧盟社会政策的变化和欧盟自身的发展导致欧盟的扶贫政策方面是分散的。欧盟成员国的社会福利政策由各国自行制定，其中包括扶贫的内容。

---

① 为了更好地借鉴国际经验，应了解“农村”地区与“城市”地区的概念区别。在中国，乡（镇）、村庄及乡村地区均被视为“农村地区”。国务院扶贫开发领导小组办公室（LGOP）负责制定和管理农村地区扶贫政策。在欧盟，乡（镇）被视为城市地区，“农村地区”仅包括村庄和乡村地区。以上区别在讨论国务院扶贫办制定的片区扶贫政策过程中更显重要：国务院扶贫办制定的片区扶贫政策针对“农村开发”，欧盟扶贫政策针对“城市和农村开发”。欧盟众多城市存在若干贫困地区（类似于中国农村贫困地区），必须针对这些地区制定统一的地区发展政策。因此，城市地区的扶贫工作是欧盟扶贫政策的重要组成部分。通过以上分析可看出中国农村地区扶贫措施与欧盟城市地区的扶贫措施存在某些相似之处。

② “政策”一词在本章有两种含义：该词指总体扶贫政策，其中包括大量分项政策（中国的片区扶贫政策；欧盟的凝聚政策）。本文介绍了各讨论阶段“政策”的准确含义。政策包含多项目标（或目的）。为了实现这些目标，政策利用多种工具。在欧盟，“工具”一词指作为财政资源的资金，此类财政资源用于实现政策目标。“工具”一词还可指特定类型的政策行为，例如用于提供基础设施所需的补贴或人口安置措施。

另一方面，欧盟力求通过落实凝聚政策实现扶贫目标，具体措施是刺激贫困人口集中地区开展经济活动。凝聚政策中与本章相关的内容是划定18个“趋同”地区（参见图7-1），该地区的人均收入低于欧盟平均水平的75%。[①] 此类地区人口总数为1.54亿，占欧盟总人口的30%，欧盟凝聚政策资金中的60%投向此类地区（2000亿欧元，2007~2013年）。欧盟针对此类地区设定的目标是通过营造有助于增强发展活力的环境和推广有助于加快发展的要素，来真正实现经济和社会融合（即缩小此类地区与欧盟中等收入地区之间的收入差距）。各地区在收入水平达到欧盟平均水平的75%之前享受高度优惠待遇。该数字达到75%之后，此类地区继续接受数年支持，但支持力度逐步减小。[②]

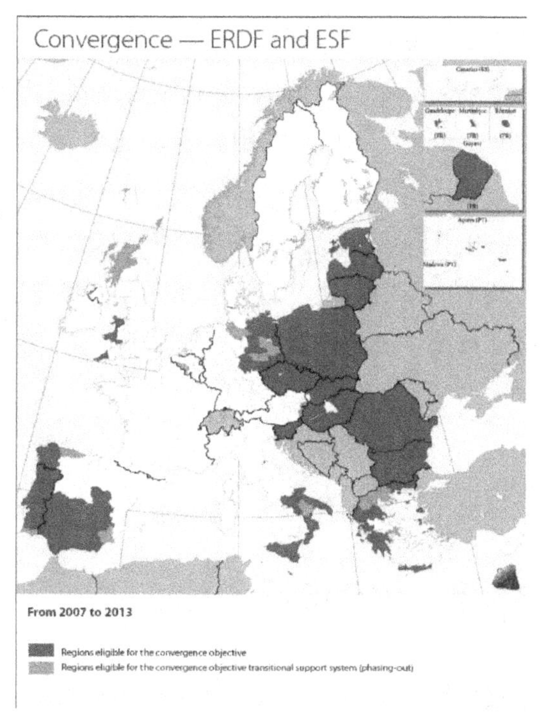

图7-1 欧盟2007~2013年凝聚政策中的“趋同地区”
（深色，该地区的人均GDP低于欧盟平均GDP的75%）

---

① 为方便起见，此处考虑国务院扶贫办新制定的片区扶贫政策相当于欧盟的凝聚力政策，前者中的单个“片区”相当于后者中的单个“趋同地区”。

② 欧盟最贫困地区指欧盟最不发达成员国和地区，主要位于欧盟东部边缘地区，包括8个成员国（保加利亚、爱沙尼亚、拉脱维亚、立陶宛、马耳他、波兰、罗马尼亚及斯洛文尼亚）以及捷克共和国、德国、希腊、西班牙、法国、意大利、匈牙利、葡萄牙、斯洛伐克及英国部分地区，包括84个地区。

中国国务院扶贫办新制定的农村片区扶贫政策和欧盟凝聚政策是直接提供社会福利支出的有益补充。安排社会福利支出是构建社会安全网的有效手段①，旨在提高贫困家庭的收入水平，改善其医疗、受教育和居住状况。不过，社会福利支出存在众多缺点，包括增加公共预算负担，容易产生滥用现象，对于创造就业和收入机会（有助于根除贫困）没有直接作用。因此，要求不断增加公共支出是制定地区发展政策的原因之一。由此会产生如下结果：除了以人为本的福利支出体系，扶贫政策还包含以地区为本的体系，该体系旨在刺激贫困人口集中地区的经济发展。

本章根据相关国际实践背景分析中国国务院扶贫办新制定的片区政策，着重总结欧盟凝聚政策中的经验教训，为完善、落实及管理片区政策提供借鉴。除“导言”之外，本章由九节组成。前面几节分别阐述地区发展政策的目标（第三节）、生效机制（第四、五、六节）以及预算管理（第七节）。各节首先介绍若干理论问题，随后分析相关实践。第八节介绍生态补偿概念，生态补偿可帮助政策制定者实现改善片区生态环境和提供农民额外收入来源的双重目标。第九节分析国务院扶贫办片区政策可能制定的投资类型和社会福利措施：该节将中国武陵山区作为类似欧盟凝聚政策中的最贫困地区进行分析。本章最后根据国际经验提出若干政策建议（第十节）。本章开头重点介绍聚焦趋同地区扶贫工作和扶贫融资的若干好处。为此，该节强调对各级政府部门及其他融资机构在集中连片特殊困难地区开展的工作进行整合至关重要（第二节）。

三、聚焦和政策一体化的诸多益处

中国和欧盟政府均根据以下内在要求制定政策：谨慎使用公共财政，正常情况下，应保证政策长期执行所需的财政资源。因此，政策制定者必须在实现自身目标的同时将其对公共资金的要求降至最低。扶贫政策必须符合这一总体规定。为了在实现扶贫目标的同时将公共资金降至最低，必须准确确定支出所需领

① 为特定人口提供生活保障是中国和欧盟所有成员国社会福利政策的内容之一。在中国农村地区，“低保”制度为收入水平低于贫困线的人口提供临时保障，“五保”制度则为无劳动能力、无生活来源又无法定赡养、抚养、扶养义务人，或者其法定赡养、抚养、扶养义务人无赡养、抚养、扶养能力的老年、残疾或者未满16周岁的村民提供长期保障。欧盟社会福利体系也为失业和患病民众提供临时保障，为因病永久致残人口和老年人口提供包括医疗保健和教育在内的永久保障。

域——潜在假设是节约公共资源以及最大程度地发挥公共资金的影响。由此，扶贫政策制定者将实施以下两类举措：首先，限制扶贫措施的实施范围，从而将部分不需要政府支出的人口或地区排除在外；其次，制定和执行互补政策。特定情况下，一项政策可减少实施另一项政策的执行成本，从而在执行两项政策的过程中节约总成本。

中国和欧盟制定的扶贫政策体现了以上做法。由于希望限制扶贫成本，两地政府的社会福利支出主要仅面向最贫困人口。此外，两地政策制定者均寻求通过实施与社会福利计划互补的政策降低减贫总成本：中国国务院扶贫办的农村扶贫政策和凝聚政策分别在中国农村地区和欧盟履行此项职能。此类政策基于以下事实：造成贫困的一个主要原因是缺乏有偿工作；有可持续财政扶贫政策可为贫困人口提供更多的持续的经济机会。社会支出仍为基本手段[①]，但政策制定者寻求通过刺激当地经济，来确保贫困人口或者那些能够为他们提供支持的家庭成员具有谋生能力，这样也可以减少政策制定者的开支。就此而言，极有必要谨慎利用公共资源，从而主要在贫困人口最为集中的地区实施经济刺激计划。然而，政策制定者或许还会从公共政策整合过程中寻求更多经济利益。

如果节约资源是将扶贫资金投向趋同地区的第一个益处，第二个益处则是通过整合趋同地区的扶贫政策与其他政策产生更多效应，这种整合将产生双重益处。投向其他政策的公共资金有助于从总体上加大扶贫力度；投向扶贫政策的公共资金则有助于其他政策实现各自目标。这样，扶贫政策与其他政策的一体化可增加用于开展扶贫工作之公共财政资源总量，并且可更加有效地实施经济刺激计划。因此，相比在趋同地区单独实施各类政策，以上措施可对减贫产生更大有益影响。

因此，中国政策制定者的一个目标是确保国务院扶贫办新制定的片区政策能够整合并协调不同政策所需的公共支出，欧盟凝聚政策也具有相同特点。欧盟从法律层面要求在其有关凝聚政策的基本说明中实现政策一体化，同时要求政策制定者提高和改进“对实物资本和人力资本的投资质量，创新和知识社会的发展，

---

① 通过2011年在武陵山区（湘西自治州所在地区，海拔800米）开展的实地调查得知，该地区收入水平很低，经济发展困难重重。某案例显示通过开展旅游活动农村人口收入有所提高，但贫困人口未能切实从中受益——正所谓“贫困依然贫困”。

适应经济和社会变化的能力，环境保护和改善以及管理效率”。①

保证不同政策下行动的互补性、一致性及协调性是《欧盟条约》中规定之欧盟凝聚政策的法律要求。②《欧盟条约》第175条要求：

> “成员国在执行和协调其经济政策的过程中需实现第174条规定之目标（经济、社会及地域凝聚）。制定和实施欧盟政策及活动以及实施内部市场计划的过程中需考虑第174条规定之目标并促成实现该等目标。欧盟还需通过结构性基金（欧洲农业指导和保障基金中的指导部分；欧洲社会基金；欧洲地区发展基金）、欧洲投资银行及其他现有金融机构促成实现该等目标。
>
> 欧盟委员会须每三年向欧洲议会、欧洲理事会、经济和社会委员会以及地区委员会提交报告，阐述实现经济、社会及地域凝聚目标的进展情况以及本条规定之各种方法推动该等进展的方式。如有必要，该等报告须附相关建议。”

通过确保扶贫政策促成实施其他政策以及监测其他政策对实现减贫目标的实际贡献，中国和欧盟的政策制定者将提高公共支出的使用效率。

任何创新均须能够显示其胜过以往举措，这意味着国务院扶贫办新制定的片区政策应能够显示其为农村地区扶贫工作带来额外益处。政策一体化和政策协调将是其中的一项益处。因此，欧盟及其他地区政策一体化的实践难以实现的事实值得关注。各级政府部委的目标、重点工作以及时间安排各不相同，并且根据各自要求制定措施。此外，不同部门习惯独立行事。针对每项政策，都强加给各级政府行政要求，久而久之导致合作共事出现障碍。

欧盟和美国国际开发署（USAID）提供了两个例证。自从针对欧盟实现经济现代化制定计划以来的11年，欧盟领导人认识到，仅靠劝导无法统一实施各项政策，必须采取行政手段执行专项措施。因此，欧盟针对政策一体化采纳了正式程序，以此提升整体竞争力。正式程序规定，由专门成立的官员小组针对各成员

---

① 参见欧盟委员会条例（EC）No 1083/2006（2006年7月11日）第1段第3条，其中规定了关于欧洲地区发展基金、欧洲社会基金及凝聚基金之总则。欧盟委员会条例（EC）No 1260：1999同时废止。下称《通则》（*General Regulation*）。

② 参见《通则》第9条以及《欧盟条约》与《欧盟运行条约》合并版（*Consolidated versions of the Treaty on European Union and the Treaty on the Functioning of the European Union*），官方公报，2010年3月30日，第83页。

国在协调欧盟与本国经济现代化政策方面的表现开展内容详尽的年度检查。检查期间收集的信息为制定年度监测报告提供基础，年度监测报告由欧盟领导人在夏季峰会上审议。另一个例子是美国国际开发署。美国国际开发署前任署长安德鲁·纳齐奥斯（Andrew Natsios）称接连不断的行政要求削弱了该机构制定及整合最佳发展计划的能力。他表示，遵守行政程序已几乎取代法定发展任务而成为美国国际开发署的首要使命。根据纳齐奥斯的分析观点，长期以来，美国国际开发署的行政管理架构不断扩大，在此过程中从未考虑行政规定和行政程序的累积影响。①

以上国际经验表明，为确保国务院扶贫办的片区政策有效加大农村扶贫力度，必须针对鼓励政策一体化执行专项措施。相关论点如下：

- 简化行政措施是实现政策一体化和政策协调的必要条件。
- 一体化是行政过程，必须对其进行组织安排，只有通过不懈努力方可成功实现一体化。该过程要求制定明确目标、透明的包容性程序（规定责任）以及定期监测制度。间断性地开展工作无法实现最佳效果。
- 要求在落实总体战略目标和重要任务之初建立互信和广泛共识。共识必须由所有与扶贫工作直接或间接相关的各级部门共同建立。目标是在各级管理部门和各级政府之间实现全面整合。
- 自上而下的过程。直接落实常规扶贫任务的管理机构往往首先发现执行专项措施的价值。但经验显示，此类低级机构无权改变相关程序。
- 要求中央机构的有力领导——在中国指中央和地方政府。一体化过程中的障碍多被不同政策下针对各类措施的详尽管理要求所掩盖，因此，需要一个机构在确定此类障碍之后将其清除。

（一）创新：政策整合试点项目

考虑到各级政府部门执行中政策的整合和协调对扶贫工作具有的重要性，可选择国务院扶贫办新制定的片区政策选定的一个片区作为管理一体化的试点项目。可成立专门委员会，定期检查各项政策在该片区的执行情况，以此确定阻碍政策产生协同效应的因素。可考虑通过改变程序清除障碍。可在其他片区宣传相关经验，以此产生积极效果。

---

① 安德鲁·纳齐奥斯：《反官僚主义与发展之间的冲突》（*The Clash of the Counter - bureaucracy and Development*）。全球发展中心，2010 年 7 月。

四、制定明确目标的重要性

（一）扶贫工作的运作目标与政策

从理论上讲，消除贫困很容易被理解成扶贫的重点政治目标，也容易转变为运作目标——要求完全消除绝对贫困，制定量化定义，并设定完成日期。例如，此类运作目标可以是

> “到2020年消除绝对贫困，绝对贫困的定义为低于中国贫困线的收入。”

此类定义方法存在一定困难，因为中国定期调整贫困线，且“收入”应为量化指标①，但该定义相当准确、清晰，不失为评估政策绩效的参考基础。

扶贫政策还可解决相对贫困的问题。消除相对贫困的目标是缩小差距。欧盟凝聚政策的主要目标是消除相对贫困，该目标在《欧盟条约》第174条中有明确定义。《欧盟条约》规定了经济、社会及地域凝聚的定义：

> “为了促进整体和谐发展，欧盟应促进并强化其在经济、社会及地域凝聚领域的行动计划。
>
> 欧盟尤其应致力于减少不同地区之间发展水平的差异并改善最不发达地区的落后状况。
>
> 在相关地区，欧盟应尤其关注农村地区、受工业转型影响的地区以及自然或人口条件严重不利的地区，例如人口密度极低的最北地区、岛屿、边境及山区。”②

在中国引入片区政策加大了定义运作政策目标的难度。“到2020年消除绝对

① 本章探讨了两种贫困类型：绝对贫困（定义为收入低于中国的贫困线。从更广范围上说，也可采用世界银行的贫困定义，即日收入低于1.25美元）和相对贫困。各方相对贫困的定义可能有所不同。三、（二）中涉及欧盟定义及其操作性定义（即收入低于欧盟平均水平的75%）。本章未涉及极端贫困，极端贫困最好通过安排分级社会福利支出解决。

② 参见《欧洲共同体条约》第173条。《欧盟条约》与《欧盟运行条约》合并版，官方公报，2010年3月30日，第83页。

贫困，绝对贫困的定义为低于中国贫困线的收入”仍可作为扶贫政策的总体目标，但无法为片区政策在促进片区相对于国内其他地区发展的绩效评估提供参考。因此，需要额外制定与欧盟减少相对贫困之目标类似的运作目标，此类目标可表达为

“缩小各片区人均收入与中国人均收入之间的差距。”①

该定义包含两个部分。一是引入各片区人均收入作为衡量生活水平的方法，二是引入缩小各片区人均收入与中国平均收入之间差距的目标。该定义依然遵循消除绝对贫困的目标，同时还可使扶贫政策的目标更加长远（要求消除绝对贫困并缩小差距）。扶贫目标从单纯地消除绝对贫困转变为减少相对贫困（绝对贫困与相对贫困之间的量化差距取决于采用的平均收入比例）；此外还在中国贫困线拟不动点的基础上增加了中国平均收入的浮动点，即在运作目标中引入动态成分。② 选择该目标的另一重要因素取决于目前可获得的片区收入数据，此类数据应与中国的平均数据具有可比性。获取数据可能存在困难，因为各片区可能由几个省的不同地区组成——例如，武陵山区包含三个省（湖北、湖南、贵州）和重庆市的部分地区，也可能是单个省份的地区。

因此，通过对扶贫政策目标进行理论探讨可得出以下三个结论：

- 总体政策的运作目标可能包含一个绝对贫困或相对贫困的定义及其预定日期，从而导出一个量化基准。
- 片区政策的运作目标必须考虑数据的可获得性，为目标设定一个明确的量化定义，并设定目标日期。
- 若目前无法获得数据，应先建立合适的统计信息系统，以形成更详细的目标说明；可获得统计信息时，则应开展更加系统的进度评估。

欧盟主要关注相对贫困，而非绝对贫困或极端贫困，但其经验显示，政策制定者在试图将以上理论方案付诸实践时可能会出现困难。

---

① 如有需求且数据充分，该目标可修改为特指农村收入。这样，运行目标或可改为“缩小各片区农村人均收入与中国人均收入之间的差距。

② 区域发展政策之运作目标的两种方案均提出何谓人均收入的最佳衡量方法的问题，目前暂不讨论这个问题。

（二）相对贫困及其动态目标：欧盟案例

欧盟绝对贫困人口所占比例很小，仅限于2007年加入欧盟的成员国罗马尼亚境内的罗马人。因此，如最后一节所述，欧盟的减贫工作主要致力于减少相对贫困。这样导致扶贫政策大不相同：绝对贫困政策的绩效根据不动点①评估，即贫困人口收入的增加意味着政策目标的进步。引入相对贫困意味着政策目标变为浮动目标——贫困人口的收入增加幅度只有超过目标收入的增长时方可视为政策目标的进步。

欧盟针对相对贫困制定了统一的定义。② 该定义衡量全国人口中低于国家贫困线的部分，即面临贫困威胁的人口，并通过低于贫困线的面临贫困威胁之人口收入的平均差距衡量贫困等级。欧盟通用的贫困线是社会转移后全国平均可支配收入中位数的60%。成员国之间贫困线的绝对值存在明显差异，即便使用考虑各国之间价格水平差异的购买力标准表示时也是如此。因此，根据2007年单人家庭的数据，欧盟范围内的最高贫困线——卢森堡（17575欧元），比最低贫困线——罗马尼亚（1765欧元）或保加利亚（2006欧元）高9倍。然而，虽然贫困线低，但罗马尼亚与保加利亚面临贫困威胁的人口最多——罗马尼亚近三分之一（32%）人口的平均可支配收入低于全国中位数的70%，该比例是欧盟总体水平的两倍，欧盟仅有17%人口的平均可支配收入低于中位数60%的通用贫困线。因此，应当关注跨国对比的结果。

如上所述，与贫困线相关的数据可用于衡量贫困等级，即量化贫困人口的贫困程度。例如，整个欧盟2007年面临贫困威胁之人口的平均收入（低于贫困线60%的人口）与贫困线自身60%之间的差距是23%。面临贫困威胁之人口比例最高的成员国之贫富差距最大，反之亦然。因此，2007年罗马尼亚与保加利亚的贫富差距最大，希腊、立陶宛及拉脱维亚的贫富差距也相对较大。③ 但是，在

---

① 受有关贫困线水平之政治决策的影响，绝对贫困的衡量指标可能定期变化。

② 自1975年以来，欧盟将相对贫困人口定义为“收入与资源严重不足，以致妨碍达到所在社会认为可接受之生活水平的人口。由于贫困，他们可能存在许多劣势，例如失业、收入低、居住条件差、卫生保健不足以及在终身学习、文化、体育及娱乐方面面临障碍。他们往往被边缘化，不能参加其他人可正常参加的（经济、社会及文化）活动，他们的基本权利常常受到限制。”参见《抗击贫困与社会排斥：2010年欧盟统计信息》（*Combating poverty and social exclusion: a statistical portrait of the European Union 2010*）。卢森堡：欧盟统计局统计报告，2010版第6页。以下简称“战胜贫困”。

③ 国家贫困线与相对贫困人口平均差距之间的对比可用于阐明绝对贫困与相对贫困的不同级别。显然，罗马尼亚与保加利亚出现极端贫困的几率高于欧盟其他国家。

该理论框架内难以进行跨国对比，欧盟凝聚政策将欧盟视作单一政策主体。因此，确定趋同地区时未使用国家贫困线和面临贫困威胁之人口数据，而采用根据购买力平价计算出的欧盟统一人均 GDP 数据。

欧盟地域导向型的扶贫政策即欧盟凝聚政策，其《通则》① 中规定了政策目标。2006 年（罗马尼亚与保加利亚 2007 年加入欧盟之前）曾讨论过《通则》，但当时欧盟尚不存在绝对贫困的问题②。因此，当时的政策目标未涉及扶贫问题。扶贫是欧盟 2020 年政策目标中的一项内容。③ 欧盟 2007 ~ 2013 年的总体目标是：

> “加强欧盟在扩大之后的经济与社会凝聚力，促进欧盟的和谐、平衡及可持续发展。【为此制定欧盟凝聚政策】应致力于缩小经济、社会及地域差距，尤其是发展落后、进行经济与社会改革及人口老龄化的国家与地区的差距。”④

因此，主导政策的相对贫困概念主要根据差距来定义，可以为经济、社会及地域差距，可能是低于平均速度的发展、经济与社会改革及人口老龄化造成的差距。因此需要进一步阐释，从而将此政治色彩浓厚的目标转变为运作目标。

欧盟凝聚政策《通则》中对目标的政治声明对该政策定位为其他政策的工具，并列举了应包含的行动类别。首先，《通则》细化了扶贫目标并引入环境因素。政策目标将包括：

> “【欧洲】共同体优先考虑的重点包括通过加快发展、提高竞争力、改善就业和社会包容状况以及改善环境质量实现可持续发展。”⑤

---

① 《通则》包括 108 条与 4 个附件。此外还包括分别针对三个金融工具（欧洲地区发展基金、欧洲社会基金及凝聚基金）、地域合作以及正在申请加入欧盟的国家提供之帮助的补充规定。以上法律文本收录于《2007 ~ 2013 年凝聚政策——注释与正式文本》（*Cohesion policy 2007 ~ 13 – Commentaries and official texts*）。卢森堡：欧洲共同体官方出版物办公室。2007 年。下称“2007 – 2013 年凝聚政策”。

② 目前，欧盟成员国罗马尼亚境内的罗马人存在相对贫困的问题。

③ 参见《欧洲 2020：灵活、可持续及包容性发展战略》（*Europe 2020: A strategy for smart, sustainable and inclusive growth*）（欧盟委员会通讯，2010 年 3 月 3 日）第 5 页，该战略设定了到 2020 年消除 2000 万贫困人口或面临贫困威胁之人口的目标。

④ 参见《通则》第 3 条第 1 段。

⑤ 参见《通则》第 3 条第 1 段。

其次，《通则》列举了扶贫政策将采取的若干行动类别。投资与社会行动总纲将详细阐述。但其重要性在于指出扶贫政策不仅是一项政策，还可作为其他政策的工具。因此，欧盟凝聚政策中有关趋同地区的部分也是一种片区政策，该政策与中国贫困集中地区的概念类似，它应

> “通过增加与提高物质与人力资本的投入质量、促进创新与知识社会的发展、增强经济与社会变化的适应能力、加大环境保护与改善的力度以及提高行政管理效率，改善发展与就业状况，从而加快最不发达成员国及地区的发展速度。”①

因此，凝聚政策的基本目标即明确了扶贫政策将成为欧盟其他政策的工具，包括教育与培训、环境保护与基础设施、交通运输、通信、研究及创新政策等，并特别负责提高行政管理效率。联合工作的法规要求对欧盟政策的整合具有重要影响。

将以上政治目标转变为运作目标存在一定困难，在此方面出现过多种解释。欧盟凝聚政策《通则》中设定的目标通常表述为“创造更多更好的工作机会”或“寻求实现经济现代化与提高竞争力”，或更简单地说，即“缩小差距”。2009 年的《Barca 报告》用了几页篇幅确定什么是或应当是欧盟凝聚政策的目标以及这些目标应当如何表述，其中认可的两个目标均未提及扶贫的概念。第一个目标是“充分利用各地区潜力”，即所谓的效率目标；第二个目标是“确保个人机会平等，不论居住地点在何处”，即所谓的平等目标。② 上述表达方式很难体现政策的运作目标，因此难以评估政策绩效。

截至目前，评估政策绩效的最大困难来自两个方面。首先，相对贫困是动态概念，这一事实在政策目标表述为“经济趋同”或“消除最贫困地区与普通地区之间的收入差距”时容易被忽视。政策寻求的相对收入的增长不仅更难实现（因为构成政策目标的基准收入可能也在增长）而且更难论证（因为评估政策绩效时考虑的“收入差距”是静态概念）。其次，建立反事实（不同条件下有可能

---

① 参见《通则》第 3 条第 2a 段。

② Barca, Fabrizio.《凝聚政策改革议程，迎接挑战与期望的地域导向方法。应地区政策专员 Danuta Hübner 邀请所做的独立报告》（*An Agenda for a Reformed Cohesion Policy, A place – based approach to meeting European Union challenges and expectations. Independent Report prepared at the request of Danuta Hübner, Commissioner for Regional Policy*）。布鲁塞尔，欧洲委员会地区政策总司。2009 年 4 月。第 17、28 页。

发生但违反现存事实的）比较困难，即难以证明政策缺失的情况下可能出现的问题。目前，即便最完善的方法在很大程度上也依赖于外推法。根据外推法的暗示，在没有政策干预的情况下，潜在趋势不会变化。

与中国的扶贫政策相比，对欧盟政策的评估显示了缺乏清晰的运作目标可能产生的破坏性作用。欧盟的运作目标允许有多种解读方式，破坏了政治共识，降低了欧盟凝聚政策在帮助经济竞争力较弱的地区实现现代化的重要性，完全掩盖了凝聚政策是经济发展的关键政策之一①，也是增强欧盟竞争力的主要支出政策的事实，进而通过混淆相关量化指标及其解释削弱了政策绩效评估的作用。欧盟凝聚政策目标存在的混淆状况表明，制定清晰与广泛认可的扶贫运作目标至关重要。这些运作目标不会代替总体政治目标，仅对政策实施与管理进行指导，对评估政策绩效具有重要作用。②

事实上，在确定欧盟凝聚政策之运作目标过程中产生的若干问题，可在政策制定阶段得到解决。自 1989 年以来，针对趋同地区的目标一直非常清晰（即减少贫困），虽然该目标极少通过此类简单易懂的术语表述。其中的量化目标是将趋同地区人口的收入提高至欧盟人均 GDP 的 75%，该目标可衡量不断上升的欧盟人均 GDP 之浮动目标的完成情况。因此，在多个时期，虽然该政策帮助贫困地区快速提高平均收入，但仍难以超越快速增长的欧盟人均收入。该现象反映了增长的双面效应，中国及其他地区也存在类似现象。扶贫政策无法避免上述困难，但在评估政策绩效时应考虑浮动目标。

由于在减少相对贫困方面缺乏清晰的目标，执行欧盟凝聚政策的过程中存在许多困难，由此可得出以下结论：

- 政治目标本身或许不足以为扶贫政策提供运作目标。
- 最好在政策实施初期制定明确的运作目标。
- 在整合扶贫政策的目标与其他政策时引入可量化的子目标。
- 将“缩小差距”纳入扶贫政策的目标可为政策引入动态成分，但是如果将差距设为定值除外。
- 减少相对贫困的目标必须明确相关基准。（例如，中国平均收入或平均收入的一个百分比是否可作为国务院扶贫办新片区政策的基准？谨记：欧盟的基准

① 其他包括欧盟单一市场、单一货币及其所谓的里斯本经济现代化政策。

② 有关欧盟凝聚政策目标的更多信息，请参考 Meadows，Graham（ed）。《减少贫困，增加就业：实现欧盟 2020 年目标》（*Less Poverty*，*More Employment*：*Helping the European Union to achieve its 2020 targets*）。北京：中国 - 欧盟政策对话支持项目。下称《减少贫困，增加就业》（*Less Poverty*，*More Employment*）。

是欧盟各国平均收入的75%。)

(三)创新目标

本节已针对国务院扶贫办新片区政策提出两项目标：消除绝对贫困的总体目标与片区政策的目标，后者既可确定为减少绝对贫困（若将贫富差距的基准确定为中国的贫困线)，也可确定为减少绝对贫困与相对贫困（若将基准确定为中国的平均收入或高于贫困线之平均收入的百分比)。还可进一步引入创新的补充目标——前提一是创新目标可以量化为运作目标，前提二是可收集并获得相关的对比统计数据。

一种可能性是引入能够刺激经济与提高生活水平方式的目标。以上讨论的两个目标均要求提高生活水平（增加收入)，地区发展政策旨在通过对最贫困地区实行经济刺激政策达到提高生活水平的目标。欧盟还鼓励其成员国通过提高竞争力与经济现代化程度刺激经济增长，但未提出将其鼓励转化成为运作目标的量化指标。然而，欧盟凝聚政策要求将欧盟资金的60%用于提高趋同地区的竞争力以及加快此类地区的经济现代化进程。① 若经济现代化是国务院扶贫办片区政策的改进目标，应就确定一些指标便于运行——例如，可能涉及提高与市场的对接(增加每个行政村的水泥路数量)、加快城市化进程（城镇人口的扩张速度）以及改进公共服务质量（接受九年义务教育之后继续学习的学生数量；完成职业培训项目的村民数量)。

另一个创新目标是在片区政策覆盖范围之片区内部及相互之间建立活动网络，以此鼓励分享知识与经验，从而提高片区刺激措施的效率。在各片区设立特色试点区可增强该网络的作用——例如，武陵山区的特色是在保护与发展少数民族文化的同时实现旅游业的可持续发展。此外，需要确定一个量化指标确保目标能够实现——例如，举行一定数量的网络会议或完成一定数量的报告。

到目前为止，确定的目标均与经济发展有关，旨在增加收入和减少贫困。在欧盟，经济目标还致力通过增加岗位以及提高人口素质与能力改善就业状况。此类目标强调增强就业能力的重要性（尤其是年轻人或中年人等特定人群)。

在此类经济目标中可加入创新目标，包括扶贫行动对社会、政治及环境的影响，例如：

- 社会与文化发展目标可能与提高生活质量、健康、教育及福利水平有关。

---

① 参见《通则》第9条第3段。

可通过开展当代文化生产和文化遗产保护以及发展文化产业等途径振兴少数民族人口聚居的贫困地区（参见上述武陵山区建立相关试点区的建议）。

- 通过加强交流与区域一体化提高国家社会与政治一体化程度。
- 跨代的可持续发展目标可确保提高年轻人与老年人的生活水平。可持续性原则的要求是：既满足当代人口的需求，又不减少后世人口至少满足其同等需求的可能性。

五、在制定与实施扶贫战略过程中考虑区域差异的战略方法

欧盟 2007～2013 年凝聚政策重要的新特征是采用了战略方法。根据该方法邀请各个趋同地区根据自身环境特征与区域多样性将欧盟相关目标转变为自己的运作目标。该案例与中国的片区政策高度相似，原因是其扶贫策略也会根据每个符合要求地区的具体困难和可能性的变化而变化。

欧盟针对当前规划期新制定的战略方法包含两个步骤：第一步是在欧盟层面制定核心战略方针（社会凝聚方针“CSG”），该方针阐述了所有贫困地区的扶贫原则与重点“社会凝聚方针”旨在确定欧盟凝聚政策的重点任务。2007～2013 年的重点任务包括：

- 通过改善可达性提高成员国、地区及城市的吸引力，确保服务质量与水平，保持环保潜力；
- 通过提高科研与创新能力（包括新的信息与通信技术）鼓励创新、创业以及发展知识经济；
- 通过吸引更多人就业与创业创造更多更好的工作机会；提高员工与企业的适应能力；增加人力资本投入。

第二步是根据以上方针在各个趋同地区建立广泛的战略参考框架（国家战略参考框架“NSRF”）。该框架的宗旨是为负责建立“运作项目”的主管部门提供广泛的政策指导，明确投资类型与重点社会福利行动。每个“国家战略参考框架”均须与“社会凝聚方针”保持一致。具体而言，第二步的战略参考框架应明确各地区的政策重点和实施重点，确定计划草拟工作的参与方，分析各片区在所属更广泛区域和政策环境中的优劣势、所选战略的定义以及选择该战略的理由，提供运作项目清单，并提供协调各参与方行动的信息。

此外，详细的运作计划是实行总体计划的基础。此类计划应明确各重点任务的目标、实施安排以及项目指示性清单。举例而言，小国斯洛文尼亚制定的计划

如下：增强区域发展潜力的运作计划（产业发展、经济基础设施、自然与文化资源的整合与调动以及城乡一体化发展）；有关人力资源开发的运作计划；有关环境与交通运输基础设施发展的运作计划。其他成员国则根据自身的优势、劣势、机遇及挑战开展不同的运作计划。

六、片区政策的运行机制——基本原则

本节将分两步讨论国务院扶贫办新片区政策的实施管理与运行机制。第一步讨论可能影响运行机制构架设计的原则，第二步讨论运行机制自身可能包含的价值。目的并非是为了说服国务院扶贫办应采用哪些原则与价值观念，而是为了强调若在设计机制构架阶段就明确这些原则与价值，可在政策实施阶段避免产生争议，并且确保政策成功实施。本节还将讨论欧盟凝聚政策架构的原则与价值观念——希望为国务院扶贫办在确定运行机制的细节时提供参考。

一般而言，任何政府机构的政策均可细为四个部分——目标、预算或金融工具、运行机制及内容（即采取的行动与融资的行为）。政策讨论多关注其中三个部分，即目标、预算与政策内容，第四个部分（运行机制）不作为重点考虑，一般只有行政管理人员关心该问题。然而，片区政策运行机制的重要性丝毫不亚于其他三个部分，甚至可能是最重要的部分。若没有有效的运行机制，则既无法实现政策目标，也无法使预算发挥最大效用；若没有有效的运行机制，甚至融资与宣传行动也可能失败。因此，新片区政策的运行机制至关重要。以下是相关阐释：

欧盟凝聚政策的运行机制遵循包括一体化原则在内的十个原则，这些原则在政策实施细则中均有体现。这些原则旨在确保政策包含潜在价值（如男女平等、不歧视、可持续发展、协同合作），按照政策制定者的意愿进行分权管理（合作、项目规划），确保获得公共资金实现最佳收益（政策一体化与协调①、集中、封顶、联合融资、项目规划及额外性）并学习经验（评估，定期修订）。脚注将阐述各项原则在政策实施过程中如何发挥各自的法律约束力。②

欧盟委员会成员国在法律上有义务确保欧盟凝聚政策在实施过程中遵循男女

① 参见《通则》第9条。

② 关于欧盟凝聚政策在最贫困地区实施过程中如何整合上述原则的信息，请参考 Wobben，Thomas《减少贫困，增加就业》中的《欧盟凝聚政策注释》。第2章，第5、6节。

平等的原则。[①] 此外，各成员国在政策实施以及获得资金的过程中还应防止出现性别、民族或种族、宗教信仰、残疾、年龄或性取向等方面的歧视，尤其应满足残疾人的需求。

实现政策目标的过程中，欧盟凝聚政策应遵循可持续发展的框架要求，同时还应保护环境、改善环境质量。[②]

欧盟凝聚政策实行分权管理，协作工作是其要点之一。趋同地区的社会经济发展战略与实施计划由相关趋同地区（成员国家或地区）的社会经济发展参与方共同协作完成。[③] 多数情况下，中央政府会派一名代表负责整个协作工作。成员可包括地区和地方政府代表、私营部门及民间团体代表（例如开展贫困人口相关工作的地方非政府组织），有时还可包括贫困社区自身代表。该合作关系的宗旨是为各个趋同地区的扶贫战略及其实施提供保障，为相关地区（包括基层地区）的扶贫工作提供有用信息。此外，该体系还力求扶贫战略与计划代表所有相关部门和各级政府的观点，从而成为政策一体化的工具。欧盟凝聚政策的分权管理方式及合作体系为各个趋同地区提供在欧盟整体框架范围内制定并实施自身经济发展政策的机会。

应在清晰的框架内开展项目规划[④]。

- 所有项目必须为多年度定期项目，包含可用于评估的量化指标。
- 项目必须遵循欧盟批准通过的投资与社会行动总纲以及欧盟委员会批准通过的合适的国家发展战略。不遵循上述总纲与战略或会推迟项目启动时间，导致针对相关趋同地区的第一阶段资金援助推迟（因为项目批准通过之后方可开始提供资金援助）。
- 开展计划内的行动应遵守欧盟竞争政策的规定，该等规定对欧盟及其成员国政府向私营企业支付的补贴金额设置了上限。就趋同地区而言，竞争政策的规定旨在避免出现“补贴战”。为了从欧盟内外吸引对内投资，某地区可能提供优于相邻地区的财政刺激措施。
- 计划还须确保欧盟凝聚政策资助的所有项目均遵循欧盟其他所有政策的要求，例如有关环境保护和污染的规定。当某个趋同地区确定某项重大投资对其社会经济发展至关重要，但对土地或生态环境会产生负面作用时，上述要求更加

① 参见《通则》第16条。
② 参见《通则》第17条。
③ 参见《通则》第11条。
④ 参见《通则》第10条和第32~36条。

重要。

• 计划可在成员国或地区层面展开。欧盟一些小成员国仅有一个趋同地区（立陶宛、拉脱维亚及爱沙尼亚）。这种情况下，趋同地区的计划即全国性计划；较大的成员国包含多个趋同地区，可能出现全国性计划与地区计划同时实施的情况（波兰、罗马尼亚）；此外，某些国家仅有部分领土划入趋同地区。这种情况下，仅存在地区计划（法国、英国）。

• 为了简化管理，项目可能仅采用凝聚政策中的一个金融工具。

集中原则在政策结构中体现在以下几个方面：

• 为了提高欧盟贫困人口的生活水平，政策将主要财力（82%）集中到贫困人口最集中的地区。①

• 欧盟最贫困成员国（即使仅有部分领土符合趋同地区的要求）均须制定一项七年战略，明确投资类型与社会福利行动（例如职业培训或社会包容），当务之急是刺激经济发展并将财力集中到相关工作重点。②

• 政策各阶段应及时总结，各个趋同地区必须在 2015 年 12 月 31 日之前，即政策启动后的九年之内用完分配的资金。实施细则还要求有计划地使用资金，否则将影响资金获得。

集中原则规定最贫困国家的资金运用应遵循封顶原则。③ 简言之，任何国家，无论相对贫困的程度如何，接受欧盟资金的总额不得超过其国内生产总值的4%。④ Michael Dunford 分析了封顶原则的影响，认为该原则推翻了集中原则中规定欧盟趋同地区应获得人均最高份额欧盟资金的规定。⑤ Dunford 还说明了欧盟政治决策的影响：罗马尼亚与保加利亚于 2007 年 1 月 1 日加入欧盟，当日恰逢目前的欧盟凝聚政策开始实施。罗马尼亚与保加利亚均属于最贫困国家，但不能立即获得根据其贫困程度应当获得的全额补贴资金。实际上，这两个国家在 2007 ~ 2013 年间可获得的人均补贴与西班牙相当（西班牙的人均收入高于上述两个国

① 参见《通则》第 19 条。

② 参见《通则》第 27 ~ 32 条。

③ 参见《通则》附件二《财务框架：标准与方法论　参见第 18 条》（Financial framework：Criteria and methodology referred to in Article 18），第 7 ~ 11 段。

④ 事实上，封顶数额不一，最高为 3.7893 %。

⑤ 参见 Dunford，Michael。《金融整合：通过欧盟凝聚政策预算和成员国财务安排平衡资源与责任》（Financing Solidarity：matching resources and responsibilities through the budget for European Cohesion Policy and member state financial arrangements）。《减少贫困，增加就业》。第 4 章第 4、5 节。

家）。[①]

欧盟资金主要用于联合融资投资或社会福利行动。但欧盟极少为一项投资或社会福利行动提供所有资金，一般仅提供一定比例的资金——有时为趋同地区的某些行动提供全额资金，但一般情况下提供的资金金额不超过所需总额的80%。其余资金可来自国家公共资金或民间资金，但不可来自欧盟资助的其他项目。对趋同地区而言，该做法具有众多优势：增加贫困地区用于经济发展的资金来源，以此支持集中行动；确保各级政府协同合作，共同实现刺激经济与扶贫目标；保证各级政府共同努力实现最大投资回报。欧盟资金可以高比例投入任何投资项目或社会福利行动的做法确保可将资源匹配的问题降至最低。因此，有些情况下，所有费用均可用作欧盟对某项行动投入的资金。

额外性原则旨在确保欧盟分配给各个趋同地区的资金仅是其他各级政府向该地区提供资金的补充。若能够获得欧盟资金，其他资金提供方可能按比例缩减其资金投入：极端情况是由于其他资金提供方削减同样数额的资金，欧盟资金对扶贫未产生任何作用。这种趋势在财政紧缩和定期核查监管条款时期更加明显。[②]

趋同地区战略与计划的效果评估是欧盟凝聚政策实施工作中不可或缺的部分。根据选定指标在计划审核之前、实施期间以及完成之后对其进行评估。评估目的不一，有时是为了展示欧盟凝聚政策总体或单个地区计划对扶贫的贡献；有时是为了帮助提高趋同地区战略的连贯性与实施效率。[③] 评估工作面临的主要困难是政策的制定方案与所选指标可能不适合评估目标。例如，旨在显示某项计划的管理技术如何得到完善的评估应不同于旨在评估某项计划是否达到目标的评估，前者的原始假设是计划效果不佳，而后者的目标往往正是显示其达到最佳效果。尽管存在此类困难，评估仍是欧盟凝聚政策的重要组成部分，能够帮助该政策改进经济刺激和扶贫效果。

定期修订原则[④]很少提及，不过该原则是欧盟凝聚政策的一个重要特征。第一个实施阶段为5年，修订后实施了6年；第二次修订后实施了7年。目前的7年期到2013年结束。目前正在对该政策进行修订，为下一个实施阶段做准备，下一个实施阶段可能延长至2020年。每次修改后会编制一个有关趋同地区的新名单——三年内人均收入提高至欧盟平均收入75%以上水平的地区不再属于趋

① 参见Dunford，同上，表2。
② 参见《通则》第15条。
③ 参见《通则》第37条第1c段，设定量化目标；《通则》第47－49条之“评估要求”。
④ 参见《通则》第106条。

同地区。此外，还可能简化政策管理程序。

七、片区政策的运行机制——三步法

旨在减少农村贫困的国务院扶贫办新片区政策将在《中国农村扶贫开发纲要（2011～2020年）》的框架下实施。[①] 可效仿欧盟采取三步法（参见第四节）。政策覆盖的片区将实施各自的扶贫战略，各片区战略应包含符合当地情况的实施机制。因此，各片区可采取以下三个步骤：

- 第一步：国务院扶贫办在国家层面就减少农村贫困建立总体战略框架，该框架适用于所有片区；
- 第二步：各片区的特殊战略适用于片区层面；
- 第三步：针对各片区战略实施的详细计划，应考虑现有行政区划——例如武陵山区可能要求三个省和重庆市各制定一个计划，或者每个区或县制定一个计划。

国际经验表明，以上战略决策及其实施方式对于国务院扶贫办新政策的成功实施至关重要。如第四节所述，欧盟凝聚政策及其趋同地区采取了类似的实施步骤。因此，随着新片区政策投入实施，欧盟的经验可能对国务院扶贫办的政策制定者具有一定的借鉴作用。

（一）第一步：整体框架

欧盟的多层治理体制（欧盟、成员国、地区、地方政府）与中国的治理体制（中央、省、地区、县、乡/镇、村）相似，高效的地方分权需要整体框架。这种框架可确保在欧盟境内政策实施的连贯性（例如设定共同目标和运用模式），同时支持并保证与欧盟其他政策的连贯性。针对欧盟趋同地区的整体框架包括以下文件：

- 一套构建政策法律架构的法规；确定趋同地区并在此类地区分配欧盟资

---

① 扶贫是一个长期过程。《中国农村扶贫开发纲要（2001～2010年）（包含“十二五”规划国务院扶贫办新片区政策的一期结果）允许某些行动拥有较长的实施时间。2011年访问武陵山区期间，湘西自治州代表提出应当保证政策的连续性。过去5年间，湘西自治州遭受过8次洪水、3次干旱灾害，造成直接经济损失人民币1000万元，包括间接经济损失在内的总体经济损失达人民币4000～5000万元。例如，凤凰县防汛抗旱计划（保障农民增收和实现长远发展的首要前提）需要5年时间完成。

金；制定趋同地区实施发展计划必须遵循的基本规则；①

• 一套指导方针，说明趋同地区应优先开展的投资和社会福利行动。②

欧盟委员会的中央机构负责建立整体框架，欧盟委员会地区政策总司承担主要责任。

1. 选择趋同地区并在其内部分配欧盟资金

欧盟凝聚政策确定趋同地区并建立确定趋同地区的机制。凝聚政策决定欧盟资金在趋同地区的分配机制。与中国国务院扶贫办新制定的片区政策类似，欧盟凝聚政策也具有因地制宜的特点，有助于中国政策制定者全面了解该项政策。因此，在确定地区合理性时，该项政策规定③：

• 用于确定趋同地区名单的数据（按购买力平价法计算的人均国内生产总值）；

• 使用的地域单元（二级地域单元通用分类，即 NUTS level 2）；

• 参考期间（目前的趋同地区名单：2000～2002 年三年）；

• 资格门槛（欧盟 25 个成员国的 75%（不含当时尚未加入欧盟的罗马尼亚和保加利亚）；

• 名单有效期（2007 年 1 月 1 日～2013 年 12 月 31 日）。

与之类似，基本规则说明欧盟凝聚政策资金如何在合格地区间分配。④ 该机制将人均最高的欧盟凝聚政策资金分配给最贫困的高失业率地区。但在目前的凝聚政策实施期间（截至 2013 年），新加入欧盟的罗马尼亚和保加利亚未享受到全额资金。此外，还设置了资金封顶原则。这些因素导致以上规定无法有效实施。⑤

凝聚政策规定在确定趋同地区资金分配金额期间应考虑以下因素：

---

① 关于最贫困地区的基本原则分别列入四个文本。除《通则》之外，还针对各项融资政策制定不同规则：为项目融资的欧洲地区发展基金（欧洲议会和理事会 2006 年 7 月 5 日条例 No 1080/2006）；为社会福利行动联合融资的欧洲社会基金（欧洲议会和理事会 2006 年 7 月 5 日条例 No 1081/2006）；为交通运输和环境基础设施融资的凝聚基金（理事会 2006 年 7 月 11 日条例 No 1084/2006）。《2007～2013 年凝聚政策》包含以上四个文本。

② 2006 年 10 月 6 日理事会就“关于凝聚问题的战略指导方针”（*Community strategic guidelines on cohesion*）所做的决定（2006/702/EC）。下称“指导方针”。

③ 参见《通则》第 5 条第 1、3 段。

④ 参见《通则》第 18 条和附件 2 第 1 段（分配制度）和第 7～11 段（封顶制度）。

⑤ Michael Dunford.《金融整合：通过欧盟凝聚政策预算和成员国财务安排平衡资源与责任》（*Financing Solidarity: matching resources and responsibilities through the budget for European Cohesion Policy and member state financial arrangements*）。《减少贫困，增加就业》。第 4 章第 4、5 节。

• 地区总人口；

• 该地区人口相对贫困的程度——表现为该地区人均国内生产值（按购买力平价法计算）与欧盟25国人均国内生产总值的绝对数额（以欧元计）之间的差额；

• 旨在反映包含趋同地区之成员国相对富裕程度的系数——表现为该国人均国民收入与欧盟25国平均国民收入之间的累进百分比；

• 对失业率超过所有趋同地区平均水平的地区，根据每个超出的失业人口提供700欧元的标准补贴该地区。

一国在连续几年吸收大量转移资金的情况下可能会面临困难。考虑到该因素，有时须下调已确定的资金分配金额。每年下调幅度不得超过该成员国人均国民收入的4%（根据购买力标准计算。2007～2013年期间，欧盟凝聚政策资金转移的上限规定更加严格，最高为3.7893%）。

该项制度的一大特色是各个趋同地区在制定发展策略之前已获知其将要得到的分配金额。这一安排有助于趋同地区确定重点投资和社会福利行动。在实践中，由于政治期限的压力，趋同地区在获知准确的分配金额之前通常已开始制定战略（尽管由于制度透明，趋同地区可计算出粗略金额）。

此外，具有法律约束力的法规制定了管理该政策的基本规则，涵盖以下问题：使用欧盟资金开展投资和社会福利行动的合格性；评估；管理与监控体系；汇报与审计要求。制定此类规则的目的是确保所有成员国和地区达到类似要求，并保证实施体系透明。

2. 确定欧盟重点投资和社会福利行动

该指导方针（指导性，无约束力）在确保实现“欧盟2020”计划之总体目标（详见以上第4节）的前提下列出了趋同地区应重点开展的投资和社会福利行动。指导方针综合了欧盟所有相关部门（交通、环境、能源、经济、整体政策协调等）的意见。欧盟委员会地区政策总司（负责凝聚政策相关工作）负责制定和实施指导方针。

指导方针与凝聚政策坚持同样的原则（参见以上第五节），重申了趋同地区的目标。

“目标是挖掘发展潜力，以达到并保持高增长率。相关措施包括解决基础设施建设方面的赤字以及加强制度和管理能力。”①

同时重申了政策一体化的必要性：

“该战略指导方针属于指导性框架，成员国和地区在制定国内和地区计划时须参考此框架。指导方针重点旨在评估成员国和地区对共同体凝聚、发展和就业方面目标的贡献程度。各成员国应依据指导方针制定国内战略参考框架和运作计划。”②

指导方针建议优先投资以下领域：

- 改善交通运输基础设施，以连接欧盟内部市场的各个地区；
- 加强环保和风险防范，以加强环境和发展之间的协同效应；
- 降低能源对外依存度，以发展低碳经济；
- 开展研发和创新，建设信息社会，以增强企业竞争力；
- 鼓励创业、拓宽融资渠道，以促进商业发展；
- 提供更多更好的职位，以提高劳动力市场的效率，改善欧盟就业人员的技能和健康状况；
- 提高农村和山区的经济多元化程度。

（二）第二步：趋同地区及其战略

各个趋同地区根据欧盟总体指导方针、基本规则及所在国家政府的发展战略（参见以上第4节）制定中期（7年）脱贫战略。为加快地区发展，趋同地区必须确定重点投资和社会福利行动并分配欧盟资金（因其在制定战略前可获知准确或大致的分配金额）。脱贫战略由当地各级管理机构和社会经济领域相关机构共同制定，通常就此成立委员会，趋同地区所在成员国的国家政府代表担任委员会主席。欧盟委员会就脱贫战略展开讨论，并在批准通过扶贫战略之前征求所有相关部门意见。

（三）第三部：实施战略

欧盟凝聚政策是基于计划的发展政策，各个趋同地区负责制定战略实施计划

① 《指导方针》第11段。
② 《指导方针》第17段。

（参见以上第四节）。欧盟所有计划须考虑成员国和地区界限——因成员国的财政制度通常限制在境外使用资金。同样，计划须报送欧盟审议。一般情况下，由欧盟以下各级政府成立的趋同地区合作机构负责选择享受补贴的项目。

八、财政铁律："永远存在资金缺口"

地区发展计划永远存在资金缺口是财政铁律，片区永远要求获得更多资金。这种态度同时反映了对分配公平性的质疑——若片区 A 未得到足够的资金，那么一定是片区 B 多占用了资金。欧盟根据公式在各个趋同地区分配资金，同时在其《基本规则》中公布相关细节，从而解决以上问题。欧盟在项目之初即分配资金，以此确保趋同地区在制定战略之前即可获知分配金额。现已公布具体计算方法。欧盟希望以此避免出现期望落空以及抱怨政治偏袒和不公平待遇的现象。

欧盟凝聚政策的分配体系试图通过多种方式解决财政资源"不足"的问题。其一，是通过计划将有限的资金及时用于最需要的地区（参见以上第 5 节）。趋同地区战略和计划的创新设计和实施也可提高有限资金的利用效率。在此过程中将相关任务分配至地方，以此在解决发展问题和制定发展建议时能够充分利用基层知识。但这并不意味着取代中央的管理地位，基层仅起到辅助作用。通常，同时运用中央、地区及地方的知识可提高开展的投资项目和社会福利行动的效率。更加完善的项目、地方参与的激励作用或以上两个因素均有助于达到上述效果。

然而，将资金集中用于趋同地区以及建立合作机构只是应对财政铁律的部分措施。其他措施还包括加强公共资金管理人员的责任感和管理工作的透明度。有关运作项目实施（政策实施的支出阶段）的基本规则明确规定了财政管理的工作程序。例如，基本规则要求将项目管理人员（即项目和社会福利行动批准人员以及资金分配人员）的权力和财务程序监管人员的权力分开。成员国政府有义务遵守财务管理程序并接受定期审计，若审计发现违反财务程序的情况，必须即刻采取纠正措施，并对成员国政府处以最多 1 亿欧元以上的经济处罚。

九、生态补偿的双重赢利：改善环境、农民收入的新来源

不论是城市还是农村，在其经济现代化发展过程中总是会遇到这样一个两难问题："怎样在发展经济的同时，不破坏当地的生态环境?"处理好这个问题对顺利实施武陵山区项目尤为重要，不仅体现在保护环境上，还在于武陵山区的生

态环境非常敏感。

为了解决这个问题，欧盟的做法是资金补偿，即对农民保护和改善环境所作的努力提供报酬。在类似武陵山区这样的地区，实施这种资金补偿能够创造双赢的效果：不仅为农民提供新的收入来源，还能够鼓励人们改善环境。而对于武陵而言，最大的好处是解决武陵山区发展与环保间的明显矛盾：政策决策者也将找到一条将发展农业和改善环境两者兼顾的途径。

不久前，人们已经日益认识到自然资本（如同实物资本及社会资本）也是衡量世界财富的一个重要指标。这也加强了环境和生态系统服务的重要性。自2003年起，欧盟已将补偿农民的环保服务纳入其农业政策之中。该补偿政策以鼓励农民改善环境为导向：如果农民的环保工作超过了最低环境标准（该标准由欧盟成员国根据科学指标并视各国国情制定），那么欧盟将给予资金奖励；如果未达到最低标准，则实施经济惩罚。这种补偿既增加了农民的收入——通过对他们的财政补助，使之结束原来可能破坏环境的活动，同时也保障了一种更合理的环境管理机制。奖励措施也使得人们在保护环境的同时，能够促进农业的现代化发展。

自欧盟引入这项补偿系统以来，已经在联合国框架内开展了更多环境和生态保护服务。联合国千年生态系统评估（MAE，2005）确定的24项特殊生态系统保护类别，可以作为补偿计划的基础。它们包括：食品生产（包含野生食物）；纤维制品（包含木材和丝绸）；遗传资源（包含天然药品）；淡水；水质净化和废物处理；授粉；空气质量、气候、水资源、土地侵蚀、疾病、虫害及自然灾害管理；休闲与生态旅游资源；文化服务（包含精神、宗教及审美价值）。当今社会，缓解气候变化、流域服务以及保护生物多样性（联合国粮食与农业组织，2007）这三项服务在现今和将来将愈发重要，其中几项服务可能和武陵山区项目有关。

特殊环境及生态系统服务的确定也使得政策决定者们能够建立相应的补偿系统，也就是人们现在所熟知的“生态环境保护补偿”（简称PES）。补偿机制为改善环境打下了经济基础，从而对扶贫以及改善地区和个人生活水平做出贡献。这主要是因为某些对缓解气候变化、流域服务及保护生物多样性有重要影响的地区，在经济发展上常常处于劣势（武陵山区就是一个很好的案例）。然而，在武陵山区引入类似的补偿机制的意义更加重大，因为补偿机制可确保政策决定者们能够实现其双重目标，即在改善环境的同时发展畜牧业和农业。

在欧盟，生态环境保护补偿已经成为了当前农业政策的一项重要特色，因其将环保目标融入到农业政策之中。需要特别优先考虑的有：（1）生物多样性以及“自然”农业和林业系统的保护和发展，传统农业景观；（2）水源管理及使用；（3）应对气候变化。政策决定者确保农业政策法规与环保要求一致，并保障政策措施促进环保及保护农村发展的农业生产活动。此外，为促使农业政策与环保要求的一致，已采取相应的措施，如果农民没有达到环保标准，那么他们原本根据农业政策可以得到补贴金额将被降低（这项措施被称为“交叉配合”）；此外，为促进环保可持续农业，在农村地区引入了环保农业补贴。

图7-2描述了环境目标如何融入农业政策，展示了如何运作此机制以改善环境。一个农民应该在没有补贴的情况下达到基本的环境要求（即所谓的参考水平，由欧盟成员国根据科学标准和各国国情制定）。农民必须靠自身力量达到这个最低标准。如果农民没有达标，其将受到处罚，也就是减少其根据农业政策应得到的收入。这就是交叉配合原则，农民所有的收入都同是否达到环境标准有关。①为了激励农民进一步改善环境，如果他们的环保工作超过了参考标准，他们将得到奖励。在这种情况下，农民得到完整的农业环境补贴。通常，是由公共基金提供此类补贴，因为环保对公众有益，但是也不排除由私人企业支付补贴。

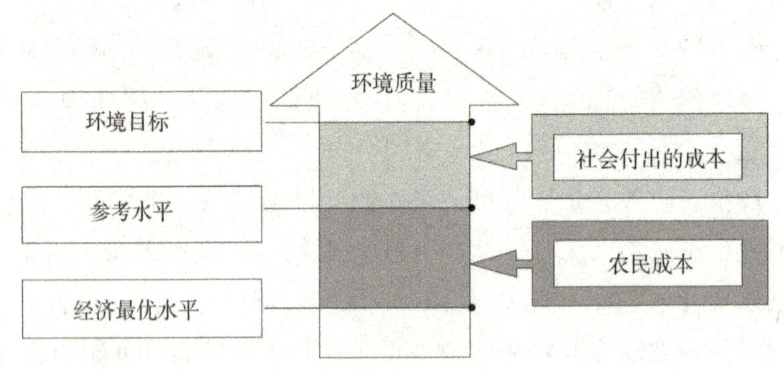

图7-2 生态和环境保护补贴示例图

参考水平和环境目标会随时间的变化而改变。此外，在欧盟，各国和不同地区的目标也会因环境保护优先的不同（不同的污染吸收能力、不同的社会目标、不同的发展程度及人口密度等等）而有所差异。

补偿水平需参考法律和科学标准。欧盟农业政策中的环境政策为每个成员国

① 英国于1981年通过《野生动植物和农村法》（Wildlife and Countryside Act），规定补偿权利受限的农民。这一决定引发了一项原则上的重大改变，即农民尤其在出于科学和环保考虑限制其活动的地区拥有发展权利，或者农民在停止其不符社会要求的活动时应该得到补偿。这一规定一度引起一个政府部门买下另一政府部门全部补贴情况。

都制定了一套《法定管理要求》（简称 SMR），每个成员国也规定了各自的《良好环境和农业条件》（简称 GAEC）。法定管理要求（SMR）由 19 条欧盟法规组成，分别涉及处理公共、动物和植物健康；环境和动物福利；野生鸟；地下水；污水污泥；硝酸盐；栖息地。《良好环境和农业条件》是各成员国在一个共同框架基础上制定的，包括以下几个方面：保护防止水土流失；保护土壤的有机成分；保持土壤结构；保障栖息地，防止其恶化。要求还包括保持永久性牧场的土地。"交叉配合"要求直接得到欧盟农业补偿的农民达到法定管理要求以及良好环境和农业条件要求。为了保证达标，农民从各国相关部门得到一份完整的《法定管理要求》和《良好环境和农业条件》列表。

农业环境补贴是由欧盟农村发展政策和环境政策的融合而产生的。农村发展政策的目标是通过支持改建、发展和创新提高农业和林业部门的竞争力；通过扶持土地管理改善环境以及农村；提高农村生活质量、鼓励经济活动多样化。为了达到这些目标，欧盟农村发展政策同欧盟"凝聚政策"密不可分，并遵循相似的实施程序（欧盟指导框架内制定的国家战略计划，详见第六节）。农业环境补贴有助于实现农村发展政策的三个目标。

农业环境补贴是这项政策中最重要的一方面，因为农民的收入由此增加了并更多元化。下段的定义明确地解释了农业环境补贴：

> "农业环境补贴应在促进农村可持续发展以及在社会对环保越来越大的需求中继续担当重任。通过引进或继续应用环保的农业生产方式，保护和改善环境、地貌及其特征、保护自然资源、土壤和基因多样化，进一步鼓励农民和其他土地管理者服务于全社会。在此，要特别注意保护农业基因资源。根据污染者付费原则，农业环境补贴只适用于超出法定标准的服务。"①

基本的要求的底线由欧盟成员国决定，各国都有不同的国家农村发展项目，确定了环境保护的法定要求。此外，农民还可根据自愿原则做出 5 年或 7 年的承诺，若他们的工作成果超出基本底线，每年将给予补贴。补贴涵盖农民的额外支出及为实现承诺而牺牲的收入。如有需要，也应包括农民为超出底线而产生的交易成本。

农业环境补贴的内容丰富多样，例如有机耕作的采用；减少化肥应用；减少植物保护剂的使用，包括综合生产；多样化轮作生产；保证休耕土地；创造及维

① 参见欧盟理事会条例 No EC－1698－2005 第 35 条。

持景观/生态特征；减少灌溉地区和/或灌溉率；限制排水；土壤保持；保护栖息地，维持农业生物多样性；保持景观特征；牧场管理（包括限制家畜放养率、实现低强度农耕活动）和牧场建造（包括保存适耕农作物）；保护当地濒危物种；以及其他综合环保计划。表 7－1 提供了欧盟制定的一系列措施。欧盟的措施覆盖面极广，可能适用于类似中国武陵山区的地区。

表 7－1　农业环境措施

农业环境措施	积极影响		
	土壤保护	水质	生物多样性与生境
草场轮换制度			
草原带			
粗放式放牧			
生态基础设施（例如栅栏）			
合理的收割日期与方法			
减少耕种			
有机农业			
广泛利用农场			
休耕地			
冬季土壤覆盖层			
缓冲带			
耕地改造为草场			
减少收入			
预留地（有绿色覆盖层）			
陡坡地区的梯田			
关键时期的绿色覆盖层			

欧盟实施的另一项保护自然、生物和文化资源的政策就是通过行政法令规定保护区。然而，必须避免产生只需在保护区保护环境的观念。在保护区以外也需要人们注意环境问题；而且外部的干扰，诸如气候变化、空气污染以及临近地区土地的过度使用也会影响到保护区的环境。这项特别政策的实施效果主要依赖于相关土地使用规划以及环保政策的实行情况。

在类似武陵山区的地区划出保护区，能够反映其对中国，同时也是对全球的某些生态系统服务价值。山区中的森林有助于碳回收、水源保护和生物量生产。高降雨量、水储存和分配让武陵山区成为主要的淡水来源。此外，它还提供了美丽的休闲娱乐景观以及丰富的植物、动物物种和栖息地资源。这些栖息地延伸通过不同的垂直分布带，是土地可持续使用系统中的重要环节。不过，各种极端的实际情况也会使环境变得脆弱，引起自然灾害，这是由于人类对土地的不当使用以及经济活动引起的。有时，为了保护武陵山区本身以及周边地区，需要限制人们剥削自然资源的一些经济活动。另一方面，经验告诉我们，保护环境也是增加收入的一个重要来源，比如开展研究活动和发展旅游业。

综上所述，在类似武陵山区的地区，可以融合农业和环境政策，制定并实施生态补偿系统。

十、片区政策的作用何在？

前面大致列出了欧盟的“片区政策”如何通过投资和培训，以刺激趋同地区的经济发展并减少贫困。因此，本章将武陵山区类比于欧盟中的趋同地区，讨论在此实施的投资和社会福利项目。再次说明，本章只是一个示例，可供国务院扶贫办的决策者们参考，以制订符合中国连片特殊困难地区状况的政策。

（一）武陵山区的农业和环境政策合并有何好处？

片区扶贫政策不仅是扶贫政策，还能帮助实施其他政策。如果在改善片区人民生活的同时，还能够让其他政策达成目标。政府的支出将更有所值。以下为六点可能：

- 少数民族文化不仅拥有经济潜力，而且也是社会安康的一个重要方面。
- 武陵山区拥有非常美丽的自然景观和脆弱的生态环境，对农民和当地政府给予生态补偿能够达成双重利益，即改善生态环境以及提高农民和当地的生活水平。
- 武陵山区是一个乡镇区域，当地生活水平处于城市和农村生活水平中间。该地区已越来越成为公共服务的提供者，如教育和医疗保健，并且应该承担更多公共服务。同时该地区也提供了许多工作岗位，比如工业和服务业，也促进了商业发展。在城市化的过程中，要特别注意改善农村进入城市的渠道。
- 从农村迁入城镇的人口改变了原来的低碳生活方式。武陵片区战略应鼓励城市规划者们设计和实施低碳的城市化进程。
- 扶贫是十分困难和复杂的，行政部门的能力和知识是整个项目能否成功的关键。应计划开展特别项目，对领导和官员提供扶贫技术培训。如有需要，可在当地大学建立一个专家培训机构或者开设一门新的培训课程。
- 要提高整个武陵地区农村生活水平，需要对较富裕的城市区域进行投资，因为城市是未来发展的中心，也是生活空间和就业岗位的所在。黔江已经同中国其他地区形成了良好的沟通渠道，是城市和农村扶贫创新的理想展示和试验点。从黔江扶贫学到的经验，应该系统性地传达到各个层面的政府领导之中。

（二）武陵山区战略可优先考虑的投资和社会福利项目

- 公路和铁路
- 教育
- 医疗
- 生态敏感度更高的产业发展

教育和医疗是提高生活水平和保障人口数量的重要因素。贫困山区的学校和医院还处于初级发展阶段，如果要以可持续的方式提高生活水平，则需要马上改善学校的教育水平和医院的医疗水平。然而，在 20 年后，并非所有的农村都能成功转型为一个现代化社区，因此，武陵山区战略的重点在何处也是一个亟需解决的问题，修建乡间道路是解决这个问题的部分方案。

从长远看，要提高武陵山区的生活水平，需要打开通向全国的市场。因此，当地的公路和铁路网是其未来发展的关键，其中包括建立村级公路，为主要基础设施所做的决策已经让武陵不再遥远。现在，剩下的阻碍就是通往农村行政中心的最后 10 公里路。如果能够修建成功这些道路，那么农民将拥有更好的渠道进入市场、学校以及医院。

因此，首先要考虑的就是改善通往农村的道路情况，从而加强农村与农村间、农村与城镇间的联系。提高流动性能够解决教育和医疗设施的短缺。当农村道路情况改善之后，农村儿童也将更容易地进入城镇，农村儿童将享受到城镇学校良好的师资。这种情形同样也适用于医疗方面。投资建造混凝土路并提供适当的养护，即使将来农村消失了也不会成为浪费，因为这些道路还能继续为人们提供前往森林和农田的通道。

同样，农业的产业化发展也能取得双重赢利，即提高生活水平和帮助其他政策的成功实施。新技术和新思路将使产业发展更具创意（例如新的作物），同时人们将更具有生态环保意识。为了达到这些目的，需要对农民进行再培训，通过农业咨询部门提供更多的资助，开展理论和实践研究。

（三）武陵山区战略的特别要点

除了通过武陵山区政策融合和各级政府间的合作能够取得的六点可能（参见

以上第九节第（一）和第（二））外，也可列出一系列对该地区发展战略和操作项目起关键作用的要点。同样，这仅供政策决定者参考。

• 少数民族文化不仅拥有经济潜力，而且也是社会安康的一个重要方面。扶贫政策的制定和实施应该保障全体公民享有现代化生活水平。

• 武陵山区已经吸引了大批游客前往该地区的主要旅游景点，比如张家界和凤凰。鼓励旅行社就该地区的历史遗产（以及其特色文化和生态环境），设计更多样全面的线路，安排更长时间的行程，让游客能够到访该地区更偏远的区域，使其物质的和非物质的文化遗产都能得到利用，比如传统农村生活以及传统的建筑方式。

• 景观是一项重要的经济来源。在发展地区经济的同时，要保护好景观。

• 传统建筑中保留了武陵山区的特色。许多时候，无需破坏传统建筑本身就能建造更舒适的居住环境。由于当地建筑具有相当的特色，因此保留下来也可作为重要的经济来源。

• 农业和食品生产会继续成为武陵山区的核心经济活动。提高产量不仅能产生短期，也能产生长期效应。对该地区进行规划的同时，要注意农业发展和食品生产的方式，这些都会对全国的食品质量和食品安全有影响。

• 该地区的城镇建设为人们提供了生活空间、就业机会以及商业发展。本章已指出城镇提供教育和医疗等公共服务的重要性。

• 就单个家庭而言，可考虑扩展收入来源，将农业活动、服务业和旅游业结合起来。

• 因而，首先应当考虑的就是改善农村的道路状况，提高农村与农村间、农村与城镇间的联系。

• 增加对城镇基础设施的投资，改善水和电源供给，收集可回收垃圾，改善通讯交流，以此创造就业以及培训机会。

• 武陵山区战略应当鼓励城镇开展低碳发展计划。此外，应在武陵地区大力实施广泛的农村发展政策。

• 关注农村人口下降。采取措施吸引年轻人进入该区域并保证人们以保护环境和生物多样性的方式继续在山区生活和工作。

图书在版编目（CIP）数据

连片特困地区扶贫战略研究：以武陵山片区为例 / 黄承伟等著. - - 北京：经济日报出版社，2016. 1
ISBN 978 - 7 - 80257 - 888 - 3

Ⅰ. ①连… Ⅱ. ①黄… Ⅲ. ①山区 - 区域经济发展 - 研究 - 西南地区 ②山区 - 扶贫 - 研究 - 西南地区 Ⅳ. ①F127. 7

中国版本图书馆 CIP 数据核字（2015）第 250835 号

连片特困地区扶贫战略研究——以武陵山片区为例

作　　者	黄承伟　张琦　等
责任编辑	郑玮　张丹
责任校对	李艳春
出版发行	经济日报出版社
社　　址	北京市西城区右安门内大街 65 号
邮政编码	100054
电　　话	编辑部 63567960　发行部 63516959
网　　址	www. edpbook. com. cn
E - mail	jjrb58@ sina. com
经　　销	全国新华书店
印　　刷	北京京华虎彩印刷有限公司
开　　本	710 × 1000 mm　16 开
印　　张	18
字　　数	250 千字
版　　次	2016 年 1 月第一版
印　　次	2016 年 1 月第一次印刷
书　　号	ISBN 978 - 7 - 80257 - 888 - 3
定　　价	45. 00 元